BERICHTIGUNG

Folgende Formeln bzw. Symbole müssen richtig heißen:

S. 38:

$$a_{tl} = \frac{1}{\frac{\Sigma q}{Tl}} < \frac{Tl + Tv}{q}, \tag{2.8}$$

$$e_{tl} = \frac{1}{\frac{Tl}{\Sigma q}} > w. \tag{2.9}$$

$$e'_{tv} = \frac{\Sigma q_n}{Tv_n} : \frac{\Sigma q_0}{\Sigma v_0} \tag{2.13}$$

$$= \frac{\Sigma q_n}{\Sigma q_0} : \frac{Tv_n}{Tv_0} = \frac{Q'}{Tv'}.$$

S. 46:

$$e'_{tl} = \frac{\Sigma q_n p_0}{\Sigma q_0 p_0} : \frac{Tl_n}{Tl_0} = \frac{\Sigma q_n p_0}{\Sigma q_0 p_0} : \frac{Tl_0}{Tl_n} = \frac{B'}{Tl'}. \tag{3.2}$$

S. 99,
2. Formel v. o.:

$$v = \frac{Aw'}{sk'}$$

S. 99, Tabellenkopf,
letzte Formel rechts:

$$v = \frac{Aw'}{sk'}$$

S. 101:

$$\frac{Pm_n}{\Sigma q_n pmk_0} = \frac{\Sigma q_n pmk_n}{\Sigma q_n pmk_0}, \tag{5.9.2}$$

$$\frac{Sk_n}{\Sigma q_n sk_0} = \frac{\Sigma q_n sk_n}{\Sigma q_n sk_0}. \tag{5.9.3}$$

S. 147:

$$m = \frac{\frac{K}{L}}{(1-a)} - 1 \tag{6.31}$$

2071/13 Behrens, Nutzeffekt

DEUTSCHE AKADEMIE DER WISSENSCHAFTEN ZU BERLIN

SCHRIFTEN
DES INSTITUTS FÜR WIRTSCHAFTSWISSENSCHAFTEN

Nr. 13

FRITZ BEHRENS

ZUR THEORIE DER MESSUNG DES NUTZEFFEKTES DER GESELLSCHAFTLICHEN ARBEIT

AKADEMIE-VERLAG · BERLIN

1963

Manuskriptabschluß Juni 1962

Erschienen im Akademie-Verlag GmbH, Berlin W 8, Leipziger Straße 3–4

Lizenznummer: 202 · 100/202/63
Gesamtherstellung: IV/2/14 · VEB Werkdruck Gräfenhainichen · 1974
Bestellnummer: 2071/13 · ES 5 B 2 · Preis: 15,–

INHALT

DAS PROBLEM

In seinen „Grundrissen der Kritik der politischen Ökonomie“ sagte Marx, daß „Ökonomie der Zeit, sowohl wie planmäßige Verteilung der Arbeitszeit auf die verschiedenen Zweige der Produktion ... erstes ökonomisches Gesetz auf Grundlage der gemeinschaftlichen Produktion“ bleibe und fügte hinzu: „Es wird sogar in viel höherem Grade Gesetz.“[1] Das kommt in der zentralen Stellung zum Ausdruck, die das Prinzip der Sparsamkeit innerhalb der sozialistischen Leitungsprinzipien der Wirtschaft innehat. Sparsamkeit ist für die Leitung der sozialistischen Wirtschaft nicht eine Frage der Armut, des „Großhungerns“, sondern eine aus dem Wesen sozialistischer Produktionsverhältnisse sich ergebende Notwendigkeit, die gesellschaftliche Arbeit so zu verwenden, daß eine ständige Hebung des materiellen und kulturellen Niveaus aller Mitglieder der Gesellschaft erzielt wird.

Bereits im Beschluß des ZK der SED vom 3. 2. 1953 über den „Feldzug für strenge Sparsamkeit“ hieß es u. a., die große Aufgabe im Sozialismus bestehe darin, „gleichzeitig die Produktionsanlagen zu erweitern und die materielle und kulturelle Lage der Werktätigen Massen zu verbessern. Die Erfüllung dieser doppelten Aufgabe ist nur auf einem Wege möglich: durch die ständige Hebung der Produktivität der Arbeit und durch die allergrößte Sparsamkeit auf allen Gebieten der Wirtschaft und Verwaltung.“[2]

Die vom ZK der SED seit dem VI. Plenum im Jahre 1952 aufgezeigte Linie: Steigerung der Arbeitsproduktivität, Senkung der Selbstkosten der Produktion, wirtschaftliche Rechnungsführung – bleibt von grundlegender Bedeutung. So heißt es im Gesetz über den Siebenjahrplan, der die Entwicklung der Volkswirtschaft in den Jahren 1959–1965 festlegt: „Die *Hauptaufgabe* des Siebenjahrplanes besteht darin, durch die schnelle Erreichung des wissenschaftlich-technischen Höchststandes die *Arbeitsproduktivität* und die Produktion in allen Zweigen der Volkswirtschaft bei ständiger Senkung der Kosten maximal zu erhöhen und damit die materiell-technische Basis für den Sieg des Sozialismus zu schaffen und die wachsenden Lebensbedürfnisse der Bevölkerung immer besser zu befriedigen.“[3]

Die entscheidende ökonomische Aufgabe besteht somit nach wie vor in der maximalen Steigerung der Arbeitsproduktivität, aber die maximale Steigerung der Arbeitsproduktivität ist nur die *eine* Seite dieser Aufgabe, denn – da die Steigerung der Arbeitsproduktivität die Hauptquelle für die Senkung der Selbstkosten ist – die *andere* Seite dieser Aufgabe ist die Senkung der Selbstkosten.

Steigerung der Arbeitsproduktivität und Senkung der Selbstkosten sind nur zwei Seiten *einer* Aufgabe: der sparsamen Verausgabung der gesellschaftlichen Arbeit im Interesse der ganzen Gesellschaft.[3a]

Es versteht sich, daß der ökonomische Zusammenhang zwischen der Steigerung der Arbeitsproduktivität und der Senkung der Selbstkosten, insbesondere die Wechselwirkung zwischen beiden, von außerordentlich großem Interesse für die Planung und Leitung der sozialistischen Wirtschaft ist. Vor allem entsteht natürlich die Frage, wie das quantitative Verhältnis zwischen Steigerung der Arbeitsproduktivität und Senkung der Selbstkosten ist und ob es ein optimales Verhältnis, gewissermaßen eine *optimale Variante* zwischen ihnen gibt. Es leuchtet ein, daß eine solche optimale Variante zwischen Steigerung der Arbeitsproduktivität und Senkung der Selbstkosten für die Leitung und Planung der sozialistischen Wirtschaft eine große Bedeutung haben müßte, denn selbst wenn sie aus diesen oder jenen Gründen nicht verwirklicht werden könnte, wäre es schon wichtig zu wissen, inwieweit die tatsächliche Entwicklung von ihr abweicht.

Bevor wir aber den ökonomischen Zusammenhang und die Wechselwirkung zwischen Steigerung der Arbeitsproduktivität und Senkung der Selbstkosten und die Frage, ob es ein optimales Verhältnis zwischen ihnen gibt, näher untersuchen, sind einige Bemerkungen über den allgemeinen Zusammenhang notwendig, aus dem sich unsere Problematik ergibt, denn die Steigerung der Arbeitsproduktivität ist als Ausdruck des Gesetzes der Ökonomie der Zeit eine in jeder Produktionsweise sich durchsetzende Notwendigkeit, da ohne sie weder ein ökonomischer noch überhaupt ein gesellschaftlicher Fortschritt möglich ist. Dies bedeutet jedoch nicht, daß die Steigerung der Arbeitsproduktivität sich auch in jeder Produktionsweise ständig und gleichmäßig durchsetzt. Erst im Sozialismus wird das bereits von Marx formulierte *allgemeine* Gesetz der steigenden Arbeitsproduktivität zu einem *spezifisch* sozialistischen ökonomischen Gesetz des stetigen, planmäßigen und schnellen Wachstums der Arbeitsproduktivität. „Alles dies zeugt davon, daß im Sozialismus das *ökonomische Gesetz stetigen Wachstums der Produktivität der gesellschaftlichen Arbeit* wirkt. Dieses Gesetz erfordert die systematische Steigerung der Arbeitsproduktivität in allen Produktionszweigen, die ständige Einsparung sowohl lebendiger als auch vergegenständlichter Arbeit in jedem Betrieb und im Maßstabe der gesamten Gesellschaft.“[4] Dem Sozialismus ist somit eine *planmäßige* und *schnelle* Erhöhung der Arbeitsproduktivität immanent, aber daraus folgt auch, daß dem Sozialismus ebenso eine planmäßige und schnelle Senkung der Selbstkosten immanent ist. Diesem spezifisch sozialistischen Gesetz der ständigen Steigerung der Arbeitsproduktivität entspricht ein spezifisch sozialistisches Gesetz der ständigen Senkung des Wertes bzw. der Selbstkosten, denn beide Gesetze sind die historischen Erscheinungsformen des allgemeinen ökonomischen Gesetzes der Ökonomie der Zeit im Sozialismus. Es geht somit darum, den Zusammenhang zwischen Steigerung der Arbeitsproduktivität und Senkung der Selbstkosten so exakt zu formulieren, daß das optimale Verhältnis zwischen beiden erkannt werden kann, denn offensichtlich gibt es für einen gegebenen Grad der Steigerung der Arbeitsproduktivität nicht nur *eine* mögliche

Senkung der Selbstkosten, sondern *mehrere*, die von der konkreten Entwicklung der Komponenten der Selbstkosten, in der Hauptsache des Produktionsverbrauches und der Lohnkosten abhängen. Die Auswahl der zu verwirklichenden Variante hängt erstens von den objektiv gegebenen Möglichkeiten ab und zweitens von den Zielen, die die Leitung der Wirtschaft bei der Planung hat. Offenbar ist die optimale Variante jene, bei der eine maximale Steigerung der Arbeitsproduktivität mit minimalen Selbstkosten verbunden wird, weil nur dadurch ein maximaler Zuwachs an Realeinkommen erzielt wird.

W. Nemtschinow weist in einem interessanten Artikel „Die Anwendung mathematischer Methoden in der Wirtschaftsforschung und Planung" darauf hin, daß die „Konstruktion dynamischer volkswirtschaftlicher Modelle . . . zu den wichtigsten spezifischen Methoden der Volkswirtschaftsplanung"[5] gehöre, weil „auf diesem Wege die optimalen Plan- bzw. Programmvarianten"[5a] ausgerechnet werden können. „Die größte Bedeutung hat hierbei das Problem der Messung und des Vergleiches des gesellschaftlichen Aufwands und der Ergebnisse der sozialistischen Wirtschaft, insbesondere der Aufbau eines Systems von Planpreisen, das den Erfordernissen der Optimalvariante des Plans oder Programms entspricht."[6] Besonders wichtig sei die Ausarbeitung „solcher ökonomischer Plankriterien der Rentabilität, mit deren Hilfe die einzelnen staatlichen und genossenschaftlichen Betriebe unter Einhaltung der wirtschaftlichen Rechnungsführung ihre individuellen Interessen mit den gesellschaftlichen Interessen voll und ganz in Übereinstimmung bringen können".[7] Nemtschinow spricht in diesem Zusammenhang von der Lösung der „Extremwert-Doppelaufgabe", nämlich „bei einem Minimum an gesellschaftlichem Arbeitsaufwand einen unter den gegebenen Bedingungen höchstmöglichen Stand der materiellen Versorgung der Mitglieder der Gesellschaft zu sichern".[8] Anders ausgedrückt: die „Extremwert-Doppelaufgabe" beinhaltet u. a. das Problem der Verbindung der optimalen Variante mit einem dynamischen Gleichgewicht.

Wir wollen uns jedoch nur mit dem ersten Teil dieser Aufgabe, der optimalen Variante, beschäftigen. Aus dem Sparsamkeitsprinzip als einem Erfordernis der Ausnutzung des Gesetzes der Ökonomie der Zeit unter sozialistischen Produktionsbedingungen ergibt sich, daß die jeweilige Kombination der lebendigen mit der vergegenständlichsten Arbeit so gewählt werden muß, daß sich höchste Arbeitsproduktivität mit niedrigsten Selbstkosten verbindet. Nicht jede Steigerung der Arbeitsproduktivität führt aber zu einer maximalen Senkung der Selbstkosten. Es gibt Grenzfälle, wo der Nutzeffekt der lebendigen Arbeit gesteigert wird, ohne daß die Selbstkosten sinken, ja, sie können sogar steigen. Das kann der Fall sein, wenn durch Einführung technischer Neuerungen zunächst ein neues Niveau der Arbeitsproduktivität erreicht werden muß, bevor dieses neue Niveau der Arbeitsproduktivität als Hauptquelle der Senkung der Selbstkosten ausgeschöpft wird. Aber das kann auch der Fall sein, wenn die Steigerung der Arbeitsproduktivität nur als eine technische und nicht auch als eine ökonomische Angelegenheit angesehen wird. Nach dem Sparsamkeitsprinzip muß jede Steigerung der Arbeitsproduktivität nicht nur mit geringstmöglichem Aufwand an lebendiger, sondern auch an vergegenständlichter Arbeit durchgeführt werden. Das erfordert, daß die *produktivste* Kombination auch die *ökonomischste* Kombination von lebendiger und vergegenständlichter Arbeit, d. h. von Arbeitskraft und Produktionsmitteln ist. Technisch zwar mögliche, aber ökonomisch indifferente Kombinationen, die die Selbstkosten unverändert lassen oder sogar erhöhen, müssen, wenn nicht besondere Gründe gerade für ihre Wahl sprechen, ausgesondert und von den übrigen Kombinationen muß diejenige herausgefunden werden, wo bei maximaler Steigerung der Arbeitsproduktivität eine maximale Senkung der Selbstkosten erzielt wird.

Ein wichtiges Problem der folgenden Untersuchung ist somit der Zusammenhang von Arbeitsproduktivität und Selbstkosten als Ausdruck des Nutzeffektes der gesellschaftlichen Arbeit sowie ihre Wechselwirkung in der Verwirklichung des Sparsamkeitsprinzips als Haupterfordernis der Ökonomie der Zeit. Das Sparsamkeitsprinzip erfordert exaktes Messen und Vergleichen. Exakt messen und vergleichen kann man aber nur dann, wenn man exakt, d. h. mathematisch formuliert. Dagegen besteht aber bei vielen sozialistischen Ökonomen heute noch eine gewisse Abneigung. Sie begründen diese Abneigung mit dem Hinweis auf die allgemein bekannte Tatsache, daß die politische Ökonomie es mit den Beziehungen von Menschen und von Gruppen von Menschen, von Klassen zu tun hat. Die Abneigung gegen exakte Formulierungen kann man am besten überwinden, wenn man sich vergegenwärtigt, daß die Anwendung mathematischer Formeln in der Ökonomie nicht die Gesetze der gesellschaftlichen Beziehungen ersetzt, wohl aber helfen kann, rückständige Methoden in der Forschung zu überwinden.

Die Bedeutung der ökonomischen Wissenschaften, die mit der gesamten Praxis des sozialistischen Aufbaues eng verbunden ist, für die Planung der Volkswirtschaft wächst, wenn sie ihre gesicherten Ergebnisse auch exakt formuliert.

Die Planung erfordert nicht nur *Einsicht in die ökonomische Notwendigkeit*, sondern auch *Voraussicht der objektiven Prozesse* der gesellschaftlichen Entwicklung. Das erfordert die Ausarbeitung eines Instrumentarismus der quantitativen Analyse in zweifacher Hinsicht: für die Messung und für die Planung.

Die Ausarbeitung eines solchen Instrumentarismus ist gegenwärtig sogar zu einer dringenden Angelegenheit der ökonomischen Wissenschaft geworden, da die qualitative Analyse nicht mehr ausreicht, um viele schwierige Probleme der Planung zu meistern. Und wenn W. Nemtschinow feststellen kann, daß sich gegenwärtig ein neuer spezifisch mathematischer Instrumentarismus herausbildet, der den Bedingungen und Erfordernissen der ökonomischen Wissenschaft entspricht[9], dann gilt das für die ökonomische Wissenschaft der Deutschen Demokratischen Republik bislang nicht oder jedenfalls nur mit großen Einschränkungen. Es geht darum, mit geeigneten mathematischen und statistischen Methoden die durch die qualitative Analyse aufgezeigten ökonomischen Gesetzmäßigkeiten und Zusammenhänge so zu quantifizieren, daß sie exakt gemessen und daher auch exakt geplant werden können. Messen und Planen bilden eine untrennbare Einheit und was man planen will, muß man gemessen haben. Natürlich geht es nicht um die Ausarbeitung eines Instrumentariums an sich, sondern es geht um die Ausarbeitung eines solchen Instrumentariums, das bestimmten qualitativen Voraussetzungen und Bedingungen entspricht. Diese Voraussetzung ist die Arbeitswerttheorie und die Bedingungen sind die sozialistischen ökonomischen Bedingungen. Mit anderen Worten, das auszuarbeitende Instrumentarium ist ein sozialistisches Planungsinstrumentarium.

Die Ausarbeitung eines solchen Instrumentariums ist Aufgabe der ökonomischen Wissenschaft. Dabei ist es relativ gleichgültig, ob manche Ökonomen der Auffassung sind, hierfür sei eine neue ökonomische Disziplin notwendig[10], wenn sich alle Ökonomen darüber einig sind, daß auch in der ökonomischen Wissenschaft die Arbeitsteilung eine wichtige Produktivkraft ist und daß die quantitative Analyse bisher so vernachlässigt wurde, daß jetzt besondere Anstrengungen notwendig sind, um Unterbliebenes wettzumachen. „Gegenwärtig bildet sich im Ergebnis der Anwendung der modernen Mathematik und Rechentechnik die Theorie der Wirtschafts- und Planberechnungen heraus“[10a], heißt es bei Nemtschinow. „Diese Theorie ist auch die Grundlage der Planometrie. Die Planometrie verwendet in vollem Maße die Methoden sowohl der ökonomischen Statistik als auch der angewandten Mathematik, insbesondere der sogenannten mathematischen Programmierung.“[10b]

Die Frage nach der Quantifizierbarkeit ökonomischer Kategorien ist nicht neu. Sie wurde jedoch in den Vordergrund des Interesses der Ökonomen gerückt, weil die Aufgabe des Einholens und Überholens der wichtigsten kapitalistischen Länder durch die Länder des Sozialismus als unmittelbare Aufgabe gestellt wurde. „Wenn man vom theoretischen Standpunkt die Analyse der quantitativen Abhängigkeiten der sozialistischen Wirtschaft vornimmt, kann man die ökonomischen Gesetze des Sozialismus wirkungsvoll ausnutzen und vor allen Dingen die Volkswirtschaftsplanung vervollkommnen“[11], schreibt W. Nemtschinow sehr richtig in seinem Artikel „Das Bündnis der Wirtschaftswissenschaft mit der Mathematik“. Nemtschinow verweist darauf, daß Marx einmal gesagt habe, daß eine Wissenschaft nur dann Vollkommenheit erreicht[12], wenn es ihr gelingt, die Mathematik zu benutzen, und fordert, daß für ökonomische Forschungen und bei Planberechnungen mathematisch-ökonomische Modelle ausgearbeitet werden, d. h. „ökonomische Merkmale der quantitativen Zusammenhänge von verschiedenen volkswirtschaftlichen Kennziffern“, wie sie Marx bei der Analyse der erweiterten Reproduktion im zweiten Band des „Kapital“ angewendet hat.[13]

Die politische Ökonomie wird durch die Verwendung der quantitativen Analyse nur gewinnen. Auch wer der Ansicht des sowjetischen Ökonomen W. Nemtschinow nicht zustimmt, daß „die Entwicklungsgeschichte jeder beliebigen Wissenschaft“ zeigt, „daß sie zu einer exakten Wissenschaft wurde, sobald ihre Hauptkriterien und grundlegenden Gesetzmäßigkeiten einen quantitativen, mathematisch formulierten Ausdruck fanden“[14], wird nicht umhin kommen, seine Auffassung zu teilen, daß die „Übertragung der gegebenen wissenschaftlichen Begriffe in die strenge und exakte Sprache der Mathematik . . . zu einer Präzisierung der wissenschaftlichen Vorstellungen und zur Vervollkommnung der entsprechenden wissenschaftlichen Disziplin“[15] führt.

Bei der Herausbildung des mathematischen Instrumentariums für die sozialistische Planung spielen Indizes eine hervorragende Rolle, da sie besonders geeignet sind, exakte Messungen und Vergleiche in räumlicher und zeitlicher Hinsicht zu ermöglichen. Die vorliegende Arbeit ist ein Versuch, gewisse Erkenntnisse der Indextheorie auf grundlegende Fragen der politischen Ökonomie anzuwenden. Es handelt sich – entsprechend dem Charakter der Indextheorie – in der vorliegenden Arbeit somit um elementar-mathematische Formeln.

Der Themenstellung dieser Arbeit entsprechend stehen die Indizes der Arbeitsproduktivität und des Wertes als Indizes des Aufwandes an gesellschaftlicher Arbeit im Mittelpunkt. Auch der bereits zitierte sowjetische Ökonom W. Nemtschinow hebt die große Bedeutung hervor, die das „Problem der Messung und des Vergleiches des gesellschaftlichen Arbeitsaufwandes und der Ergebnisse der sozialistischen Wirtschaft, insbesondere der Aufbau eines Systems von Planpreisen, das den Erfordernissen der Optimalvariante des Planes oder des Programms entspricht“, für die Aufstellung und Durchführung optimaler Volkswirtschaftspläne hat.[16] Es versteht sich ebenfalls von selbst, daß die vorgelegte Arbeit keine fertige Theorie der Messung des Nutzeffektes der gesellschaftlichen Arbeit ist. Aber vielleicht ist sie eine brauchbare Diskussionsgrundlage!

Bevor wir uns der weiteren Untersuchung zuwenden, ist eine Bemerkung zu den verwendeten Symbolen erforderlich.

Summen werden grundsätzlich mit großen Buchstaben bezeichnet, z. B.

Q = Summe der Bruttoproduktion,

Werte für einzelne Erzeugnisse oder Mittelwerte mit kleinen Buchstaben, z. B.

e_u = Arbeitsproduktivität.

Indizes werden durch einen Apostroph gekennzeichnet, z. B.

Q' = Index der Bruttoproduktion

e'_u = Index der Arbeitsproduktivität.

Für die ganze Arbeit gelten die folgenden (wichtigsten) Symbole:

$\left.\begin{matrix} Q \\ Q' \end{matrix}\right\}$ = Bruttoproduktion bzw. Index,

$\left.\begin{matrix} N \\ N' \end{matrix}\right\}$ = Nettoproduktion bzw. Index,

$\left.\begin{matrix} L \\ L' \end{matrix}\right\}$ = Lohneinkommen bzw. Index,

$\left.\begin{matrix} R \\ R' \end{matrix}\right\}$ = Reineinkommen bzw. Index

$\left.\begin{matrix} e \\ e' \end{matrix}\right\}$ = Nutzeffekt,

$\left.\begin{matrix} a \\ a' \end{matrix}\right\}$ = Aufwand,

$\left.\begin{matrix} v \\ v' \end{matrix}\right\}$ = Volumen,

$\left.\begin{matrix} s \\ s' \end{matrix}\right\}$ = Struktur.

Dabei bezeichnen kleine tiefgesetzte Buchstaben die Art des Nutzeffektes usw., z. B.

e'_{tl} = Index des Nutzeffektes der lebendigen Arbeit,

$\left.\begin{matrix} Tl \\ tl \end{matrix}\right\}$ = lebendige Arbeit insgesamt und je Erzeugnis,

$\left.\begin{matrix} Tv \\ tv \end{matrix}\right\}$ = vergegenständlichte Arbeit insgesamt und je Erzeugnis,

$\left.\begin{matrix} T \\ t \end{matrix}\right\}$ = gesellschaftliche Arbeit insgesamt und je Erzeugnis,

Pmk = Produktionsverbrauch insgesamt, ausgedrückt in Kosten,

Pm = Produktionsverbrauch insgesamt in Naturaleinheiten,

L = Lohnsumme,

l = Durchschnittslohn,

lk = durchschnittliche Lohnkosten je Erzeugnis,

Am = Verbrauchte Arbeitsmittel in Naturaleinheiten,

Amk = Verbrauchte Arbeitsmittel in Kosten,

Ag = Verbrauchte Arbeitsgegenstände in Naturaleinheiten,

Agk = Verbrauchte Arbeitsmittel in Kosten,

Pm = Produktionsverbrauch je Einheit lebendiger Arbeit in Naturaleinheiten,

pmk = Kosten des Produktionsverbrauches je Erzeugnis,

W = Summe des Wertes der produzierten Gebrauchswerte in einem Betrieb, Zweig oder Land,

w = Wert je produzierter Gebrauchswert,

W' = Index für Summe des Wertes,

w' = Index des Wertes je Gebrauchswert,

P = Preis je Gebrauchswert,

P = Summe der Preise der produzierten Gebrauchswerte in einem Betrieb, Zweig oder Land,

$\left.\begin{matrix} \alpha \\ \beta \end{matrix}\right\}$ = Gewichte bei der Zusammenfassung von Indizes, die die Anteile der Einzelindizes entweder in der Basis- oder Berichtsperiode zum Ausdruck bringen.

Die Summenformeln werden, soweit ein Irrtum über den Bereich der Summation nicht möglich ist, in der unter Ökonomen und Statistikern üblichen vereinfachten Form geschrieben. Wo es notwendig war, wurden die Summenformeln ausführlich geschrieben (vgl. S. 78).

Schließlich sei noch bemerkt, daß die zahlenmäßigen Analysen im Text der Illustration dienen und keinen Anspruch auf eine reale Widerspiegelung tatsächlicher ökonomischer Prozesse und Entwicklungen erheben. Die den Analysen zugrunde liegenden Angaben wurden den Statistischen Jahrbüchern der Deutschen Demokratischen Republik entnommen, die für eine reale quantitative Analyse wegen ihres globalen Charakters nicht ausreichend sind.

I. DIE KATEGORIE DER PRODUKTIVEN ARBEIT UND IHR NUTZEFFEKT IN DER MODERNEN BÜRGERLICHEN ÖKONOMIE

1. *Die produktive Arbeit als Grundkategorie der politischen Ökonomie*

Die „kritische Unterscheidung zwischen produktiver und unproduktiver Arbeit“ bleibe die „Grundlage der ganzen bürgerlichen Ökonomie“[17], heißt es bei Marx. In seiner kritischen Auseinandersetzung mit der bürgerlichen Ökonomie bestimmte Marx den Begriff der produktiven Arbeit in der bürgerlichen Produktionsweise und grenzte ihn gegen den Begriff der unproduktiven Arbeit ab. Dabei arbeitete er die beiden Momente des Begriffs der produktiven Arbeit heraus, die für sie solange charakteristisch sind, wie das Arbeitsprodukt Warencharakter annimmt: das *allgemeine* Moment, das die produktive Arbeit zu einer grundlegenden Kategorie aller Produktionsweisen macht und das *besondere* Moment, das sie zu einer Kategorie historisch bestimmter Produktionsweisen macht.

Das *Allgemeine* der produktiven Arbeit ergibt sich unmittelbar aus dem Wesen der materiellen Produktion, in der sich der Prozeß des Zusammenwirkens zwischen Mensch und Natur vollzieht, dessen Resultat ein Produkt ist, das direkt als Konsumtionsmittel oder indirekt als Produktionsmittel Bedürfnisse der Menschen befriedigt. In allen Produktionsweisen gehören zur Sphäre der materiellen Produktion jene Zweige, in denen ein Produkt hergestellt wird, das eine von der Produktion gesonderte Form annimmt, bzw. in denen das Produkt unmittelbar im Produktionsprozeß selbst verbraucht wird: die Landwirtschaft und die Industrie einschließlich des Bauwesens sowie das Verkehrs- und Nachrichtenwesen sowie der Handel, soweit diese unmittelbar der Produktion dienen oder soweit in ihnen der Produktionsprozeß fortgesetzt wird. Im Unterschied hierzu gehören ebenfalls in allen Produktionsweisen jene Tätigkeiten, die entweder in der materiellen Sphäre selbst ausgeübt werden, aber sich nicht in einem Produkt vergegenständlichen, sondern nur (wie das Rechnungswesen) eine ideelle Widerspiegelung des materiellen Prozesses sind sowie alle Tätigkeiten im gesellschaftlichen Überbau, in Staat, Kultur und Gesundheitswesen u. dgl. zur nicht-materiellen Produktion. Es ist also ebenso unrichtig, den Begriff der produktiven Arbeit dadurch zu erweitern, daß man den Begriff der materiellen Produktion ausweitet, indem man alle Tätigkeiten in der Basis der Gesellschaft in sie einbezieht, wie z. B. das Verkehrs- und Nachrichtenwesen für individuelle Zwecke sowie den gesamten Handel, wie es falsch ist, ihn dadurch zu erweitern, daß man jede gesellschaftlich notwendige Arbeit in sie einbezieht. Dagegen ist es notwendig, in den Begriff der produktiven Arbeit nicht nur die individuelle Arbeit selbst, sondern auch die Arbeit einzubeziehen, die Teil eines Gesamtarbeiters ist.

Vom Standpunkt des Arbeitsprozesses ist jede körperliche oder geistige Arbeit produktiv, wenn sie in der materiellen Produktion einzeln oder als Glied eines arbeitsteiligen Produktionsorganismus verrichtet wird. Sie umfaßt alle Verrichtungen körperlicher oder geistiger Art, die zur Produktion von Gebrauchswerten erforderlich sind.

Diese Scheidung der ursprünglich im gleichen Individuum im Arbeitsprozeß vereinigten Hand- und Kopfarbeit bis zum feindlichen Gegensatz ist verursacht durch die Entstehung der gesellschaftlichen Teilung der Arbeit und des privaten Eigentums an den Produktionsmitteln. Die ursprünglichen, naturwüchsigen und primitiven Produktionsorganismen wurden aufgelöst in Produktionsorganismen mit Arbeitsteilung, Privateigentum und Austausch der Arbeitsprodukte. Zunächst die nur gesellschaftliche Teilung der Arbeit nach Berufen, später in der kapitalistischen Produktionsweise die Arbeitsteilung innerhalb eines Betriebes bewirken, daß die übersichtlich und daher bewußt verteilte Gesamtarbeit der naturwüchsigen Produktionsorganismen durch blind wirkende, hinter dem Rücken und über die Köpfe der Produzenten hinweg sich durchsetzende Gesetze verteilt wird.

Indem die ursprünglich vereinte Hand- und Kopfarbeit sich scheidet und schließlich unter kapitalistischen Verhältnissen sich entgegensetzt, wird die gleiche produktive Arbeit in verschiedene Tätigkeiten zerlegt, die insgesamt wie in ihren einzelnen Elementen ihren produktiven Charakter behalten. Die Arbeitsteilung verändert den Charakter der Arbeit nicht.

Für sich allein betrachtet ist das einzelne Teil des Gesamtarbeiters nun nicht mehr produktiv in diesem Sinne und kann es nicht mehr sein, da das Arbeitsprodukt als Ergebnis der konkreten, nützlichen Arbeit nicht das Ergebnis individueller, sondern kooperativ wirkender Arbeit ist. Die individuelle Arbeit ist jetzt nur noch produktiv als Teil des Gesamtarbeiters, als Glied des arbeitsteiligen Produktionsorganismus.

Das *Besondere* der produktiven Arbeit ergibt sich daraus, daß die materielle Produktion stets in bestimmten und historisch sich verändernden Formen vor sich geht. Der Begriff der produktiven Arbeit muß daher auch stets bestimmte gesellschaftliche Verhältnisse in sich einschließen, die sich aus den Eigentumsverhältnissen an den Produktionsmitteln und damit an den Ergebnissen der Produktion ergeben. Wenn die Produktionsmittel den unmittelbaren Produzenten selbst (individuell oder kollektiv) gehören, dann gehört ihnen auch das Ergebnis ihrer Arbeit. Gehören die Produktionsmittel hingegen nicht den unmittelbaren Produzenten, dann gehört auch das Ergebnis ihrer Arbeit nicht ihnen, sondern den Eigentümern der Produktionsmittel. Ist produktive Arbeit somit zwar immer körperliche oder geistige Arbeit, einzeln oder als Glied eines arbeitsteiligen Produktionsorganismus verrichtete zweckmäßige Tätigkeit in der materiellen Produktion, so ist vom Standpunkt der jeweiligen Produktionsverhältnisse noch nicht jede zweckmäßige Tätigkeit in der materiellen Produktion produktive Arbeit. Wenn unter den Bedingungen des kapitalistischen Eigentums an den Produktionsmitteln die Produktionsmittel den Kapitalisten gehören, so muß der

Arbeiter Mehrwert produzieren, um produktiver Arbeiter zu sein. Aber der Mehrwert ist nur eine (die kapitalistische) Form des Mehrprodukts der unmittelbaren Produzenten, das auch in den vorkapitalistischen Produktionsweisen – allerdings in anderen Formen – schon existierte und natürlich auch in der sozialistischen Produktionsweise weiter existiert. Zur Bestimmung der produktiven Arbeit ist vom Standpunkt der jeweils herrschenden Produktionsverhältnisse somit immer die Beantwortung der Frage notwendig, wer sich das Mehrprodukt aneignet, das in der materiellen Produktion erzeugt wird, denn die jeweilige Form des Mehrproduktes hängt von den herrschenden Eigentumsverhältnissen an den Produktionsmitteln ab.

Wenn wir somit die Produktionsverhältnisse bei der Bestimmung der produktiven Arbeit berücksichtigen, dann ergibt sich *einerseits*, daß nicht jede Arbeit in der materiellen Produktion produktiv ist, *andererseits*, daß auch Arbeit außerhalb der materiellen Produktion produktiv sein kann. So ist vom Standpunkt des Kapitals aus *einerseits* die Arbeit der einfachen Warenproduzenten unproduktiv, weil sie keine Mehrwert produzierende Arbeit ist, *andererseits* wird ein Teil der in der Produktion nichtmaterieller Dienste geleistete Arbeit produktive Arbeit, weil sie der Selbstverwertung des Kapitals dient. Während die Arbeit der einfachen Warenproduzenten keine Lohnarbeit im Dienst von Kapitalisten ist, wird auch die Arbeit außerhalb der materiellen Produktion dem Kapitalverhältnis untergeordnet, also in Lohnarbeit im Dienst von Kapitalisten verwendet. Produktive Arbeit vom Standpunkt der kapitalistischen Produktion zu sein, hat nichts „mit dem *bestimmten Inhalt* der Arbeit, ihrer besondren Nützlichkeit oder dem eigentümlichen Gebrauchswert“ zu tun, „worin sie sich darstellt“.[18]

Die materielle Vergegenständlichung in einem Gebrauchswert (direkt oder über einen materiellen Dienst) ist also für die Bestimmung der produktiven Arbeit unter kapitalistischen Verhältnissen eine notwendige, aber nicht hinreichende Bedingung. Marx geht ausführlich darauf ein, daß auch die Arbeit außerhalb der materiellen Produktion, die Produktion nicht-materieller Dienste unter kapitalistischen Bedingungen produktive Arbeit, weil Lohnarbeit, wird. Allerdings: „Hier ist kapitalistische Produktion nur in sehr beschränktem Maße anwendbar“[19], schreibt er, und kapitalistische Produktion findet hier „nur in geringem Umfang statt und kann der Natur der Sache nach nur in einigen Sphären stattfinden“.[20] Marx bemerkt weiter: „Zum Beispiel bei Unterrichtsanstalten können die Lehrer bloße Lohnarbeiter für den Unternehmer der Unterrichtsanstalt sein, wie derartige Unterrichtsfabriken zahlreich in England existieren. Obgleich sie den Schülern gegenüber keine *produktiven Arbeiter* sind, sind sie es ihrem Unternehmer gegenüber. Er tauscht sein Kapital gegen ihr Arbeitsvermögen um und bereichert sich durch diesen Prozeß. Ebenso bei Unternehmungen von Theatern, Vergnügungsanstalten usw. Dem Publikum gegenüber verhält sich hier der Schauspieler als Künstler, aber seinem Unternehmer gegenüber ist er *produktiver Arbeiter*.“[21] „Die *produktiven Arbeiter* selbst können mir gegenüber *unproduktive Arbeiter* sein.“[22] Marx meinte allerdings: „Alle diese Erscheinungen der kapitalistischen Produktion auf diesem Gebiet sind so unbedeutend, verglichen mit dem

Ganzen der Produktion, daß sie gänzlich unberücksichtigt bleiben können."[23] Wenn auch zweifellos die Produktion nicht-materieller Dienste im Vergleich zur materiellen Produktion eine zweitrangige Rolle im Kapitalismus spielt, so ist ihre Bedeutung im modernen Kapitalismus aber doch so angewachsen, daß man sie nicht mehr unberücksichtigt lassen kann.

Auch unter sozialistischen Verhältnissen produziert die produktive Arbeit in der materiellen Produktion das Produkt, von dem die ganze Gesellschaft lebt. Marx schreibt, daß „die produktiven Arbeiter die materielle Basis der Erhaltung und daher der Existenz der unproduktiven Arbeit"[24] schaffen. Aber im Kapitalismus ist die Form der produktiven Arbeit zugleich Ausdruck für die Ausbeutung des produktiven Arbeiters, des Arbeiters in der materiellen Produktion. Sie ist daher bestimmt als spezifische gesellschaftliche Form der Arbeit in der materiellen Produktion. Diesen Gedanken führt Marx mit allem Nachdruck im ersten Buch der „Theorien über den Mehrwert" aus, wo er die Geschichte und die Theorie der produktiven Arbeit umfassend behandelt.

Diese grundlegende Tatsache ist manchmal verkannt worden, weil Marx (z. B. im I. Band seines „Kapital") auch die Arbeit in der Produktion nicht-materieller Dienste als „produktive" Arbeit bezeichnet. Marx bemerkt hierzu: „Bloß die bürgerliche Borniertheit, die die kapitalistischen Formen der Produktion für die absoluten Formen derselben hält – daher für ewige Naturformen der Produktion –, kann die Frage, was *produktive Arbeit* vom Standpunkt des Kapitals aus ist, mit der Frage, welche Arbeit überhaupt produktiv ist oder was produktive Arbeit überhaupt ist, verwechseln."[25]

Im III. Band des „Kapital" erklärt Marx bei der Behandlung des „kommerziellen Profits", des Profits jenes Kapitals, das in der Zirkulationssphäre der kapitalistischen Wirtschaft tätig ist: „Dem industriellen Kapital erscheinen und sind die Zirkulationskosten Unkosten. Dem Kaufmann erscheinen sie als Quelle seines Profits, der – die allgemeine Profitrate vorausgesetzt – im Verhältnis zur Größe derselben steht. Die in diesen Zirkulationskosten zu machende Auslage ist daher für das merkantile Kapital eine produktive Anlage. Also ist auch die kommerzielle Arbeit, die es kauft, für es unmittelbar produktiv."[26] Während die Zirkulationskosten nicht nur als Unkosten erscheinen, sondern solche sind, sind die kommerziellen Arbeiter keine produktiven Arbeiter im absoluten Sinne, sondern erscheinen nur als solche vom Standpunkt der kapitalistischen Produktionsverhältnisse.

Auch das Produkt der sozialistischen Gesellschaft wird von den produktiven Arbeitskräften in der materiellen Produktion erzeugt, und die in der Nichtproduktionssphäre tätigen unproduktiven Arbeitskräfte erhalten ihr Einkommen als hiervon abgeleitetes Einkommen. Das in der materiellen Sphäre produzierte gesellschaftliche Arbeitsprodukt besteht aus dem Produktionsverbrauch, dem Produkt für sich und dem Produkt für die Gesellschaft.

In der Verteilung des Nettoprodukts offenbart sich anschaulich der Charakter des Eigentums. Unter der Herrschaft des kapitalistischen Eigentums – gleich ob es sich um das Eigentum einzelner Kapitalisten, kapitalistischer Monopole oder des bürgerlichen Staates handelt – fällt der Löwenanteil des Nationaleinkommens den Kapitalisten zu. Die Verteilung erfolgt nicht nach der Leistung, sondern nach der Höhe des eingesetzten Kapitals, nach dem Eigentum. Sie unterliegt den Gesetzen der Ausbeutung der Arbeitskraft durch Kapitalisten, des Wertes der Arbeitskraft, des Profits, des Zinses und der Rente. Beim sozialistischen Eigentum dagegen stehen mehr als drei Viertel des Nationaleinkommens den Werktätigen für die individuelle Konsumtion zur Verfügung und werden nach der Leistung verteilt. Der Rest des Nationaleinkommens wird für die weitere Ausdehnung der Produktion, für die Schaffung staatlicher Reserven, für das Bildungswesen und den Gesundheitsschutz sowie für die Verteidigung verwendet, für Ausgaben also, die von den kollektiven Bedürfnissen und Interessen der Werktätigen der sozialistischen Gesellschaft diktiert sind.

Produktive und unproduktive Arbeit ist unter sozialistischen Bedingungen immer gesellschaftlich notwendige Arbeit, aber sie hat unterschiedliche Funktionen in der Gesellschaft zu erfüllen. Im Kapitalismus wird nicht nur die gesamte materielle Produktion dem Kapitalverhältnis untergeordnet und ihre Arbeit in Lohnarbeit verwandelt, sondern auch die Arbeit in der Nichtproduktionssphäre wird immer mehr zu kapitalistischer Lohnarbeit degradiert. Im Sozialismus, in dem die Arbeit zur Befriedigung der Bedürfnisse der Menschen dient, können dagegen nicht materielle Dienste in Kultur, Gesundheitswesen, Erziehung, Kunst und Wissenschaft nicht zum Gegenstand privater Produktion gemacht werden, zum Gegenstand des Kaufs und Verkaufs. Während im Kapitalismus alles zur Ware wird, ist der Bereich der Warenproduktion im Sozialismus beschränkt und wird immer weiter eingeengt. Das aus der materiellen Produktion sich ergebende Produkt der Arbeit für die Gesellschaft dient dazu, den Bereich der unproduktiven, aber gesellschaftlich notwendigen Arbeit zu ermöglichen und zu erweitern. Das kommt in den hohen Aufwendungen des sozialistischen Staates für kulturelle und soziale Zwecke zum Ausdruck.

Jede Arbeit, die Bedürfnisbefriedigung schafft, ist *nützliche* Arbeit, aber nur die Arbeit, die einen zur Bedürfnisbefriedigung geeigneten Gebrauchswert schafft bzw. einen materiellen Dienst liefert, ist *produktive* Arbeit. Daher ist nicht jede nützliche Arbeit produktiv, obwohl jede produktive Arbeit auch nützliche Arbeit ist.

Obgleich nur die produktive Arbeit das Gesamtprodukt und somit das Nettoprodukt erzeugt, ist die Gesellschaft aber nicht – wie es scheinen könnte – um so reicher, je höher der Anteil der produktiven Arbeit an der gesellschaftlichen Gesamtarbeit ist. Das ist nicht der Fall, weil auch die unproduktive Arbeit gesellschaftliche Bedürfnisse befriedigt, auf die zu verzichten gleichbedeutend wäre mit dem Verzicht auf kulturelle Entwicklung. Nicht nur für die Tätigkeit innerhalb des gesellschaftlichen Überbaus, in Staatsverwaltung, Kultur im engeren Sinne, Erziehungswesen u. dgl. gilt das, sondern auch für die unproduktive Arbeit innerhalb der Sphäre der materiellen Produktion. Die unproduktive Arbeit in der Sphäre der materiellen Produktion beruht auf der Teilung der Arbeit innerhalb der Produktion; ohne sie könnten der betriebliche und der gesellschaftliche Produktionsprozeß nicht ablaufen, so daß der Nutzeffekt der produktiven Arbeit gemindert, wenn nicht verhindert würde. Wie die materielle und die nichtmaterielle Sphäre eine untrennbare Einheit bilden, wenn auch die materielle Produktion die Grundlage dieser Einheit ist, so bilden auch produktive und unproduktive Arbeit eine untrennbare Einheit, wenn auch die produktive Arbeit die Grundlage dieser Einheit, der gesellschaftlichen Gesamtarbeit ist. Auch sozialistische Ökonomen versuchen mitunter, den Begriff der produktiven Arbeit von seinem grundlegenden Merkmal, der materiellen Produktion, zu lösen und ihn durch den Begriff der gesellschaftlich notwendigen Arbeit zu ersetzen. Da es unter den Bedingungen der sozialistischen Produktion keine parasitäre Arbeit mehr gibt und die Ausbeutung des Menschen durch den Menschen beseitigt ist, so ist – so wird argumentiert – eine Unterscheidung der produktiven von der unproduktiven Arbeit nicht mehr notwendig, da jetzt alle Arbeit gesellschaftlich notwendige Arbeit ist. Jedoch berechtigt diese unbestreitbar richtige Tatsache keineswegs zu der Schlußfolgerung, daß damit auch jede Arbeit, die gesellschaftlich notwendig ist, an der materiellen Produktion beteiligt ist und gesellschaftliches Reineinkommen produziert. Da nur die Arbeit in der materiellen Produktion sich in einem Produkt vergegenständlicht, also auch nur die Arbeit in der materiellen Produktion ein Mehrprodukt in der Form des gesellschaftlichen Reineinkommens produziert, hängen der Umfang und die Entwicklung der unproduktiven Arbeit – so nützlich sie im einzelnen auch sein mag und so wichtig sie im ganzen für die Beurteilung des Niveaus des Volkswohlstandes auch ist – doch letztlich immer von der produktiven Arbeit und ihrem Nutzeffekt ab. Die unproduktive Arbeit als Teil der gesellschaftlichen Gesamtarbeit erzeugt auch im Sozialismus weder materielles Produkt noch gesellschaftliches Reineinkommen, sondern verbraucht materielles Produkt und zehrt vom gesellschaftlichen Reineinkommen. Deswegen muß die Verwischung des ökonomischen Unterschieds zwischen produktiver und unproduktiver Arbeit den Blick für die Quelle des gesellschaftlichen Reichtums trüben und die Aktivität zur Ausschöpfung aller Reserven für seine schnelle Entwicklung hemmen.

2. Die produktive Arbeit in der bürgerlichen Ökonomie

Der Begriff der produktiven Arbeit umfaßt also nicht nur das allgemeine Verhältnis einer zweckmäßigen Tätigkeit, sondern auch ein geschichtlich entstandenes gesellschaftliches Verhältnis, das den Arbeiter im Kapitalismus zum unmittelbaren Verwertungsmittel des Kapitals stempelt. „Produktiver Arbeiter zu sein ist daher kein Glück, sondern ein Pech“[27], und es versteht sich, daß die bürgerlichen Ökonomen seit je nicht gern von diesem Pech sprachen, von denen die unmittelbaren Produzenten in ihrer Produktionsweise betroffen sind.

Die Merkantilisten verstanden unter Reichtum Verfügung über Geld, und für sie war daher nur die Arbeit produktiv, durch die Edelmetalle gewonnen und ins Land gebracht wurden. Für die Physiokraten war nur die Arbeit produktiv, die in der Bearbeitung des Bodens aufgewendet wird, weil sie unter Reichtum die Verfügung über Rohstoffe oder Bodenprodukte verstanden. Erst Adam Smith (und auch Sismondi) verstand den Begriff der produktiven Arbeit von dem zu unterscheiden, der sich aus den jeweiligen Produktionsverhältnissen ergibt. Die Nachfolger von Smith und die bürgerlichen Ökonomen bis in die Gegenwart erweiterten den Begriff des gesellschaftlichen Reichtums auf alles, was für sie objektive Realität hat, um die Augen vor der Tatsache verschließen zu können, daß die Gesellschaft vom materiellen Produkt, vom Resultat der produktiven Arbeit lebt.

In der Tat, zweierlei zieht sich durch die nachklassische bürgerliche Ökonomie bis in die Gegenwart: *erstens* der immer erneut variierte Versuch nachzuweisen, daß nicht nur die Arbeit in der materiellen Produktion produktiv ist, sondern jede Arbeit, die ein „Einkommen" erzielt, weil sie dadurch einen „Beitrag zum Sozialprodukt" leiste, und *zweitens* verbindet sich damit das erheiternde Bemühen, durch eine Theorie der Produktionsfaktoren auch die Produktivität des Kapitals zu beweisen. Wie sie von der Einkommensthese des Begriffs der unproduktiven Arbeit zur Fälschung des Begriffs des Nationaleinkommens gelangt, das gleich der Summe aller Einkommen, also den ursprünglichen plus den abgeleiteten Einkommen sein soll, so kommt sie von der These der Produktionsfaktoren zu der Fälschung der Wachstumsbedingungen des gesellschaftlichen Arbeitsprodukts, indem sie die Ökonomie durch die Technik ersetzt. Wenn heute in der bürgerlichen Ökonomie die produktive Arbeit ganz allgemein mit jeder Arbeit gleichgesetzt wird, die ein Einkommen erzielt, so hat das durchaus eine Tradition. Und wenn Gerhard E. Reuss in seinem höchst interessanten Werk „Produktivitätsanalyse" (Basel 1960) meint, es sei „zweifellos ein Verdienst A. Müllers, auf die Einseitigkeit der klassischen Produktivitätslehre hingewiesen zu haben, die alle nichtmateriellen Tätigkeiten ausklammere"[28], und auch heute noch sei die Frage, „wie z. B. der produktive Beitrag eines Lehrers gemessen werden soll, ungelöst", so übersieht er, daß das Problem nicht darin besteht, den Nutzeffekt unproduktiver Arbeit, wie die des Lehrers zu messen, sondern den Begriff der produktiven Arbeit zu bestimmen. Und dazu allerdings war und ist die nachklassische bürgerliche Ökonomie aus klassenmäßigen Gründen nicht mehr in der Lage.

Bei den älteren Autoren wird das besonders klar bei Albert Schäffle, bei dem alle heutigen Ladenhüter schon auftauchten. Was die Verwirrung stiftete, meinte Schäffle scharfsinnig, das „waren die ganz verschiedenen Begriffe, welche man mit dem Wort produktiv durcheinander verknüpfte".[28a] Man nannte das eine Mal die Arbeit „produktiv", „deren Erzeugniß mehr Werth hat, als der für dessen Herstellung gemachte Aufwand (Kosten) beträgt".[29] Hierbei bedachte man aber nicht, daß jede Arbeitsgattung bald produktiv, bald unproduktiv in diesem Sinne, je nach Lage der Verhältnisse, sein könne. Weiter blieb man „an einer äußerlichen Auffassung hängen und nannte bloß diejenige Arbeit produktiv, welche körperliche (feste) Güter hervorbringe".[29a] Doch beachtete man hierbei nicht, „daß die Arbeit überhaupt kein äußeres Naturdasein hervorbringt, sondern den Gegenständen, ihrer Materie und ihrer Kraft, stets nur eine für die menschlichen Zwecke dienliche Richtung (Nützlichkeit) giebt". Die dritte Auffassung endlich, „welche die sog. Dienstleistungen für unproduktiv“[30] erkläre, übersehe wieder ihre „freilich flüchtige Verkörperung“.[30]

Nach Schäffle nun ist „*jede* wirkliche Arbeit“ produktiv, „denn eine Arbeit, die keine Nützlichkeit für ein menschliches Bedürfniß hervorbringt, ist keine Arbeit mehr zu nennen, sondern nur Bethätigung überhaupt. Jede Erzeugung also, welche einen Stoff fähig macht, menschlichen Bedürfnissen zu dienen, ist produktiv im nächsten Sinne des Wortes.“ Dies trifft nun sowohl für den Handel zu, „welcher die Nützlichkeit der Stoffe durch zweckmäßigste Vertheilung an die Bedürfnisse erst wirklich macht“[31], als auch für die Dienstleistungen. Auch die „Dienstleistungen sind ebenso ‚unmittelbar‘ ... erzeugend, als das Backen des Brotlaibes“.[32] „Keine Erzeugnisse wären Dienstleistungen dann, wenn sie keinem Bedürfnis entgegenkämen. Eine trillernde Jenny Lind ohne Publikum, ein vor leeren Bänken lesender Professor sind unproduktiv ...“[33] Nach Schäffle ist auch die Auffassung falsch, „als sei der durch die Leistungen erzeugte Genuß nicht wiedererzeugend, nicht reproduktiv“. Manche dieser Leistungen seien weit reproduktiver als manche materielle Produktion. Erst dann würden Dienstleistungen unproduktiv, wenn Verschwendung mit ihnen getrieben würde.

Produktive Arbeit = gesellschaftlich nützliche Arbeit, so lautet also die Formel, die Schäffle vorschlägt und die im Prinzip, unter einem Wust verbaler Äußerlichkeiten von der bürgerlichen Ökonomie immer akzeptiert wurde, wobei selbstverständlich gesellschaftlich nützlich im Sinne der Kapitalverwertung, d. h. als profitabel definiert wird. Sehr schön zeigte sich das auf dem Wiener Kongreß des „Vereins für Socialpolitik“ im Jahre 1909, auf dem im Anschluß an ein Referat von Eugen Philippovich der Begriff der produktiven Arbeit ausführlich diskutiert wurde. Seit Smith herrschte die Auffassung, so führte Philippovich aus, den „Tauschwert als Maßstab der Produktivität“ anzunehmen, d. h. produktive Arbeit sei jede Tätigkeit, „welche direkt oder indirekt materielle oder immaterielle Produkte erzeugt, die tauschfähig sind und einen Tauschwert haben, der nicht geringer ist als der Wert, der bei ihrer Produktion konsumiert wurde“.[34] Philippovich offenbart dann in seiner Fragestellung mit seltener Klarheit die Unfähigkeit eines bürgerlichen Ökonomen, die Dialektik seiner eigenen Produktionsweise zu begreifen. „Können wir“, so fragt er, „wirklich sagen, daß die Produktivität abgenommen hat, wenn die Gütermengen so stark vermehrt wurden, daß ihr Tauschwert sinkt“? Um der Einsicht in den Doppelcharakter der Arbeit und der Einheit von Arbeits- und Verwertungsprozeß zu entgehen und damit allerdings der Einsicht in den transitorischen Charakter der bürgerlichen Art und Weise zu produzieren, finden Philippovich den Ausweg, eine „technische“ und eine „volkswirtschaftliche“ Produktivität zu unterscheiden.

Der Begriff der „technischen“ Produktivität sei einfach. Er ist das Maß, gegeben durch die Menge der Produkte, welche in der Zeiteinheit pro Kopf der tätigen Arbeiter gewonnen werden. „Die Veränderungen dieser Produktivität sind von entscheidender Bedeutung für die Erreichung der Zwecke, denen die Wirtschaft dient, denn mit ihnen ändert sich ja die Menge der verfügbaren Güter und damit das Maß der möglichen Bedürfnisbefriedigung der Bevölkerung.“[35] Gemeint ist, wie leicht einleuchtet, die Produktivität des Arbeitsprozesses, abhängig von seiner gesellschaftlich-historischen Form in der kapitalistischen Produktionsweise, die Produktivität konkreter, nicht abstrakter, Wert und Mehrwert produzierender Arbeit. Doch dürfte die Tatsache der „technischen“ Produktivität nicht ohne weiteres zum Maßstab der Entwicklung der Volkswirtschaft gemacht werden, führt Philippovich weiter aus. „Technische Produktivität bedeutet eine Gütermenge, ‚volkswirtschaftliche‘ Produktivität aber ‚gesellschaftliche Befriedigung‘, da eine Produktion technisch vollkommen gelungen sein kann und doch in dem Augenblick volkswirtschaftlich unproduktiv wird, in dem der Bedarf an ihren Produkten aufhört.“[36] „Die Vermehrung der Produkte einer ihrer Art nach zweifellos nützlichen Produktion bewirkt steigenden Nutzen nur bis zu der Grenze, wo die Nachfrage sich von diesen Gütern ab- und anderen zuwendet. Die technische Ergiebigkeit einzelner Produktionsreihen kann eine große und eine gestiegene sein, und doch braucht der Wohlstand sich nicht oder nicht in demselben Verhältnisse erhöht zu haben, wenn etwa neue Lebensbedingungen die Steigerung der technischen Produktivität ganz oder teilweise in Anspruch genommen haben.“[37] Aufwand und Erfolg seien daher stets, sagt Philippovich, vom Standpunkt der Volkswirtschaft zu werten, und wir können nur dann, „wenn diese Betrachtung eine Mehrung des Nutzens in der Volkswirtschaft ergibt, von *volkswirtschaftlicher Produktivität* sprechen“.[38] Das Produktivitätsurteil knüpfte dabei zwar immer an die technische Produktivität an, doch habe es stets zu beachten, in welchem Maße der „gesellschaftliche Bedarf“ eine vollkommene Befriedigung erfährt.

Wenn Philippovich es dann als Zweck der Produktivität bezeichnet, den „Volkswohlstand“ zu erreichen, dann sind sämtliche Requisiten der bürgerlichen Begriffsbestimmung der produktiven Arbeit beisammen. Philippovich bezeichnet die Produktivität als das „eigentliche Objekt unserer Wissenschaft“.[39] Klar wird bei den Ausführungen Philippovichs nur eines: jede Arbeit, die zum „Volkswohlstand“ beiträgt, ist produktiv, d. h. jede gesellschaftlich nützliche Arbeit ist produktiv, wobei sich natürlich von selbst versteht, daß auch die Arbeit des Kapitalisten gesellschaftlich nützlich, also produktiv und den „Volkswohlstand“ fördernd ist. Und auf diesen Nachweis kam es schließlich an! Das faßte Essen, der neben Philippovich die beachtlichsten Ausführungen auf dem Wiener Kongreß machte, noch einmal mit aller Deutlichkeit zusammen. „Die Geschichte der Wissenschaft zeige“, so führte Essen aus, „daß die wesentlichsten Irrtümer hinsichtlich Zuerkennung des Charakters der Produktivität . . . darauf zurückzuführen sind, daß man den Begriff der Produktion entweder identifiziert hat mit der Schaffung von Stoff oder daß man ihn gleichgesetzt hat mit dem Hervorbringen von Wert . . .“[40]

In der weiteren Debatte auf dem Wiener Kongreß wurde der Begriff der Produktivität breit diskutiert, ohne daß sich über das von uns bereits Angeführte hinaus neue Gesichtspunkte ergaben. Von Gottl. von Ottilienfeld wurde der extreme Standpunkt vertreten, das Problem dadurch überhaupt aus der Welt zu schaffen, daß man das Wort selbst ausschalte. Von Zwiedineck-Südenhorst betonte demgegenüber, es sei nicht angängig, „daß wir schlechthin einen Begriff eliminieren, aus der Wissenschaft herausstreichen . . ., nach dem das reale Leben geradezu schreit".[41] Max Weber, der mit Werner Sombart den „wertfreien" Standpunkt vertrat, formulierte wohl die vorherrschende Ansicht, wenn er den Begriff der Produktivität zwar zunächst ablehnte, weil sich darin alle „Ethik der Welt" befinde und weil doch der Volkswohlstand „nicht gleichzusetzen sei mit dem möglichst großen Einkommen aller einzelnen Teilhaber einer Wirtschaftsgruppe", doch schließlich die Berechtigung des Produktivitätsbegriffs annahm, wenn es sich darum handelt, einen Vergleich zwischen aufgewandter Arbeitsmenge und der Produktionsmenge zu führen.[42] Weber hält die Relation zwischen diesen beiden Größen nur in drei Fällen für berechenbar: man könne *erstens* das Verhältnis der erzielten zu den aufgewandten Energien berechnen, was jedoch, da der technische Fortschritt und Verbesserung dieses Verhältnisses nicht identisch sind, wenig Wert habe; *zweitens* könne man die Beziehung der menschlichen Arbeit zur erzeugten Produktmenge messen, eine Relation, die nach Webers Auffassung infolge der Verschiedenheit der Arbeit nur geringen Vergleichswert besitzt, und *drittens* könne man die Rentabilität berechnen.

Es wäre ermüdend, auch für die Folgezeit die Argumente zugunsten der These anzuführen, daß jede Arbeit, die zu einem Einkommen führt, produktive Arbeit sei. In die Diskussion, die sich nach dem Wiener Kongreß lange hinzog, griffen Frieda Wunderlich (in einer besonderen Schrift über „Produktivität", Jena 1927), Karl Diehl (Artikel „Produktivität in: „Wörterbuch der Volkswirtschaftslehre", 4. Auflage, Jena 1932) und Werner Sombart („Produktivität", in: „Weltwirtschaftliches Archiv", Bd. 28, S. 1ff.) ein, um nur die wichtigsten zu nennen. Immer wieder zeigt sich dasselbe; nur wenn man das allgemeine und das besondere Moment bei der Bestimmung der produktiven Arbeit auseinanderhält und sie sowohl vom Standpunkt des Arbeitsprozesses als auch des konkret-historischen Produktionsprozesses faßt, kann man auch begreifen, daß produktiv und gesellschaftlich-nützlich nicht dasselbe ist und daß es infolgedessen neben dem ursprünglichen Einkommen auch abgeleitete Einkommen gibt. Das äußert sich noch einmal in der Schrift von Paul Jostock „Die Berechnung des Volkseinkommens und ihr Erkenntniswert" (Stuttgart und Berlin 1941). Jostock geht von dem Problem der „abgeleiteten" Einkommen aus. Die Physiokraten haben nur der Landwirtschaft Produktivität und ursprüngliches Einkommen zuerkannt, stellt Jostock richtig fest. Später wurde die „Grenzscheide zwischen produktiver und unproduktiver Tätigkeit und entsprechend zwischen ursprünglichen und abgeleitetem Einkommen" immer weiter vorverlegt, meint er weiter, so daß sich ergab, „daß man schließlich allen Berufen, die nützliche Dienste leisteten und damit Bedürfnisse auf diesem oder jenem Gebiet befriedigten, den Charakter der produktiven Tätigkeit grundsätzlich zuerkannte und dementsprechend auch das hieraus bezogene Einkommen als ursprüngliches Einkommen gelten ließ".[43]

Jostock gibt aber immerhin zu, „daß es auch unproduktive Betätigung gibt, und daß diese unter Umständen in beträchtlichem Umfange vorkommt". „Unproduktivität liegt dann vor, wenn ein Beruf im Vergleich zu den anderen übersetzt ist. Denn das beeinträchtigt die Gesamtleistung der Volkswirtschaft", denn

„produktiv ist jede zur Bedarfsdeckung beitragende Berufstätigkeit, soweit sie im rechten Verhältnis zu den übrigen Berufstätigkeiten in der Volkswirtschaft ausgeübt wird".[43a]

Damit ist jede Unterscheidungsmöglichkeit überhaupt fortgefallen. Denn nach welchem objektiven Merkmal ist zu entscheiden, welche Arbeit unproduktiv, weil unverhältnismäßig ist? Dieses Merkmal gibt es nicht!

Jostock scheint das auch irgendwie zu fühlen, denn er sagt: „Es kann also ebensowohl unproduktive Fabrikarbeit wie unproduktive Handels- oder Beamtentätigkeit vorkommen ..."

Aber wozu entscheiden und unterscheiden? „Sind ... die einzelnen Berufe im rechten Verhältnis zueinander besetzt, so ist die Tätigkeit des Beamten, des Lehrers, des Dichters, des Musikers oder auch die des Kinderfräuleins und der Hausgehilfin ebensowohl produktiv wie die des Kaufmanns, des Handwerkers und des Bauern. Denn sie alle bringen Leistungen dar, nach denen ein Bedürfnis vorhanden ist, und erhöhen damit die Wertsumme der volkswirtschaftlichen Leistung insgesamt. Folglich beziehen sie alle ursprüngliches Einkommen."[44]

Mit Adam Smith spricht noch die fortschrittliche Bourgeoisie, die alle nicht an der Produktion ihres gesellschaftlichen Reichtums, das heißt des Mehrwerts, direkt beteiligten Schichten der Gesellschaft als unproduktiv ansieht. Produktiv waren dabei alle Arbeitskräfte, die den kapitalistischen Reichtum vermehrten. Der Begriff der Arbeitsproduktivität erhielt hiermit seinen eindeutig kapitalistischen Sinn. Seither spricht durch die bürgerlichen Ökonomen eine Bourgeoisie, die es ängstlich vermeidet, auf die Quelle ihres Einkommens aufmerksam zu machen und wie könnte sie das wohl besser, als indem sie behauptet, alle Arbeit, also auch die „Arbeit" des Kapitals sei produktiv?

Um die Ausführungen zu diesem Punkt zu schließen, die wir damit begannen, daß wir die neueste bürgerliche Arbeit über „Produktivitätsanalyse" zitierten, ein letztes, bezeichnendes Zitat: „Man muß zwei sehr wichtige Arten von Arbeitsproduktivität unterscheiden: erstens die der produktiven Arbeitskräfte (meist Lohnempfänger), die unmittelbar mit den Produktionsmitteln arbeiten, und zweitens die der ‚unproduktiven' Arbeitskräfte, d. h. des Verwaltungs- und Büropersonals (meist Gehaltsempfänger), die unmittelbar nur Arbeitsräume, Einrichtungen, Büromaschinen usw. benutzen."[45]

Damit ist aber auch der Begriff der Arbeitsproduktivität, der eindeutig als Nutzeffekt der produktiven Arbeit definiert ist, unter der Hand zerronnen und was bleibt, ist so dünn und blaß, daß es vom Standpunkt des bürgerlichen Klasseninteresses nicht mehr gefährlich ist.

3. *Der Nutzeffekt der produktiven Arbeit in der modernen bürgerlichen Ökonomie*

Wenn es für die Bestimmung der produktiven Arbeit nicht ausreicht, von den einfachen Momenten des Arbeitsprozesses auszugehen, so müssen wir auch bei der Bestimmung des Nutzeffekts der produktiven Arbeit die jeweiligen Produktionsverhältnisse berücksichtigen. Und wenn die bürgerliche Ökonomie behauptet, jede Arbeit, die ein Einkommen erzielt, sei produktive Arbeit, so folgt für sie daraus, daß man das Ergebnis der Produktion natürlich nicht nur auf die Arbeit, sondern auch auf den „Faktor" Kapital beziehen muß. Während die Auffassungen in der bürgerlichen Ökonomie hinsichtlich der Möglichkeit, die Produktivität zu messen, bis zum 2. Weltkrieg, im ganzen gesehen, sehr skeptisch waren, trat nach dem 2. Weltkrieg hierin eine entscheidende Wendung ein.

Zunächst zur Begriffsbildung, von der die moderne bürgerliche Produktivitätsmessung ausgeht. „‚Die Produktivität' gibt es eben nicht", schreibt Gerhard Fürst, Präsident des Statistischen Bundesamtes Westdeutschlands, in einer Arbeit über „Die Methoden der Produktivitätsmessung": „Man muß sich vielmehr zunächst darüber einigen, welche der in Betracht kommenden Relationen man für sinnvoll und für nützlich hält."[46] Sinnvoll kann natürlich nur sein, was theoretisch richtig ist, sollte man meinen. Aber dem ist nach G. Fürst nicht so! „Mit anderen Worten, es hängt sehr viel von der Zielsetzung ab, also von dem, was man mit diesen Relationen zeigen will und welche Maßnahmen und Wirkungen man kontrollieren will."[46a] Nun ist es natürlich unbestritten, daß jeder analytischen Fragestellung eine ganz bestimmte Meßmethode zugeordnet ist, aber hier geht es nicht um diese Meßmethode, sondern um die Fragestellung. „Von diesen Vorüberlegungen also hängt es ab, was in die Messung einbezogen werden muß oder nicht."[47] Das Ziel dieser „Vorüberlegungen" aber ist es, eine Methode zu finden, die gestattet, sowohl die Produktivität des „Faktors" Arbeit als auch des „Faktors" Kapital zu messen.

Daraus folgt, wie Rolf Fricke in einem umfangreichen Werk über „Grundlagen der Produktivitätstheorie" schreibt, „daß Produktivität ein Werturteil über die Qualität aller wirtschaftlichen Betätigung in den verschiedenen Ebenen und Bereichen der Wirtschaft ist . . ."[47a]

Nach Fricke gibt es auch eine „hauswirtschaftliche Produktivität", wobei die „Hauswirtschaft spezielle immaterielle Produktionsziele zu verfolgen hat, von denen jedes seine eigene Produktivität hat".[47b]

So ist die herrschende Auffassung der modernen bürgerlichen Ökonomen.

„Produktivität . . . bezeichnet das Verhältnis von Produktionsergebnis zu Faktoreneinsatz (Output perunit of input)"[48], heißt es beispielsweise in der Schrift über „Produktivitätsanalyse" von Gerhard E. Reuss, einer Schrift, die nicht nur die statistische Methodik, sondern auch die „ökonomischen Grundlagen" darstellen will. „Das Produktionsergebnis kann entweder zu einzelnen Produktionsfaktoren in Beziehung gebracht werden (*faktorenbezogene* Produktivitäten, insbesondere *arbeitsbezogene, kapitalbezogene* und *materialbezogene* Produktivität) oder einer Kombination von mehreren Faktoren gegenübergestellt werden (kombinierte oder globale Produktivität)."[49] Und Fricke schreibt: „Unter Faktorproduktivität soll der Grad der Produktivität verstanden werden, der von den drei klassischen Produktionsfaktoren Boden, Kapital und Arbeit in das einzelne technische Produkt oder in den Bruttogewinn oder in den hauswirtschaftlichen Ertrag eingeht."[49a] Fricke muß allerdings zugeben, daß der Bankrott der subjektiven Werttheorie erwiesen hat, daß eine naturale Erfassung des „Anteils der Produktionsfaktoren am einzelnen Produkt rechnungstechnisch unmöglich ist, soweit man sich nicht auf die vom Markt gelieferten geldwirtschaftlichen Produktionskosten stützt".[49b] Selbstverständlich ist Fricke die objektive Werttheorie unbekannt – es sei denn, er kennt sie und verfälscht sie bewußt –, denn er behauptet von ihr: „Nach dieser Theorie beruht das dem Unternehmer zufließende Gewinneinkommen auf eine Art Diebstahl, in dem dem Arbeitnehmer als dem alleinigen Produktiven mit Hilfe des freien Arbeitsvertrages ein wesentlicher Teil des Arbeitslohnes vorenthalten wird."[49c] Fricke beruft sich dabei ausdrücklich auf die „Arbeitswerttheorie (Mehrwertlehre)".[49d]

Es ist natürlich kein Zufall, daß die Theorie von der „Produktivität" der sogenannten Produktionsfaktoren mit der verleumderischen These vom „Eigentum als Diebstahl" zu „begründen" versucht wird. Sobald die bürgerliche Ökonomie jedoch empirisch-analytisch zu arbeiten beginnt, kennt sie durchaus den wissenschaftlichen Begriff der Produktivität, der Arbeitsproduktivität. Das muß auch Fricke feststellen, der allerdings meint, es ließen sich nur „die Schwankungen der Arbeitsproduktivität, nicht aber ihr Grad, ermitteln".[49e]

So wie der Begriff der produktiven Arbeit in der bürgerlichen Ökonomie auf alle gesellschaftlich nützliche Arbeit erweitert wird – denn eine Arbeit, die nicht irgend jemand nützt, wird ja kein Einkommen „erzielen" –, so wird der Begriff der Produktivität auf die lebendige und vergegenständlichte Arbeit ausgeweitet. „Es gibt also eine Maschinenproduktivität, wie es eine Rohstoffproduktivität und eine Produktivität der menschlichen Arbeit gibt"[50], schreibt z. B. Jean Fourastié. Das heißt, man mißt die „arbeitsbezogene" Produktivität

$$\frac{Q}{A}$$

und man mißt die „kapitalbezogene" Produktivität

$$\frac{Q}{K}$$

und bezeichnet als „globale" Produktivität

$$\frac{Q}{A+K}.$$

Dabei handelt es sich in Wahrheit natürlich um zwei sehr verschiedene Dinge: 1. um die Messung der Arbeitsproduktivität als Nutzeffekt der *lebendigen* Arbeit:

$$Ap = \frac{Q}{Tl}$$

und 2. um die Messung des Wertes – auf dieses Problem wird später ausführlich eingegangen – als Nutzeffekt der *gesamten* (lebendigen und vergegenständlichten) Arbeit

$$w = \frac{Tl + Tv}{Q}.$$

Die sogenannte „globale“ Produktivität ist nichts anderes als der reziproke Wert je Produktionseinheit

$$\frac{1}{w} = \frac{Q}{Tl + Tv}.$$

Da, wie noch zu zeigen sein wird, die Kennziffer

$$\frac{Q}{Tv}$$

als Kennziffer des Nutzeffektes – nicht der „Produktivität“ – der *vergegenständlichten* Arbeit bei der Analyse des Nutzeffektes der gesellschaftlichen Arbeit eine große Rolle spielt, ist es durchaus vertretbar, den Wert je Produktionseinheit auch als *Nutzeffekt* der gesamten (lebendigen und vergegenständlichten) Arbeit zu bezeichnen. Aber daraus folgt nicht, daß man den reziproken Wert je Produktionseinheit als „Produktivität“ der *gesamten* Arbeit bezeichnen kann. Der Begriff der Arbeitsproduktivität ist mit der Kategorie der produktiven Arbeit verbunden, die nur lebendige Arbeit sein kann. Es verbietet sich damit von selbst, auch den Nutzeffekt der vergegenständlichten oder der gesamten Arbeit als Arbeitsproduktivität zu bezeichnen. Das verbietet nicht nur die formale Logik, das verstößt auch gegen eine Grundthese der Arbeitswerttheorie und ist nicht damit zu rechtfertigen, daß man sagt, Fragen der Definition seien Fragen der Konvention.

Für den nur Oberflächenerscheinungen der kapitalistischen Produktionsweise sehenden und nur Funktional- und keine Kausalzusammenhänge suchenden bürgerlichen Ökonomen ist es plausibel, daß sinkende Warenwerte und steigende Arbeitsproduktivität identisch sind, weil nur steigende Arbeitsproduktivität ein Sinken der Werte der Waren bewirkt. Aber sinkender Wert der Waren ist eben nicht Ursache, sondern Resultat steigender Arbeitsproduktivität und der Wert der Waren kann nur sinken, wenn die lebendige Arbeit in gleicher Zeit, also auch bei gleichem Wertprodukt mehr Produkte erzeugt, so daß weniger Wert auf das einzelne Produkt entfällt. „Dieselbe Arbeit ergibt ... in *denselben Zeiträumen* stets *dieselbe Wertgröße*, wie immer die Produktivkraft wechsle. Aber sie liefert in *demselben Zeitraum verschiedene Quanta Gebrauchswerte*, mehr, wenn die Produktivkraft steigt, weniger, wenn sie sinkt“[51], heißt es bei Marx.

Wie sich Unklarheiten in Fragen der Definition auswirken, zeigt die Tatsache, daß die Ausweitung des Begriffs der Produktivität auch auf die vergegenständlichte Arbeit keineswegs ein Privileg bürgerlicher Ökonomen ist. So schreibt z. B. der sowjetische Ökonom S. Strumilin, daß die Produktivität „der Arbeit auf zweierlei Art gemessen werden kann: entweder durch die reziproke Größe des Arbeitswerts der Waren oder, was das gleiche ist, durch Beziehung des gesamten Gebrauchswerts auf den Arbeitswert ...“[52] Bei Strumilin ist, wenn wir mit ihm die Arbeitsproduktivität mit P, die vergegenständlichte und lebendige Arbeit mit $t_1 + t_2$ und Gw als Menge der produzierten Gebrauchswerte bezeichnen.

$$P = \frac{Gw}{t} = \frac{Gw}{t_1 + t_2}, \quad \text{d. h.} \quad P = \frac{1}{w}.$$

Diese Formel drückt aber nur die Banalität aus, daß die Menge der produzierten Gebrauchswerte je Wert sich umgekehrt proportional zum Wert je produzierten Gebrauchswert verhält.

Strumilin begründet seine Definition der Arbeitsproduktivität als Nutzeffekt der gesamten gesellschaftlichen Arbeit ausdrücklich mit dem Prinzip der „reziproken Proportionalität". „Man könnte meinen, die dargelegte Definition der Begriffe Arbeitsproduktivität und Wert der Erzeugnisse . . . über die umgekehrte Proportionalität dieser Größen seien völlig klar."[53] Strumilin wendet sich aus diesem Grunde auch gegen die „sowjetische statistische Praxis", die bis heute noch „nur die Produktivität der lebendigen Arbeit ermittelt".[54] So bedauerlich der Umstand ist, der auch auf unsere statistische Praxis zutrifft, daß nur die Arbeitsproduktivität und nicht der Nutzeffekt der *gesamten* Arbeit gemessen wird, so falsch ist die Argumentation Strumilins. Die Steigerung der Arbeitsproduktivität als Nutzeffekt der lebendigen Arbeit ist größer als die dadurch bewirkte Senkung des Wertes je Gebrauchswert, und der Wert je Produkt sinkt nur dann proportional zur steigenden Arbeitsproduktivität, wenn entweder nur lebendige Arbeit aufgewendet wird – was natürlich nicht möglich ist – oder wenn mit der steigenden Arbeitsproduktivität keine Zunahme des Produktionsverbrauchs verbunden ist.

Jeder wie auch immer begründete Versuch, eine *Produktivität der Produktionsmittel* nachzuweisen, ist im Sozialismus aber genauso unwissenschaftlich wie im Kapitalismus. Die Arbeitsproduktivität ist der Nutzeffekt der produktiven Arbeit. Wenn man in die produktive Arbeit auch die vergegenständlichte Arbeit einbezieht, stellt man sich auf den Standpunkt der sogenannten Zurechnungstheorie. Das aber tut Strumilin, der zwar mit Recht ausführt, daß man sich nicht „auf die Messung allein der lebendigen Arbeit beschränken"[55] dürfe, zur Begründung hierfür aber anführt, daß die vergegenständlichte Arbeit in den vorausgegangenen Produktionsstufen lebendige Arbeit war, „die an der Schaffung des Gebrauchswerts und des Arbeitswerts des gegebenen Endprodukts teilnahm. Und wenn wir die gesellschaftliche Produktivität der Arbeit bei der Produktion dieses Erzeugnisses nach der Formel $Gw : t$ messen wollen, wobei Gw der Gebrauchswert und t sein Arbeitswert ist, dann müssen in der Summe des Wertes zweifellos alle seine ihn bildenden Elemente enthalten sein, das heißt also nicht nur die lebendige Arbeit der letzten Produktionsstufe sondern auch alle ihre Elemente, die in den vorangegangenen Produktionsstufen vergegenständlicht wurden."[56] Strumilin ignoriert mit dieser Argumentation den Doppelcharakter der Arbeit, indem er anstelle der Arbeitsproduktivität als Nutzeffekt konkreter Arbeit die abstrakte Arbeit als wertbildende Arbeit setzt. Er gerät in gefährliche Nähe der bürgerlichen Konzeption von der „Produktivität" des Kapitals, wenn er die polemische Frage stellt: „Ist etwa die Ausstattung der lebendigen Arbeit mit Maschinen, das heißt mit vergegenständlichter Arbeit, kein entscheidender Faktor der Erhöhung der Produktivkraft der Arbeit?"[56a] um zu der Feststellung zu gelangen: „Bei unverändertem Quantum lebendiger Arbeit ist deren Produktivität demnach allein eine Funktion der *vergangenen* Arbeit."[57]

Heißt das nicht, den Springpunkt der politischen Ökonomie, den Doppelcharakter der Arbeit völlig zu vergessen und – wie es paßt – an Stelle der konkreten die abstrakte und an Stelle der abstrakten die konkrete Arbeit zu setzen? Strumilin fühlt diese (subjektiven) Widersprüche und schreibt deshalb: „Natürlich wird der Wert nur von der lebendigen Arbeit geschaffen . . .“[58] Aber es geht bei der Arbeitsproduktivität überhaupt nicht um die wertschaffende Arbeit, sondern um die gebrauchswertschaffende Arbeit. Da die gebrauchswertschaffende Arbeit zugleich den Wert des verbrauchten Produktionsmittels auf das neugeschaffene Produkt überträgt, dürfen wir bei der Ermittlung des Nutzeffektes der gesellschaftlichen Arbeit, die nicht nur als lebendige, sondern auch als vergegenständlichte Arbeit erscheint, natürlich ihre wertschaffende Seite nicht vergessen. Weil die lebendige Arbeit nur zusammen mit der vergegenständlichten Arbeit als produktive Arbeit wirken kann, verwendet sie Produktionsmittel, die in vorausgegangenen Produktions*stufen* bzw. in vorausgegangenen Produktions*perioden* geschaffen wurden. Und weil sie das tut, ist der Produktenwert größer als das Wertprodukt.

Es zeigt sich somit, daß sich hinter unterschiedlicher Definition prinzipielle Meinungsverschiedenheiten verbergen und daß es unstatthaft ist, sich in Fragen der Definition von Kategorien der politischen Ökonomie gleichgültig zu verhalten und sie als eine konventionelle Angelegenheit zu betrachten.

Die bürgerliche Ökonomie lehrt:

Produktiv ist nicht nur die Arbeit, produktiv sind auch Kapital und Boden, auch wenn nicht alle „produktiven Beiträge“ meßbar sind, wie z. B. die „Produktivität eines Arztes, Lehrers oder Staatsbediensteten . . .“[59] Das ist natürlich nicht neu, ebensowenig wie der Versuch, an die Stelle der Bruttoproduktion die Nettoproduktion zu setzen. „Als Produktionsresultat eines einzelnen Prozesses oder einer gesamten Industrie kann man entweder den Bruttoausstoß oder die Nettoproduktion bzw. die Wertschöpfung betrachten“[60], heißt es bei Reuss.

Die gemeinsame Ursache der Theorie der „faktorbezogenen“ Produktivität, nach der neben der Produktivität des „Faktors“ Arbeit, d. h. der Arbeitsproduktivität als Nutzeffekt der produktiven Arbeit, insbesondere die Produktivität des „Faktors“ Kapital als sogenannte Kapitalproduktivität existiert und der Theorie der Messung der Nettoproduktion an Stelle der Bruttoproduktion ist das klassenmäßige Unvermögen, den Doppelcharakter der lebendigen Arbeit als konkrete produktive und abstrakte, wertbildende Arbeit zu begreifen, bzw. die apologetische Absicht, diesen Charakter zu verschleiern. Ebenso wie es bekannt ist, daß die bürgerliche Ökonomie verschiedene Varianten einer sogenannten Zurechnungstheorie konstruierte, die alle den Zweck verfolgen, den produktiven Charakter des Kapitals nachzuweisen, ist bekannt, daß Marx bereits in seiner Kritik an Adam Smith den Fehler widerlegte, den Produktwert mit dem Wertprodukt zu identifizieren. Wenn die bürgerlichen Ökonomen den Ertrag der Produktion auf seine „ursächlichen“ Faktoren, die sogenannten Produktionsfaktoren, aufteilen, dann leugnen sie den produktiven Charakter der lebendigen Arbeit, wie sie bei der

Identifizierung des Produktwertes mit dem Wertprodukt die wertbildende Eigenschaft der lebendigen Arbeit verleugnen. Da die „ursächliche“ Zurechnung des Ertrages der Produktion auf die sogenannten Faktoren der Produktion auf der Grundlage der Arbeitswerttheorie nicht möglich ist, gehen alle Varianten der „Zurechnungstheorie“ vom naturalen Charakter der Produktionsmittel aus. Sie „abstrahieren“ vom Kapitalcharakter der Produktionsmittel, wie sie vom Doppelcharakter der Arbeit „abstrahieren“, wenn sie Produktwert mit Wertprodukt identifizieren.

In Wahrheit ist das „Kapital“ nicht ein Faktor der Produktion, sondern der Produktivität, und zwar der einzigen Produktivität, die existiert, der Arbeitsproduktivität. Die produktive Arbeit verbraucht in der Produktion in früheren Produktionsperioden vergegenständlichte Arbeit, und dadurch wird ihr Wirkungsgrad erhöht und die vergegenständlichte Arbeit wird zu einem Faktor der Arbeitsproduktivität, der wie andere Faktoren: Qualifikation der Arbeitskraft sowie Organisation der Produktion und der Arbeit, bei der Analyse ihrer Entwicklung berücksichtigt werden muß. Da die lebendige Arbeit als konkrete (produktive) Arbeit nicht nur neue Gebrauchswerte erzeugt, sondern auch den Wert der in der Produktion verbrauchten Produktionsmittel auf den Wert des neuen Produktes überträgt, ist dieser größer als das Wertprodukt, das die lebendige Arbeit als abstrakte Arbeit in der Produktion der neuen Gebrauchswerte hervorbringt. Die Bruttoproduktion ist einerseits die Summe der produzierten Gebrauchswerte (Produktionsmittel und Konsumtionsmittel), andererseits die Summe des Wertes der durch die konkrete Arbeit übertragen und durch die abstrakte Arbeit neu geschaffen wurde.

Es ist nicht unwichtig, die klassenmäßige Ursache sowohl der sogenannten „faktorbezogenen“ Produktivität als auch der sogenannten „Nettoproduktkonzeption“ der bürgerlichen Ökonomie zu begreifen, da ähnliche Auffassungen auch des öfteren von sozialistischen Ökonomen vertreten werden. So neigen manche sozialistischen Ökonomen nicht nur dazu, auch der vergegenständlichten Arbeit Produktivität zuzuerkennen, sondern raten auch bei der Messung der Arbeitsproduktivität von der Nettoproduktion anstatt von der Bruttoproduktion auszugehen. Als Vertreter einer solchen Auffassung sei der sowjetische Ökonom J. G. Kuratow genannt[61], der nicht nur vorschlägt, „unter Arbeitsproduktivität das Verhältnis des von der ganzen Gesellschaft geschaffenen Nationaleinkommens (des Nettoprodukts) zu der von allen Werktätigen des Landes in der Produktion aufgewandten Anzahl der Arbeitsstunden“[62] zu verstehen, sondern auch eine Konzeption des Nettoprodukts vertritt, die sich in nichts von den bereits gekennzeichneten Konzeptionen bürgerlicher Ökonomen unterscheidet. „Dabei dürfen beim Nettoprodukt selbstverständlich nicht nur die neugeschaffenen materiellen Güter einbegriffen werden, sondern auch die der Bevölkerung erwiesenen Dienstleistungen und alle geistigen Güter, deren Notwendigkeit durch die Bedürfnisse der Angehörigen der Gesellschaft hervorgerufen wird und für deren Befriedigung gesellschaftliche Arbeit aufgewendet werden muß.“[63] Kuratow löst somit nicht nur den Begriff der Arbeitsproduktivität von der Kategorie der produktiven

Arbeit, sondern bezieht bei der Definition der Nettoproduktion eine bürgerliche Position. Er begründet sie damit, daß „auch die der Bevölkerung erwiesenen Dienstleistungen und alle geistigen Güter“ erstens durch die Bedürfnisse der Angehörigen der Gesellschaft hervorgerufen seien und zweitens für ihre Befriedigung gesellschaftliche Arbeit aufgewendet werde. Anders gesagt, Kuratow begründet seine Position mit der Behauptung, daß alle gesellschaftlich notwendige Arbeit auch Reineinkommen schaffende Arbeit ist. Damit erweitert er den Begriff der produktiven Arbeit auf die gesellschaftlich notwendige Arbeit und dürfte damit des Beifalls aller bürgerlichen Ökonomen sicher sein.

Solche Vorstellungen und Vorschläge gehen zumeist von der richtigen Einsicht in die Notwendigkeit aus, die Messung der Arbeitsproduktivität mit den wichtigsten Faktoren zu verbinden, die ihre Entwicklung bestimmen und neben der Messung des Nutzeffektes der lebendigen Arbeit auch den Nutzeffekt der gesamten (lebendigen und vergegenständlichten) Arbeit zu messen. Die Notwendigkeit sowohl der Faktorenanalyse als auch der Messung des Nutzeffektes der gesamten Arbeit ist unbestreitbar und ergibt sich aus den Erfordernissen der sozialistischen Planung. Aber wir versperren uns den Weg zu einer richtigen und schnellen Lösung dieser Aufgaben, wenn wir sie mit Konzeption der bürgerlichen Ökonomie begründen. Es ist daher zweckmäßig, noch auf zwei merkwürdige Tatsachen der Entwicklung der Produktivitätsmessung in den kapitalistischen Ländern hinzuweisen.

Da ist einmal die merkwürdige Tatsache, daß die USA auf dem Gebiet der Produktivitätsmessung, und zwar auf dem Gebiet der Messung der in bürgerlicher Terminologie sogenannten arbeitsbezogenen Produktivität (der Arbeitsproduktivität also) einen großen Vorsprung hatten und haben. Die ersten Versuche zur Messung der Arbeitsproduktivität wurden in den USA bereits Anfang dieses Jahrhunderts durchgeführt. In England wurden (zeitlich allerdings später) die ersten Versuche zur Vergleichung des Niveaus der Arbeitsproduktivität unternommen, während die Produktivitätsmessung in Kontinentaleuropa – mit Ausnahme der Sowjetunion – praktisch erst vor rund 20 Jahren in Angriff genommen wurde. Während die Messung der Arbeitsproduktivität in der Sowjetunion der sozialistischen Planung diente und hierfür entwickelt wurde, stand die Produktivitätsmessung in den kapitalistischen Ländern im Dienste vor allem der großen Geschäftsleute. In den USA erkannte man frühzeitig, daß die Produktivitätsmessung eine wertvolle Hilfe bei der Rationalisierung der kapitalistischen Betriebe zu leisten vermag. Als Instrument kapitalistischer Konkurrenz entstanden auch die internationalen Produktivitätsvergleiche, die in England durchgeführt wurden, und als solche werden sie auch heute in den anderen kapitalistischen Ländern verstanden. Damit hängt auch zusammen, daß man sich in den kapitalistischen Ländern nüchtern und ablehnend gegenüber den theoretischen Begriffsspielereien der theoretischen bürgerlichen Ökonomen auf praktische Begriffe beschränkt. „Wir sollten nie vergessen, daß unser Begriff der Produktivität einseitig und vereinfachend ist, da alle produktiven Leistungen, die nicht meßbar sind, beiseite gelassen werden“[64], schreibt Reuss. Und damit hängt die zweite merkwürdige

Tatsache zusammen. Reuss meint, daß die Praxis der Messung der Produktivität in den kapitalistischen Ländern ein „Kuriosum" darstelle, denn während in der herrschenden bürgerlichen ökonomischen Theorie die marginalen Methoden im Vordergrund stünden, herrsche in der Praxis der Produktivitätsmessung die auf dem Durchschnitt beruhende Indexmethode.[65] Aber das Interessante daran ist, daß die bürgerliche Praxis der Produktivitätsmessung – in dem Bestreben, die Produktivität des „Faktors" Kapital nachzuweisen –, die objektive Werttheorie wieder zur Grundlage ihrer Arbeit machte, die sie erst aus apologetischen Gründen abgelehnt hatte. „Ein Anstieg der globalen Produktivität findet seinen Ausdruck in einer Senkung der realen Stückkosten der Produktion", bemerkt Reuss. „Man konstruierte also Produktivitätsindizes, die den Output zum gesamten Input in Beziehung setzten."[66] Das aber heißt, daß man neben der sogenannten „arbeitsbezogenen" Produktivität die sogenannte „kapitalbezogene" Produktivität berechnete und durch Zusammenfassung beider Indizes zu einem globalen Index der Produktivität die Entwicklung des Wertes mißt. Reuss weist auf „eine interessante Zweigleisigkeit" in der Praxis der bürgerlichen Produktivitätsmessung hin, die darin besteht, daß einmal Indizes der realen Gesamtkosten berechnet und andererseits aggregative Produktionsfunktionen entwickelt werden.[67] Im Unterschied zu den Realkostenindizes, die auf Durchschnittsgrößen beruhen, fußen die aggregativen Produktionsfunktionen auf marginalen Ansätzen. Während den Realkostenindizes die Annahme zugrunde liegt, daß „die Beziehung zwischen Faktoreinsatz und Produktionsergebnis linearen Charakter hat", gehen die „marginal analytischen Messungen von der Voraussetzung exponentialer Zusammenhänge"[68] aus.

Im Dienste kapitalistischer Konkurrenz stehend, ignorierte die bürgerliche Produktivitätsmessung nicht nur die apologetische Erweiterung des Begriffs der produktiven Arbeit durch die bürgerliche Ökonomie, sie entwickelte auch die Indexmethode, die, ihrem Wesen nach auf Durchschnitten und nicht auf Grenzgrößen beruhend, mit der subjektiven Theorie des Wertes unvereinbar, eine Methode ist, die der objektiven Werttheorie, der Arbeitswerttheorie adäquat ist.

Der moderne Kapitalismus braucht nicht nur neue Argumente, weil er die kapitalistische Wirklichkeit nicht mehr nur gegen die sozialistische Kritik, sondern auch gegen die immer stärker werdende sozialistische Wirklichkeit verteidigen muß. Er braucht neben seinen Waffen auf ideologischem Gebiet Instrumente für die Wirtschaftsanalyse und die Wirtschaftspolitik. Das kommt in den sogenannten Wachstumstheorien zum Ausdruck, aber mehr noch in anderen Erscheinungen, wie z. B. in der Wiederentdeckung des Begriffs der Arbeitsproduktivität und vor allem in der Entwicklung der bürgerlichen Produktivitätsmessung. Diese instrumentalischen Theorien bedienen sich fast immer der Mathematik als Hilfswissenschaft, wobei die Verwendung der Mathematik so weit gehen kann, daß vermittels mathematischer Deduktionen ökonomische Erkenntnisse gewonnen werden sollen, wie beispielsweise bei Heinrich von Stackelberg, der im Vorwort zu seinen „Grundlagen der theoretischen Volkswirtschaftslehre" schrieb, daß er seine „Theoreme" nur auf dem Wege der mathematischen Analyse gewonnen habe und nur so gewinnen könnte.

Es kommt aber darauf an, jede Aufweichung des Begriffs der produktiven Arbeit und ihres Nutzeffektes, der Arbeitsproduktivität, entschieden zurückzuweisen und gleichzeitig alle erforderlichen Methoden zur Messung des Nutzeffektes der gesellschaftlichen Arbeit zu entwickeln, wobei die Messung der Arbeitsproduktivität nicht genügen kann, wenn sie auch eine besondere Bedeutung hat.

II. DER ZUSAMMENHANG VON ARBEITSPRODUKTIVITÄT UND WERT

Die gesellschaftliche Arbeit eines Landes, Zweiges oder Betriebes tritt zu jeder Zeit und für bestimmte Zeitabschnitte immer in der Form vergegenständlichter und lebendiger Arbeit auf, und die lebendige Arbeit zerfällt in die produktive und die unproduktive Arbeit. Die produktive Arbeit ist die in der materiellen Produktion das gesellschaftliche Reineinkommen schaffende lebendige Arbeit und damit zugleich die Grundlage für die Existenz der unproduktiven Arbeit. Sowohl produktive wie unproduktive Arbeit verbrauchen in ihrer Funktion vergegenständlichte Arbeit, und die in der materiellen Produktion verbrauchte vergegenständlichte Arbeit (Arbeitsgegenstand und Arbeitsmittel) bilden die Produktionsmittel der Gesellschaft. So wie jede Produktion, Produktion von in Gesellschaft lebenden Menschen, also gesellschaftliche Produktion ist, so ist auch jede Produktion Kombination lebendiger und vergegenständlichter Arbeit. Der technische und ökonomische Fortschritt ist dadurch charakterisiert, daß die durch die lebendige Arbeit angewandte und verbrauchte vergegenständlichte Arbeit ständig zunimmt. Das kommt in der wachsenden organischen Zusammensetzung des Kapitals bzw. – unter sozialistischen Bedingungen – in der ständigen Zunahme des Produktionsfonds im Verhältnis zu den beschäftigten Arbeitskräften zum Ausdruck und findet seinen Niederschlag in den Selbstkosten der Produktion, wenn der Lohnanteil ständig sinkt.

Die produktive Arbeit, d. h. die in der materiellen Produktion das gesellschaftliche Reineinkommen schaffende lebendige Arbeit, ist – solange das Arbeitsprodukt noch Warencharakter annimmt – einerseits konkrete, nützliche und andererseits abstrakte, menschliche Arbeit schlechthin. Als konkrete Arbeit produziert sie Gebrauchswerte und überträgt dabei den Wert der von ihr verbrauchten Produktionsmittel auf die produzierten Gebrauchswerte, als abstrakte Arbeit bildet sie den Neuwert oder das Wertprodukt.

Aus dem Doppelcharakter der Arbeit, aus der Tatsache, daß die lebendige Arbeit in der materiellen Produktion konkrete und abstrakte Arbeit, wertübertragende und wertschaffende Arbeit zugleich ist, folgt, daß die Summe des produzierten Wertes insgesamt und je Gebrauchswert, der Produktwert größer ist als die Summe des Neuwertes oder des Wertproduktes insgesamt und je Gebrauchswert. Aus dem Doppelcharakter der Arbeit ergibt sich aber auch, daß der Nutzeffekt der gesellschaftlichen Arbeit doppelt erscheint: als *Arbeitsproduktivität* (Summe der je Einheit der lebendigen Arbeit produzierten Gebrauchswerte) und

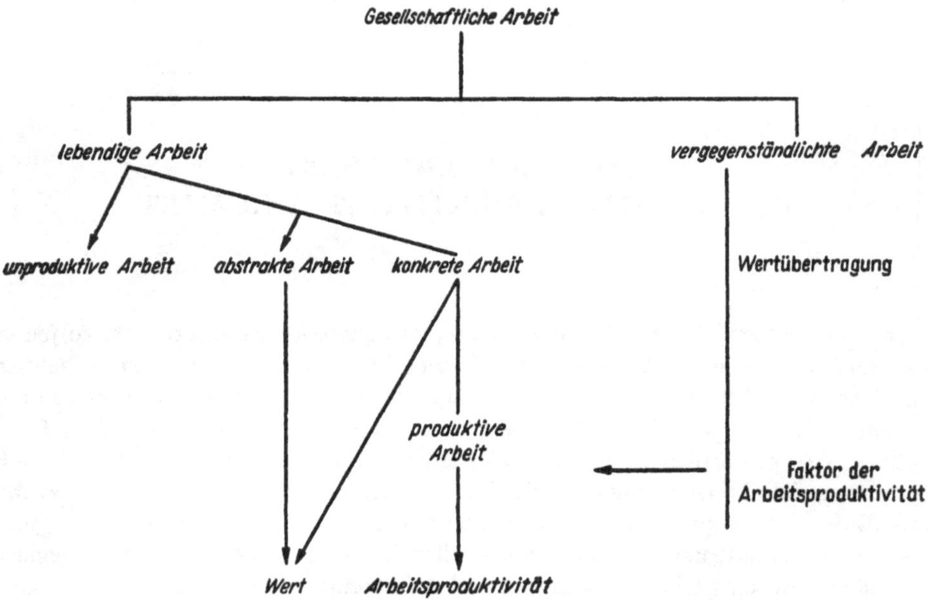

Abb. 1

als *Wert* (Summe der je Gebrauchswerteinheit verbrauchten lebendigen und vergegenständlichten Arbeit).

Es wurde bereits darauf hingewiesen, daß die Arbeitsproduktivität in der bürgerlichen Ökonomie, aber auch von manchen sozialistischen Ökonomen, nicht nur als Wirkungsgrad der *lebendigen* Arbeit, sondern auch als Wirkungsgrad der *gesamten* (d. h. der lebendigen und vergegenständlichten) Arbeit aufgefaßt wird. Scheinbar ist das zwar nur eine theoretische Frage, doch zeigt sich, daß ihr wichtige praktische Probleme zugrunde liegen. Das geht u. a. daraus hervor, daß in den Dokumenten von Partei und Regierung stets die Doppelaufgabe gestellt wird: maximale Steigerung der Arbeitsproduktivität bei minimalen Selbstkosten der Produktion. So z. B. „Die Hauptsache ist jetzt, unter voller Ausnutzung der Vorzüge unserer sozialistischen Produktionsverhältnisse durch die umfassende Anwendung der neuesten wissenschaftlichen Erkenntnisse im Kampf um das Weltniveau die Arbeitsproduktivität höchstmöglich zu steigern und unter Ausnutzung aller Reserven die Selbstkosten der Produktion zu senken.“[68a] „Die Hauptaufgabe des Siebenjahrplanes besteht darin ... die Arbeitsproduktivität und die Produktion ... bei ständiger Senkung der Kosten maximal zu erhöhen ...“[68b] Die Arbeitsproduktivität in der volkseigenen Industrie ist jährlich im Durchschnitt um mindestens 9,0–9,5 Prozent zu steigern. Die Selbstkosten der Produktion ... sind im Zeitraum des Siebenjahrplanes um rund 20 Prozent zu senken.“[68c] Im Bericht W. Ulbrichts auf dem XIV. Plenum des ZK der SED heißt es: „Im Produktionsaufgebot gibt es bereits viele hervorragende Beispiele, wo die

Brigaden, Arbeitsgemeinschaften und Abteilungen selbst die Senkung der Kosten kontrollieren. Ihren Verpflichtungen liegt die Erkenntnis zugrunde, daß *die Steigerung der Arbeitsproduktivität und die Senkung der Selbstkosten zwei Seiten ein und derselben Aufgabe sind.*"[68d]

Man könnte diese Beispiele beliebig vermehren. Das ist kein Zufall, denn die angeführten Formulierungen sind nur der theoretische Ausdruck wirklicher ökonomischer Prozesse, die bekanntlich Marx schon analysierte.[68e] Marx sprach von dem „allgemeinen ökonomischen Gesetz", das dazu führt, daß „die Produktionskosten beständig fallen, die lebendige Arbeit beständig produktiver wird". Diesen Gedanken hat Marx wiederholt ausgesprochen, so auch an der bereits zitierten Stelle seiner „Grundrisse der Kritik der politischen Ökonomie". „Je weniger Zeit die Gesellschaft bedarf, um Weizen, Vieh usw. zu produzieren, desto mehr Zeit gewinnt sie zu anderer Produktion, materieller oder geistiger."[69] Die Gesellschaft bedarf aber um so weniger Zeit, um Weizen, Vieh usw. zu produzieren, je höher der Entwicklungsstand der Produktivkräfte, vor allem der Produktionsinstrumente, je höher also der Wirkungsgrad der lebendigen Arbeit, die Arbeitsproduktivität. „Wie bei einem einzelnen Individuum, hängt die Allseitigkeit ihrer Entwicklung, ihres Genusses und ihrer Tätigkeit von Zeitersparung ab. Ökonomie der Zeit, darein löst sich schließlich alle Ökonomie auf."[69a] Das allgemeine Gesetz von der Ökonomie der Zeit kommt darin zum Ausdruck, daß der Nutzeffekt der gesellschaftlichen Arbeit wächst, so daß *je Zeiteinheit* mehr Produkte hergestellt werden und *je Produktionseinheit* weniger gesellschaftliche Arbeit verbraucht wird. „Unter *Erhöhung der Produktivkraft der Arbeit* verstehn wir ... eine *Veränderung im Arbeitsprozeß*, wodurch die zur Produktion einer Ware gesellschaftlich erheischte Arbeitszeit verkürzt wird, ein kleineres Quantum Arbeit also die *Kraft* erwirbt, ein größeres Quantum Gebrauchswert zu produzieren."[70]

Der Nutzeffekt der gesellschaftlichen Arbeit kommt am allgemeinsten im Wert je Gebrauchswert, d. h. in der Summe neuvergegenständlichter lebendiger und übertragener vergegenständlichter Arbeit je Gebrauchswert zum Ausdruck. Die Arbeitsproduktivität als Nutzeffekt der lebendigen Arbeit ist somit nur eine – allerdings grundlegende – Komponente des Nutzeffektes der gesellschaftlichen Arbeit. Infolge des Doppelcharakters der Arbeit (als konkrete und abstrakte Arbeit zugleich) produziert die lebendige Arbeit nicht nur neue Gebrauchswerte, sondern bildet auch den Wert, wobei sie den Wert der verbrauchten Produktionsmittel überträgt.

Während die lebendige Arbeit in ihrer *konkreten* Form den Wert der in der Produktion verbrauchten Produktionsmittel (Arbeitsgegenstände und Arbeitsmittel) auf das neue Produkt überträgt, bildet sie in ihrer *abstrakten* Form den neuen Wert, das Wertprodukt, so daß der Wert jedes Produkts gleich der in der Produktion verbrauchten vergegenständlichten und der neuvergegenständlichten lebendigen Arbeit ist. Die Menge der produzierten Gebrauchswerte hängt bei gegebener Zahl der Arbeitskräfte, Länge der täglichen Arbeitszeit und Arbeitsintensität von der Produktivkraft der gesellschaftlichen Arbeit ab, die immer Produktivkraft, Produktivität der Arbeit in ihrer konkreten Form ist. Das Niveau und die Entwicklung der Arbeitsproduktivität beeinflussen den Wert insofern und insoweit, als bei höherer Arbeitsproduktivität mehr Gebrauchswerte in derselben Zeit produziert werden – oder dieselbe Menge in kürzerer Zeit –, so daß der Wert je Produkt sich umgekehrt proportional zur Arbeitsproduktivität entwickelt. Da aber mit steigender Arbeitsproduktivität in der Regel eine Zunahme der angewandten Produktionsmittel und insbesondere der Arbeitsmittel verbunden ist, sinkt der Wert je Produkt nicht in demselben Verhältnis wie die Arbeitsproduktivität steigt, sondern langsamer. Marx bezeichnet es, als er die Wirkung der steigenden Arbeitsproduktivität untersuchte, die durch den Übergang von der manufakturmäßigen zur maschinenmäßigen Produktion verursacht wurde, geradezu als ein „*absolutes Gesetz*", daß „*sich die Gesamtsumme der angewandten Arbeit*" vermindert, wenn „das *Gesamtquantum* des maschinenmäßig produzierten Artikels *gleich dem Gesamtquantum* des von ihm ersetzten handwerks- oder manufakturmäßig produzierten Artikels ..."[71] bleibt. Dabei muß aber, so fügte er hinzu, die „etwa zur Produktion der Arbeitsmittel selbst, der Maschinerie, Kohle usw. erheischte *Arbeitszunahme* ... kleiner sein als die durch Anwendung der Maschinerie bewirkte *Arbeitsabnahme*. Das Maschinenprodukt wäre sonst ebenso teuer oder teurer als das Handprodukt"[72]. Und Engels bezeichnete an einer viel zitierten Stelle im 3. Band des „Kapital" die „Verminderung des in die Ware eingehenden Gesamtarbeitsquantums" ebenso als „das wesentliche Kennzeichen gesteigerter Produktivkraft der Arbeit ..., gleichgültig unter welchen gesellschaftlichen Bedingungen produziert wird"[73], nachdem er vorher nachwies, daß alle „Wertzuschläge", die sich durch den mit steigender Arbeitsproduktivität wachsenden Verbrauch von vergegenständlichter Arbeit ergeben, „mehr als aufgewogen werden" müssen „durch die Wertminderung, die aus Verringerung der lebendigen Arbeit entsteht".[74]

Die Arbeitsproduktivität als *Nutzeffekt der lebendigen Arbeit* ist die Summe der produzierten Gebrauchswerte je Zeiteinheit aufgewendeter lebendiger Arbeit:

$$e_{tl} = \frac{\Sigma q}{Tl}. \tag{2.1}$$

Die Arbeitsproduktivität hat sowohl als ökonomische Kategorie als auch als Kennziffer eine grundlegende Bedeutung im kategorialen System der politischen Ökonomie und im Kennziffernsystem der Planung der Volkswirtschaft. Sie ist als Nutzeffekt der lebendigen Arbeit der Nutzeffekt der produktiven Arbeit, und wie die produktive Arbeit die Grundlage der Existenz der menschlichen Gesellschaft ist, so hängt von ihrem Nutzeffekt die Weiterentwicklung der menschlichen Gesellschaft ab. Diese grundlegende Bedeutung der Arbeitsproduktivität als Kategorie und als Kennziffer darf nicht dadurch verwischt werden, daß auch der vergegenständlichsten Arbeit, die nur Hilfsmittel der produktiven Arbeit ist, Produktivität zugesprochen wird.

Die je Produktionseinheit aufgewendete *lebendige* Arbeit ist der reziproke Ausdruck der Arbeitsproduktivität:

$$a_{tl} = \frac{1}{Ap} = \frac{Tl}{\Sigma q}. \tag{2.2}$$

Da die lebendige Arbeit nur zusammen mit vergegenständlichter Arbeit wirkt, ist die je Produktionseinheit aufgewandte *gesamte* (lebendige und vergegenständlichte) Arbeit je Produkt:

$$a_t = \frac{Tl + Tv}{\Sigma q}. \tag{2.3}$$

Wir definieren den Aufwand an *vergegenständlichter* Arbeit je produzierten Gebrauchswert als

$$a_{tv} = \frac{Tv}{\Sigma q}. \tag{2.4}$$

Der reziproke Ausdruck des Aufwandes an vergegenständlichter Arbeit je produzierten Gebrauchswert ist dann der *Nutzeffekt der vergegenständlichten Arbeit*:

$$e_{tv} = \frac{\Sigma q}{Tv}. \tag{2.5}$$

Beide Ausdrücke sind für die Analyse des Nutzeffektes der gesellschaftlichen Arbeit von großer Bedeutung, die auch dadurch nicht vermindert wird, daß der Verbrauch an vergegenständlichter Arbeit in der Produktion noch nicht in der Naturalform der Arbeit, in Arbeitszeit, erfaßt werden kann. Die Ausdrücke 2.4 und 2.5 ebenso wie ihre Indexform (vgl. unten S. 38) können daher bislang praktisch nur für den in Kosten ausgedrückten Produktionsverbrauch formuliert werden:

$$a_{Pm} = \frac{Pm}{\Sigma q} = pmk\,, \tag{2.4.1}$$

$$e_{Pm} = \frac{\Sigma q}{Pm}. \tag{2.5.1}$$

Der Ausdruck 2.4.1 ist identisch mit dem Ausdruck für die Kosten des Produktionsverbrauchs und somit Bestandteil der Selbstkosten je produzierte Einheit.

Der Aufwand an gesellschaftlicher Arbeit je Produkt ist dann

$$\begin{aligned} a_t &= \frac{1}{e_{tl}} + \frac{1}{e_{tv}} \\ &= a_{tl} + a_{tv} \\ &= \frac{Tl + Tv}{\Sigma q} = \frac{T}{\Sigma q}. \end{aligned} \tag{2.6}$$

Da der Wert nicht als solcher in seiner Naturalform, ausgedrückt in Arbeitszeit, sondern nur in Geld ausgedrückt als Preis erscheint, erhalten wir statt 2.6:

$$\begin{aligned} a_p &= \frac{N}{\Sigma q} + \frac{Pm}{\Sigma q} \\ &= \frac{N + Pm}{\Sigma q} = \frac{P}{\Sigma q}. \end{aligned} \tag{2.7}$$

Die lebendige Arbeit überträgt als konkrete Arbeit zugleich mit dem Verbrauch der Produktionsmittel ihren Wert auf das neue Produkt. Der Wert des Produktes (als Summe des produzierten Wertes und als Wert je Produkt) ist größer als das Wertprodukt. Während das Wertprodukt je Gebrauchswert umgekehrt proportional im gleichen Verhältnis sinkt wie die Arbeitsproduktivität steigt, sinkt der Wert je Produkt langsamer als die Arbeitsproduktivität steigt. Oder anders ausgedrückt, das Wertprodukt je Gebrauchswert ist gleich dem Aufwand an lebendiger Arbeit, und der Wert je Produkt ist größer als der Aufwand an lebendiger Arbeit.

$$a_{tl}=\frac{1}{\frac{\Sigma q}{T\,l}}<\frac{T\,l+T\,v}{q}\,, \tag{2.8}$$

$$e_{tl}=\frac{1}{\frac{T\,l}{\Sigma q}}>w\,. \tag{2.9}$$

Der *Index der Arbeitsproduktivität* ist

$$e'_{tl}=\frac{\Sigma q_n}{T\,l_n}:\frac{\Sigma q_0}{T\,l_0} \tag{2.10}$$

$$=\frac{\Sigma q_n}{\Sigma q_0}:\frac{T\,l_n}{T\,l_v}=\frac{Q'}{T\,l'}\,.$$

Der Index der Entwicklung des Aufwandes an lebendiger Arbeit ist

$$a'_{tl}=\frac{T\,l_n}{\Sigma q_n}:\frac{T\,l_v}{\Sigma q_0} \tag{2.11}$$

$$=\frac{T\,l_n}{T\,l_0}:\frac{\Sigma q_n}{\Sigma q_0}=\frac{T\,l'}{Q'}\,.$$

Entsprechend haben wir den Index des Aufwandes der vergegenständlichten Arbeit

$$a'_{tv}=\frac{T\,v_n}{\Sigma q_n}:\frac{T\,v_0}{\Sigma q_0} \tag{2.12}$$

$$=\frac{T\,v_n}{T\,v_0}:\frac{\Sigma q_n}{\Sigma q_0}=\frac{T\,v'}{Q'}$$

und den Index des Nutzeffektes an vergegenständlichter Arbeit

$$e'_{tv}=\frac{\Sigma q_n}{T\,v_n}:\frac{\Sigma q_0}{T\,v_0} \tag{2.13}$$

$$=\frac{\Sigma q_n}{\Sigma q_0}\;\frac{T\,v_n}{T\,v_0}\;\frac{Q'}{T\,v'}\,.$$

Wie sich von selbst versteht, sind die Indizes des Nutzeffektes sowohl der lebendigen als auch der vergegenständlichten Arbeit den Indizes des Aufwandes sowohl an lebendiger als auch an vergegenständlichter Arbeit umgekehrt proportional.

Auf beide Ausdrücke werden wir besonders in der Faktorenanalyse zurückgreifen.

Wir können nun auch den Index des Wertes oder besser – wie noch gezeigt werden soll – des Aufwandes an gesamter Arbeit, ausgedrückt in Arbeitszeit oder in Geld, als Preis berechnen, indem wir die Indizes des Aufwandes an lebendiger und vergegenständlichter Arbeit additiv zusammenfassen. Zur Addition der Indizes verwenden wir Gewichte, die die Bedeutung der lebendigen bzw. der vergegenständlichten Arbeit in der Basisperiode angeben:

$$\alpha = \frac{T l_0}{T l_0 + T v_0}, \qquad \beta = \frac{T v_0}{T l_0 + T v_0}$$

(α und β innerhalb von Indexformeln bedeuten jetzt und später also Gewichte, die aber je nach Zweck und Aussage der Formel auch Anteil der Berichtsperiode bzw. fiktiver Perioden sein können).

Der *Index des Wertes je Produkt* bzw. des in Geld ausgedrückten Wertes, des Preises je Produkt ist

$$a_t' = \frac{T l_n + T v_n}{\Sigma q_n} : \frac{T l_0 + T v_0}{\Sigma q_0} \tag{2.14}$$

$$= \frac{T l_n + T v_n}{T l_0 + T v_n} : \frac{\Sigma q_n}{\Sigma q_0}$$

$$= \frac{\alpha \frac{T l_n}{T l_0} + \beta \frac{T v_n}{T v_0}}{} : \frac{\Sigma q_n}{\Sigma q_0}$$

$$= \frac{\alpha T l' + \beta T v'}{Q'} = \frac{w'}{Q'},$$

$$a_p' = \frac{N_n + P m_n}{\Sigma q_n} : \frac{N_0 + P m_0}{\Sigma q_0} \tag{2.15}$$

$$= \frac{N_n + P m_n}{N_0 + P m_0} : \frac{\Sigma q_n}{\Sigma q_0}$$

$$= \frac{\alpha N_n + \beta P m_n}{N_0 + P m_0} : \frac{\Sigma q_n}{\Sigma q_0}$$

$$= \frac{\alpha N' + \beta P m'}{Q'} = \frac{P'}{Q'}.$$

Aus dem Zusammenwirken der lebendigen mit der vergegenständlichten Arbeit in der Produktion folgt, daß eine Steigerung der Arbeitsproduktivität die Summe des produzierten Wertes nur insofern berührt, als infolge wachsenden Produktionsverbrauches der Anteil der durch die konkrete Arbeit übertragenen vergegenständlichten Arbeit wächst. Das Wertprodukt insgesamt bleibt mit steigender Arbeitsproduktivität unverändert. Daraus folgt, daß sich Arbeitsproduktivität und Wertprodukt und Wert je Gebrauchswert zwar umgekehrt proportional zueinander verhalten, daß der Wert je Gebrauchswert aber langsamer sinkt als die

Arbeitsproduktivität steigt, während das Wertprodukt je Gebrauchswert im gleichen Verhältnis sinkt wie die Arbeitsproduktivität steigt.

$$a'_{tl} = \frac{1}{e'_{tl}} = n' < a'_t, \qquad (2.16)$$

$$e'_{tl} = \frac{1}{a'_{tl}} = \frac{1}{n'} > \frac{1}{a'_t} \qquad (2.17)$$

(n bzw. n' bedeutet das Wertprodukt, ausgedrückt in Arbeitszeit bzw. seinen Index).[74a]

Wenn wir Wertprodukt und Wert je Gebrauchswert als abhängige Variable der unabhängigen Variablen Arbeitsproduktivität auffassen, dann bilden beide mit steigender Arbeitsproduktivität zwar eine Kurve vom Typ der Hyperbel, aber die Kurve des Wertes verläuft flacher als die Kurve des Wertproduktes. Der Wert je Produkt sinkt nur dann umgekehrt proportional zur steigenden Arbeitsproduktivität, wenn entweder nur lebendige Arbeit aufgewendet wird – was natürlich nicht möglich ist – oder wenn mit der steigenden Arbeitsproduktivität keine Zunahme des Produktionsverbrauches verbunden ist. Uns wird das in einem anderen Zusammenhang noch zu beschäftigen haben.

Das ist eine ebenso gesetzmäßige Erscheinung wie diejenige selbst, daß die gesellschaftliche Arbeit sowohl als konkrete als auch als abstrakte Arbeit erscheint, solange das Arbeitsprodukt Warencharakter hat.

Da der Index des Wertes bzw. des Gesamtarbeitsaufwandes nur über die Wertentwicklung bzw. über die Entwicklung des Gesamtarbeitsaufwandes, nicht aber über ihr Niveau Auskunft geben soll, besteht die Möglichkeit, Annäherungsformeln zu verwenden, die den Index des Aufwandes an lebendiger Arbeit und den Index der Kosten des Produktionsverbrauchs zusammenfassen. Darüber soll im nächsten Abschnitt gesprochen werden. An dieser Stelle muß aber noch eine prinzipielle Bemerkung zur Frage der *Meßbarkeit des Wertes* gemacht werden.

Die Frage der Meßbarkeit des Wertes wird häufig mit der Frage der Erkennbarkeit des Wertes verwechselt. Beides ist natürlich nicht dasselbe und man kann durchaus der Meinung sein, daß der Wert als solcher (nicht als Preis) nicht – oder noch nicht – meßbar ist, ohne damit seine prinzipielle Erkennbarkeit zu bestreiten. Als Beispiel für die Verwechslung der Fragen: „Meßbarkeit des Wertes“ und „Erkennbarkeit des Wertes“, sei auf die Auffassungen von Hans Wemmer verwiesen, der den Standpunkt vertrat, „daß der Wert nicht direkt . . . meßbar ist“[75], und diese These identifizierte mit der These der „Nichterkennbarkeit“ des Wertes. Hans Wemmer schrieb: „Erkennen und exakt berechnen können wir allein die effektiven Selbstkosten des einzelnen Betriebes“.[76] Wenn er erklärt, daß in unserer Praxis „nirgends vom Wert die Rede“ sei, „sondern im Mittelpunkt aller Betrachtungen stehen die Selbstkosten“[77], so hat er recht, soweit es um die Meßbarkeit des Wertes geht. Es bereitet bei dem gegebenen Stand der gesellschaftlichen Produktivkräfte und der sozialistischen Produktionsverhältnisse noch sehr große Schwierigkeiten, den gesellschaftlichen Arbeitsaufwand unmittelbar, in Arbeitsstunden ausgedrückt, zu erfassen. Dazu kommt, daß das herrschende

System der Geld- und Preisrechnung noch viele nicht ausgeschöpfte Reserven hat, die ökonomischen Gesetze des Sozialismus wirkungsvoller auszunutzen und unsere Volkswirtschaftsplanung zu vervollkommnen.

Im Gegensatz zu Wemmer vertritt Johannes Rudolph die Auffassung, daß die Messung des Wertes der Produkte nicht nur möglich, sondern notwendig ist.[78] „Die Möglichkeit der direkten Ermittlung der Wertgröße auf der Grundlage des gesellschaftlich notwendigen Arbeitsaufwandes wurde in der offiziellen Lehrmeinung der letzten Jahre praktisch verneint", bemerkt Rudolph und fragt: „Kann man aber die allgemein anerkannte These, daß im Sozialismus die Preise der Waren *planmäßig abweichend* von ihrem Wert festgesetzt würden, verwirklichen, ohne die Wertgröße der Produkte genau zu kennen?"[79] Rudolph reduziert das Problem der Meßbarkeit des Wertes jedoch ausschließlich auf das Problem des auch im Sozialismus noch vorhandenen unterschiedlichen Kompliziertheitsgrades der Arbeit. „Genauso wie die ökonomischen Gesetze des Sozialismus nur durch das bewußte Handeln der Menschen durchgesetzt werden, setzt sich auch die *Reduktion der komplizierten auf einfache Arbeit unter sozialistischen Bedingungen* nicht mehr hinter dem Rücken der Menschen durch . . ."[79a] Das aber ermögliche „einerseits den Arbeitsaufwand in Verbindung mit dem Zeitfaktor zu bringen und ihn in ‚Stunden einfacher Arbeit' auszudrücken; andererseits erfordert dies, den Qualifikationsgrad der Arbeitskraft zu berechnen, wozu die gesellschaftlichen Reproduktionskosten der Arbeitskraft die Grundlage bilden".[79b] Jedoch übersieht Rudolph, daß die eigentliche Schwierigkeit bei der Messung des Wertes als solchem (d. h. ausgedrückt in Arbeitsstunden und nicht in Geld) in der Messung des Produktionsverbrauchs steckt, d. h. nicht in der Messung der lebendigen, sondern in der Messung der vergegenständlichten Arbeit. Das Wertprodukt und seine Entwicklung kann vermittels des reziproken Ausdrucks der Arbeitsproduktivität mit annähernder Exaktheit gemessen werden, aber die Größe des Wertes ist nur zu messen, wenn der gesellschaftlich notwendige Aufwand an lebendiger und vergegenständlichter Arbeit festgestellt werden kann, gleichgültig, ob in Zeit oder in Geld ausgedrückt.

Es handelt sich somit bei der Frage nach der Meßbarkeit des Wertes zunächst nur um die Frage, ob er als solcher, ausgedrückt in Arbeitsstunden, oder nur in seiner verwandelten Form, ausgedrückt in Geld, als Preis meßbar ist. Daß der Wert der Waren als solcher noch nicht bekannt ist, kann man bedauern, aber nicht ändern, ebensowenig wie die Tatsache, daß man bei der Festlegung der Preise ihre Abweichungen vom Wert nicht exakt berechnen kann. Jedoch folgt daraus nicht, daß die Abweichungen der Preise vom Wert nicht geplant werden können. Wert und Preis sind ökonomische Kategorien, und Abweichungen der Preise vom Wert sind ökonomische Prozesse, die sich aus den Einwirkungen des Staates auf den ökonomischen Kreislauf der Produkte und ihrer Werte ergeben, um das Reineinkommen umzuverteilen und die Produktion und Konsumtion bestimmter Waren zu fördern oder einzuschränken. Es sind keine Rechenexempel, deren Lösung nur von der Vervollkommnung statistischer Methoden abhängt, sondern wirtschaftspolitische Maßnahmen, die auf der Grundlage der bewußten

Ausnutzung der ökonomischen Gesetze vorgenommen werden. Es versteht sich von selbst, daß die planmäßige Festsetzung vom Wert abweichender Preise nicht warten kann, bis die Größe des Wertes je Gebrauchswert exakt ermittelt worden ist, sondern – wie bisher – weiter fortgesetzt werden muß unter Zuhilfenahme der bisherigen Hilfsmittel der Bilanzierungsmethoden. Aber es versteht sich auch von selbst, daß die planmäßige Festsetzung vom Wert abweichender Preise erleichtert und verbessert wird, wenn die Wertgröße je Gebrauchswert exakt ermittelt werden kann. Deshalb ist es notwendig, an der Lösung dieser Frage zu arbeiten. Die Ermittlung des Wertes konkreter Gebrauchswerte, ganz zu schweigen von der Ermittlung des Wertes aller produzierten Gebrauchswerte, ist aber eine komplizierte Angelegenheit, die nicht nur erfordert, daß moderne Rechenmaschinen hierfür eingesetzt werden, sondern die vor allem erfordert, daß der Aufwand an *lebendiger* Arbeit exakt gemessen wird (diese Frage ist durch die Einführung der Zeitsummenmethode zur Messung der Arbeitsproduktivität im Prinzip gelöst) und daß der Aufwand an *vergegenständlichter* Arbeit zunächst als Kosten des Produktionsverbrauchs in unveränderlichen Preisen gemessen wird. Da die Preise aber vom Wert abweichen und die Abweichung des Preises vom Wert im konkreten Fall nicht bekannt ist, sind die Kosten des Produktionsverbrauchs immer nur ein angenäherter Ausdruck des wahren Aufwandes an vergegenständlichter Arbeit. Wenn sich dieser Ausdruck auch in dem Maße verbessert, wie die planmäßige Festsetzung der Preise sich verbessert und wie bei der Festsetzung der Produktionsmittelpreise versucht wird, vom Wert auszugehen, wird angestrebt werden müssen, auch den Produktionsverbrauch in Arbeitszeit auszudrücken. Das bedeutet, daß die Zeitsummenmethode nicht nur auf die lebendige, sondern auch auf die vergegenständlichte Arbeit angewandt werden muß und das erfordert, daß im Rechnungswesen der sozialistischen Betriebe die Geldrechnung zunächst durch eine Mengen- und Zeitrechnung ergänzt wird. Das ist die historische Entwicklung, wie die Erfahrung sie uns zeigt, woraus sich auch die Aufgaben, die bei der Messung des Nutzeffektes der gesellschaftlichen Arbeit zu lösen sind, ergeben. Diese Aufgaben sind ebenso frei von Projektemacherei wie von ängstlichem Konservatismus und ihre Lösung ist für unsere Planung bereits von aktueller Bedeutung. Aber damit ist die Problematik der Messung des Wertes keineswegs erschöpft, denn die Messung des gesamten Aufwandes an Arbeit in der Produktion ist nur die eine Seite der Messung des Wertes, nämlich die Messung des individuellen Wertes, des betriebsindividuellen Arbeitsaufwandes. Aber bekanntlich ist der betriebsindividuelle Arbeitsaufwand – wie auch immer ausgedrückt ob in Arbeitszeit oder in Geld – nicht identisch mit dem gesellschaftlich-durchschnittlichen Arbeitsaufwand und der gesellschaftlich durchschnittliche Arbeitsaufwand ist wiederum noch nicht identisch mit dem gesellschaftlichen Wert. Daher verstehen wir hier und in späterem Zusammenhang, sofern nicht ausdrücklich das Gegenteil gesagt ist, unter Wert immer den *individuellen Wert* im Sinne des individuellen (betrieblichen) Arbeitsaufwandes.

Der individuelle Wert unterscheidet sich aus zwei Gründen vom gesellschaftlichen Wert: einmal weicht der individuelle vom gesellschaftlichen Arbeitsaufwand aus technischen und organisatorischen Ursachen ab, und zweitens muß der Arbeitsaufwand in der Produktion dem gesellschaftlichen Bedürfnis nach den hergestellten Erzeugnissen entsprechen. „Der wirkliche Wert einer Ware ist aber nicht ihr *individueller*, sondern ihr *gesellschaftlicher* Wert", sagt Marx, „d. h., er wird nicht durch die Arbeitszeit gemessen, die sie im einzelnen Fall dem Produzenten tatsächlich kostet, sondern durch die gesellschaftlich zu ihrer Produktion erheischte Arbeitszeit."[80] Und weiter: „Das gesellschaftliche Bedürfnis, d. h. der Gebrauchswert auf gesellschaftlicher Potenz, erscheint hier bestimmend für die Quota der gesellschaftlichen Gesamtarbeitszeit, die den verschiedenen besonderen Produktionssphären anheimfallen."[81] Die den (gesellschaftlichen) Wert bestimmende gesellschaftlich notwendige Arbeitszeit enthält also zwei Momente:

1. durchschnittliche Bedingungen der Produktion der Betriebe und
2. Übereinstimmung von Qualität und Struktur der betrieblichen Produktion mit dem gesellschaftlichen Bedürfnis.

Gesellschaftlich notwendige Arbeitszeit ist Arbeitszeit – so definiert Marx –, „die erheischt ist, unter dem gegebenen Durchschnitt der gesellschaftlichen Produktionsbedingungen das gesellschaftlich erheischte Gesamtquantum der auf dem Markt befindlichen Warenspezies zu erzeugen".[82]

Die Zusammenhänge mögen durch die folgende schematische Übersicht verdeutlicht werden:

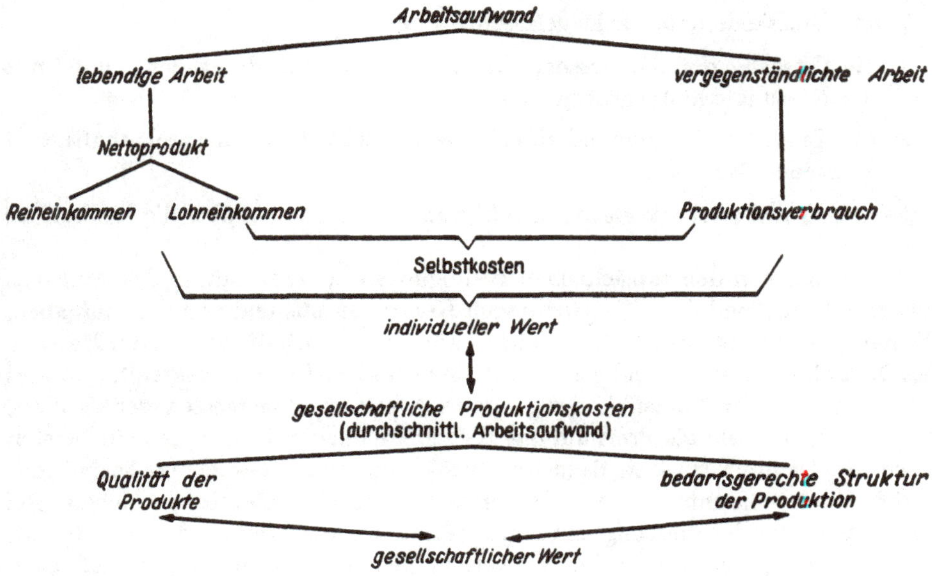

Abb. 2

Es versteht sich, daß die Messung der gesellschaftlichen Produktionskosten infolge der beiden Momente (der Qualität der Produkte und der bedarfsgerechten Struktur der Produktion) noch größere Schwierigkeiten bereitet als die Messung des betriebsindividuellen Arbeitsaufwandes, der vor allem durch die Notwendigkeit erschwert wird, auch den Produktionsverbrauch in Arbeitszeit auszudrücken. Fast ausnahmslos wird aber, wenn die Frage der Meßbarkeit des Wertes diskutiert wird, nur der betriebsindividuelle Wert gesehen. Hinzu kommt, daß nicht beachtet wird, daß sich auch hierbei wieder zwei Fragen ergeben: nämlich *erstens* die Frage, ob bereits unter den gegenwärtigen Bedingungen der sozialistischen Wirtschaft der Wert als solcher in seiner „Naturalform", ausgedrückt in Arbeitszeit, meßbar ist oder nur in seiner verwandelten Form, ausgedrückt in Geld, als Preis, und *zweitens* die Frage wie die Wertgröße, gleich, ob ausgedrückt in Arbeitszeit oder in Geld, gemessen werden kann, da die Preise bekanntlich mehr oder minder vom Wert abweichen.

Wir werden im Exkurs zum 3. Kapitel: „Über die Meßbarkeit des Wertes" noch einmal auf diese Fragen zurückkommen und fassen zusammen: Was wir schon jetzt messen können, ist der individuelle Wert, der gleich dem betrieblichen Arbeitsaufwand ist, wenn es gelingt, den Produktionsverbrauch in Arbeitszeit auszudrücken bzw. uns Annäherungsmethoden zu bedienen. Was wir weiter messen können, sind die Abweichungen des individuellen Arbeitsaufwandes vom gesellschaftlichen (durchschnittlichen) Arbeitsaufwand. Aber auch dieser gesellschaftliche Arbeitsaufwand als betriebsdurchschnittlicher Arbeitsaufwand entspricht nur dann dem (gesellschaftlichen) Wert, wenn die erzeugten Produkte hinsichtlich ihrer Qualität und Struktur dem gesellschaftlichen Bedürfnis entsprechen. Und hierfür gibt es zur Zeit erste Vorschläge von Meßmethoden. Weil folgende Umstände außer acht gelassen wurden:

1. die Tatsache, daß die Messung des Wertes nicht unbedingt identisch ist mit der Messung der Arbeitszeit und

2. die Tatsache, daß der individuelle Wert nicht mit dem gesellschaftlichen Wert identisch ist,

entstand die mehr verbale als sachlich begründete Diskussion über die Meßbarkeit des Wertes.

Ausgehend von den tatsächlichen Bedingungen der Vollendung des Aufbaues des Sozialismus und des Überganges zum Kommunismus und von den Aufgaben, die diese Prozesse stellen, muß die Wirtschaftswissenschaft die Fragen der Messung des Nutzeffektes der lebendigen Arbeit lösen und Methoden ausarbeiten, die es gestatten, auch den Nutzeffekt der gesamten Arbeit exakt zu messen, der als Wert, ausgedrückt in Geld als Preis um das Reineinkommen reduziert als Selbstkosten erscheint. Dadurch trägt sie dazu bei, die ökonomischen Gesetze des Sozialismus wirkungsvoll auszunutzen. Aus der Messung des Nutzeffektes der lebendigen Arbeit und aus der Messung des Nutzeffektes der vergegenständlichten Arbeit, zunächst als Kosten des Produktionsverbrauchs, erwächst die Möglichkeit, auch den Nutzeffekt der gesamten Arbeiten zu messen.

III. DIE MESSUNG DES NUTZEFFEKTES DER LEBENDIGEN UND DER VERGEGENSTÄNDLICHTEN ARBEIT

Die Messung des Nutzeffektes der gesellschaftlichen Arbeit zerfällt in

1. die Messung der Arbeitsproduktivität als Nutzeffekt der lebendigen Arbeit und in
2. die Messung des Nutzeffektes der vergegenständlichten Arbeit.

Der Nutzeffekt der gesellschaftlichen Arbeit kommt also sowohl in der Arbeitsproduktivität als auch im Wert je Produkt als Nutzeffekt der gesamten (lebendigen und vergegenständlichten) Arbeit zum Ausdruck.

Wir befassen uns zunächst mit dem *Nutzeffekt der lebendigen Arbeit*, der *Arbeitsproduktivität.*[82a]

Der Arbeitsproduktivität kommt sowohl als ökonomischer Kategorie wie auch als statistischer Kennziffer eine ausgezeichnete Stellung zu, die sich aus ihrer Verknüpfung mit der Kategorie der produktiven Arbeit herleitet. Die Arbeitsproduktivität ist der Nutzeffekt der produktiven Arbeit, und da nur lebendige Arbeit produktive Arbeit sein kann, ist es unwissenschaftlich, auch von der Produktivität der vergegenständlichten Arbeit zu sprechen. Aber das schließt nicht aus, von ihrem Nutzeffekt zu sprechen und diesen ebenso zu messen, wie wir den Nutzeffekt der lebendigen Arbeit messen. Solange die verbrauchte vergegenständlichte Arbeit nur in Geld ausgedrückt als Kosten erfaßt werden kann, erscheint die verbrauchte vergegenständlichte Arbeit als Produktionsmittelaufwand, als Kosten des Produktionsverbrauchs.

Der Index der Arbeitsproduktivität ergibt sich aus dem Index der mengenmäßigen Bruttoproduktion

$$\frac{\Sigma q_n}{\Sigma q_0} = Q'$$

und dem Index des Aufwandes an lebendiger Arbeit

$$\frac{T\,l_n}{T\,l_0} = T\,l',$$

d. h.

$$\frac{\Sigma q_n}{\Sigma q_0} : \frac{T\,l_n}{T\,l_0} = \frac{Q_n}{T_n} : \frac{Q_0}{T_n} = \frac{Q'}{Tl'}. \qquad (3.1)$$

Da unterschiedliche Gebrauchswerte nicht addierbar sind, ist

$$Q = \Sigma\,q$$

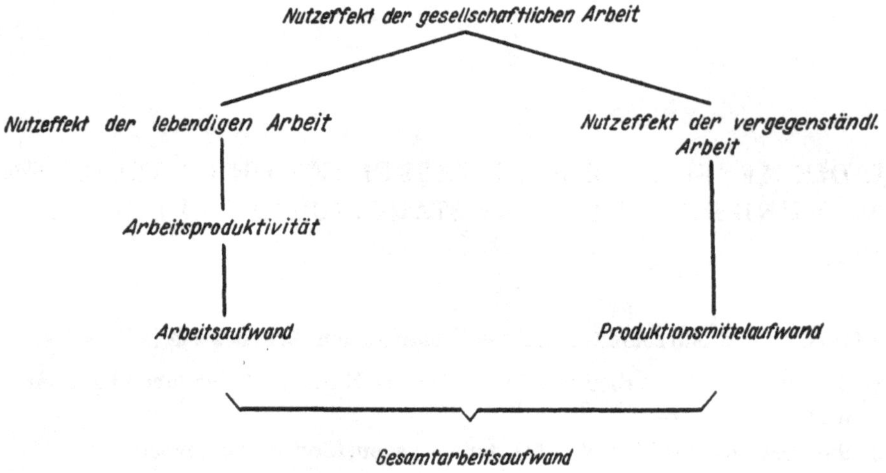

Abb. 3

nur zu bilden, wenn sie durch Multiplikation mit einer Äquivalenzziffer addierbar gemacht werden. Es ist naheliegend, als Äquivalenzziffer einen unveränderten Preis zu nehmen.

$$e'_{tl} = \frac{\Sigma q_n p_0}{\Sigma q_0 p_0} : \frac{T\, l_n}{T\, l_0} = \frac{\Sigma q_n p_0 T\, l_0}{\Sigma q_0 p_0 T\, l_n} = \frac{B'}{T l'}\,. \tag{3.2}$$

Der Index der Arbeitsproduktivität auf der Grundlage der Bruttoproduktion zu unveränderlichen Preisen ist ein Index mit variabler Struktur, der einfach und billig zu berechnen ist. Sein Vorteil besteht darin, daß die für seine Berechnung benötigten vier Zahlen bereits zu anderen Zwecken im Betrieb ermittelt und ohne Mehrarbeit übernommen werden können. Dazu kommt, daß die erforderlichen Unterlagen leicht auf ihre Richtigkeit hin überprüft werden können. Schließlich kann man den Index auch dann berechnen, wenn die Ermittlung der mengenmäßigen Bruttoproduktion wegen der Vielzahl der Produkte schwierig ist; die Zusammenfassung von Einzelindizes zu einem Gesamtindex ist einfach. Wenn trotz dieser unbestreitbaren Vorteile diese Methode zur Messung der Arbeitsproduktivität heute fast allgemein abgelehnt wird, so liegt dies, wie schon gesagt, an Mängeln, die nicht zu beseitigen sind. Wir können die Mängel der Messung der Arbeitsproduktivität auf der Grundlage der Bruttoproduktion zu unveränderlichen Planpreisen in zwei Punkten zusammenfassen:

1. Der Index reagiert nicht nur auf die eigentliche Veränderung der Arbeitsproduktivität in den Produzentenkollektiven, sondern auch auf Verschiebungen in der Struktur der Produktion, insbesondere im Produktionssortiment und in den Kooperationsbeziehungen;
2. der Index wird durch die Tatsache beeinflußt, daß die unveränderlichen Preise günstigenfalls anfänglich – aber auch dann noch nicht einmal sicher –

den tatsächlichen Arbeitsaufwand der einzelnen Produkte, d. h. ihren Wert widerspiegeln und sich immer weiter davon entfernen.

Die Bedingungen, unter denen die Methode zur Messung der Arbeitsproduktivität auf der Grundlage der Bruttoproduktion zu unveränderlichen Preisen angewandt werden kann, lassen sich in drei Punkten zusammenfassen:

1. wenn nur ein Erzeugnis abgerechnet wird,
2. wenn keine Veränderungen im Verhältnis der Mengen zueinander vorliegen,
3. wenn die unveränderlichen Planpreise dem Arbeitsaufwand der Erzeugnisse proportional sind.

Da von diesen drei Bedingungen günstigstenfalls die erste, ausnahmsweise die zweite und wohl überhaupt nicht die dritte gegeben ist, ergibt sich, daß diese Methode im Grunde überhaupt nicht angewendet werden dürfte. Wenn sie trotzdem immer noch angewandt wird, so liegt das an ihren ins Gewicht fallenden praktischen Vorteilen, die allerdings die mit ihr verbundenen Mängel bei weitem nicht aufwiegen und vor allem daran, daß sie eine bequeme Zusammenfassung mehrerer in ihrer Naturalform nicht addierbarer Erzeugnisse ermöglicht.

Wenn wir zusammenfassend den Index auf der Grundlage der Bruttoproduktion zu unveränderlichen Preisen einschätzen, so ergibt sich, daß er zwei Arten von Veränderungen zum Ausdruck bringt:

1. die eigentlichen Veränderungen in der Arbeitsproduktivität innerhalb der einzelnen Produzentenkollektive und
2. Veränderungen im Produktionssortiment und in den Kooperationsbeziehungen sowie Abweichungen der als Äquivalenzziffer dienenden unveränderlichen Preise vom gesamten Arbeitsaufwand je Produktionseinheit.

Wenn wir von dem Einfluß zunächst absehen, die die Äquivalenzziffern durch ihre Abweichungen vom Gesamtarbeitsaufwand je Produktionseinheit auf den Index der Arbeitsproduktivität ausüben, reagiert ein Index mit variablen Gewichten – wie ein Index auf der Grundlage der Bruttoproduktion zu unveränderlichen Preisen – seinem Wesen nach auch auf Veränderungen in der Wirtschaftsstruktur, wie sie sich in dem im Zeitablauf variierenden Anteilen der einzelnen Zweige und Industrien an der gesamten Produktion niederschlagen. Ein, wie auch immer, gewähltes Gewichtungssystem enthält stets Aussagen über die Wirtschaftsstruktur. Wenn das von mancher Seite zugunsten eines solchen Index angeführt wird, so überwiegt doch der hieraus sich ergebende Umstand, daß die eigentlichen Veränderungen in der Arbeitsproduktivität hierdurch kompensiert oder verstärkt, somit immer verdeckt werden.

Es liegt nahe, um Veränderungen in der Produktionsstruktur möglichst auszuschalten, den Index der Arbeitsproduktivität als gewogenes Mittel von Einzelindizes zu berechnen, wobei die untersten Einheiten, für die Einzelindizes berechnet werden, nach Möglichkeit solche sein sollen, die nicht mehr durch Strukturveränderungen beeinflußt werden. Dabei gibt es zwei Möglichkeiten, die sich aus der Wahl der Gewichte ergeben. Die erste Möglichkeit besteht darin, als Gewichte für die Einzelindizes den Arbeitsaufwand der Berichtsperiode zu wählen:

$$e'_{tl} = \frac{\sum \left(\frac{T l_0}{\Sigma q_0} : \frac{T l_n}{\Sigma q_n} \right) T l_n}{\Sigma T l_n} \tag{3.3.1}$$

$$= \frac{\sum \left(\frac{t l_0}{t l_n} \right) T l_n}{\Sigma T l_n}$$

$$= \frac{\Sigma q_n t l_0}{\Sigma q_n t l_n},$$

$$e'_{tl} = \frac{\sum \left(\frac{\Sigma q_n}{T l_n} : \frac{\Sigma q_0}{T l_0} \right) T l_n}{T l_n} \tag{3.3.2}$$

$$= \frac{\sum \left(\frac{t l_0}{t l_n} \right) T l_n}{\Sigma T l_n}$$

$$= \frac{\Sigma q_n t l_0}{\Sigma q_n t l_n}.$$

Die zweite Möglichkeit besteht darin, als Gewichte für die Einzelindizes einen fiktiven Arbeitsaufwand zu wählen:

$$e'_{tl} = \frac{\sum \left(\frac{T l_0}{\Sigma q_0} : \frac{T l_n}{\Sigma q_n} \right) q_0 t l_n}{\Sigma q_0 t l_n} \tag{3.4.1}$$

$$= \frac{\sum \left(\frac{t l_0}{t l_n} \right) q_0 t l_n}{\Sigma q_0 t l_n}$$

$$= \frac{\Sigma q_0 t l_0}{\Sigma q_0 t l_n},$$

$$e'_{tl} = \frac{\sum \left(\frac{q_n}{T l_n} : \frac{q_0}{T l_0} \right) q_0 t l_n}{\Sigma q_0 t l_n} \tag{3.4.2}$$

$$= \frac{\sum \left(\frac{t l_0}{l t_n} \right) q_0 t l_n}{\Sigma q_0 t l_n}$$

$$= \frac{\Sigma q_0 t l_0}{\Sigma q_0 t l_n}.$$

Alle Indizes auf der Grundlage von Zeitsummen sind ihrem Wesen nach Naturalindizes, die einen Index der Bruttoproduktion im Zähler und einen Index des Zeitaufwandes im Nenner haben[82b]:

$$\frac{\Sigma q_n\, tl_0}{\Sigma q_0\, tl_0} : \frac{T\, l_n}{T\, l_0} = \frac{Q'}{Tl'} = \frac{\Sigma q_n\, tl_0}{\Sigma q_n\, tl_n}, \tag{3.3.3}$$

$$\frac{\Sigma q_n\, tl_n}{\Sigma q_0\, tl_n} : \frac{T l_n}{T l_0} = \frac{Q'}{Tl'} = \frac{\Sigma q_0\, tl_0}{\Sigma q_0\, tl_n}. \tag{3.4.3}$$

Die unterschiedlichen Gebrauchswerte werden durch den Arbeitsaufwand je Erzeugnis addierbar gemacht.

Hier ist eine prinzipielle Bemerkung zur Gewichtung der Indizes erforderlich.

Im Unterschied zur formalen Indextheorie muß als Prinzip einer ökonomisch begründeten Indextheorie die Forderung erhoben werden, daß jedes Gewichtssystem zwei Merkmalen entspricht:

1. es muß von formal gleicher Struktur sein und
2. es muß der ökonomischen Fragestellung entsprechen.

Das erste Merkmal ist als mathematisch-statistisches Merkmal zwar ein notwendiges, aber kein hinreichendes Merkmal und muß daher durch das zweite ergänzt werden. Ein ökonomisch begründetes Gewichtssystem von Indizes der Arbeitsproduktivität muß somit

1. eine der Fragestellung entsprechende Aussage über die Struktur der Produktion enthalten und
2. auf Äquivalenzgrößen beruhen, die die tatsächliche Entwicklung der Bruttoproduktion bei der additiven Zusammenfassung der Gebrauchswertmenge möglichst wenig verzerren.

Was die *erste* Forderung betrifft, so ist sie in den Ausdrücken 3.3.3 und 3.4.3 verwirklicht. Beide Formeln entsprechen jeweils einer ganz bestimmten ökonomischen Fragestellung. Formel 3.3.3 entspricht der Frage, wie hoch der Aufwand an lebendiger Arbeit für die im Berichtszeitraum produzierte Menge auf Grund der Struktur der Produktion der Berichtsperiode sein müßte, wenn die Arbeitsproduktivität der Basisperiode zugrunde gelegt wird, und Formel 3.4.3 entspricht der Frage, wie hoch der Aufwand der lebendigen Arbeit sein müßte, wenn Menge und Struktur der Produktion der Basisperiode zugrunde gelegt wird.

Obwohl die beiden Indizes 3.3.3 und 3.4.3 formal von gleicher Struktur sind, d. h. als Indizes mit fester Struktur berechnet sind, im Unterschied zu den Indizes 3.1 und 3.2 die Indizes mit variabler Struktur sind, ergeben sie unterschiedliche Ergebnisse. Der Index 3.4.3 wurde mit dem Produktionssortiment der Basisperiode, der Index 3.3.3 mit dem Produktionssortiment der Berichtsperiode berechnet. In beiden Fällen diente ein Produktionssortiment unterschiedlicher Struktur als Gewichtssystem.

Nicht so einfach ist der *zweiten* Forderung zu entsprechen. Das hängt damit zusammen, daß jeder Index der Arbeitsproduktivität (seinem Wesen nach ein Index des Nutzeffektes der lebendigen Arbeit) aus zwei Indizes besteht:

1. aus einem Index der Bruttoproduktion und
2. aus einem Index des Aufwandes der lebendigen Arbeit.

Dabei wird an Stelle von

$$e'_{tl} = \frac{Q'}{T\,l'} \qquad (3.1)$$

$$= \frac{\Sigma q_n}{\Sigma q_0} : \frac{\Sigma T\,l_n}{\Sigma T\,l_0},$$

berechnet

$$e'_{tl} = \frac{\Sigma q_n p}{\Sigma q_0 p} : \frac{\Sigma T l_n}{\Sigma T l_0} \qquad (3.2)$$

bzw.

$$e'_{tl} = \frac{\Sigma q_n\, t\, l_0}{\Sigma q_0\, t\, l_0} : \frac{\Sigma T l_n}{\Sigma T l_0} = \frac{\Sigma q_n\, t\, l_0}{\Sigma q_n\, t\, l_0}, \qquad (3.3.3)$$

$$e'_{tl} = \frac{\Sigma q_n\, t l_n}{\Sigma q_0\, t l_n} : \frac{\Sigma T l_n}{\Sigma T l_0} = \frac{\Sigma q_0 t l_0}{\Sigma q_0 t l_n}. \qquad (3.4.3)$$

Die in den Ausdrücken 3.2, 3.3.3 und 3.4.3 als Äquivalenzgrößen gewählten unveränderlichen Preise p bzw. der Aufwand an lebendiger Arbeit je Produktionseinheit in der Basisperiode oder in der Berichtsperiode wirken ebenfalls als Gewicht.

Auf den Index 3.2 wirken somit zwei verschiedene Gewichtssysteme ein:

1. die unterschiedliche Struktur der Produktion in der Basis- und in der Berichtsperiode und
2. der unveränderliche Preis.

Auf die Indizes 3.3.3 und 3.4.3 wirkt dagegen, da sie entweder auf der Grundlage der Struktur der Berichts- oder der Basisperiode berechnet sind, nur ein Gewichtssystem ein: der Aufwand an lebendiger Arbeit je Produktionseinheit, entweder in der Basisperiode oder in der Berichtsperiode. Daraus folgt, daß bei gegebenem Index des Aufwandes an lebendiger Arbeit jede der vier Formeln des Index der Arbeitsproduktivität zu einem anderen Ergebnis führt, wenn die gewählten Äquivalenzgrößen zu unterschiedlichen Indizes der Bruttoproduktion führen. Das ist aber immer dann der Fall, wenn der Zuwachs der Bruttoproduktion nicht nach Art und Menge gleichmäßig ist, so daß sich die Struktur der Produktion verändert.

Beispiel 1 zeigt, daß die Äquivalenzgrößen sich „neutral" verhalten, so daß der Index der Bruttoproduktion durch sie nicht verzerrt wird und der Index der Arbeitsproduktivität die tatsächliche Steigerung der Arbeitsproduktivität richtig ausweist. Diese Steigerung der Arbeitsproduktivität ist dadurch zustande ge-

Beispiel 1

	Basisperiode					Berichtsperiode					
	q_0	tl_0	Tl_0	p	$p \cdot q_0$	q_n	tl_n	Tl_n	$q_n \cdot p$	$q_n tl_0$	$q_0 tl_n$
A	5	2	10	2	10	10	1,8	18	20	20	9
B	3	1	3	6	18	6	0,8	4,8	36	6	2,4
C	2	0,5	1	8	16	4	0,2	0,8	32	2	0,4
Σ	10	—	14	—	44	20	—	23,6	88	28	11,8

Index

Formel	Bruttoproduktion	Aufwand an lebendiger Arbeit	Arbeiterproduktivität
3.1	2	1,68	1,19
3.2	2	1,68	1,19
3.3.3	2	1,68	1,19
3.4.3	2	1,68	1,19

Beispiel 2

	Basisperiode					Berichtsperiode					
	q_0	tl_0	Tl_0	p	$p \cdot q_0$	q_n	tl_n	Tl_n	$q_n p$	$q_n tl_0$	$q_0 tl_n$
A	5	2	10	2	10	6	1,8	10,8	12	12	9
B	3	1	3	6	18	6	0,8	4,8	36	6	2,4
C	2	0,5	1	8	16	8	0,2	1,6	64	4	0,4
Σ	10	—	14	—	44	20	—	17,2	112	22	11,8

Index

Formel	Bruttoproduktion	Aufwand an lebendiger Arbeit	Arbeitsproduktivität
3.1	2	1,23	1,63
3.2	2,54	1,23	2,07
3.3.3	1,57	1,23	1,28
3.4.3	1,46	1,23	1,19

kommen, daß die Bruttoproduktion sich verdoppelt, während der Aufwand an lebendiger Arbeit nur um 68% gestiegen ist. Auch im 2. Beispiel verdoppelte sich die mengenmäßige Bruttoproduktion, aber sie entwickelte sich ungleichmäßig, und zwar

für A um 20%
B um 100%
C um 300%.

Der Index der Bruttoproduktion im Ausdruck 3.1 ergibt sich aus

$$\frac{\sum\left(\frac{q_n}{q_0} q_0\right)}{\Sigma q_0}=\frac{\Sigma q_n}{\Sigma q_0}.$$

Er bringt also nicht nur die Senkung des Aufwandes an lebendiger Arbeit je Produktionseinheit zum Ausdruck, sondern auch in vollem Umfang die Veränderungen in der Struktur der Produktion. Das gleiche trifft auf den Index der Arbeitsproduktivität nach 3.2 zu, der sich ergibt aus

$$\frac{\sum\left(\frac{q_n p}{q_0 p} q_0 p\right)}{\Sigma q_0 p}=\frac{\Sigma q_n p}{\Sigma q_0 p}.$$

Auch in ihm kommt die Strukturveränderung in der Produktion, die das Wachstum der Bruttoproduktion begleitet, voll zum Ausdruck. Aber diese Strukturveränderung wird zudem noch durch die Äquivalenzgröße „unveränderter Preis" verzerrt, der sie vermindert oder verstärkt. Davon kann man sich leicht überzeugen, wenn man

$$\frac{\Sigma q_n p}{\Sigma q_0 p}=x\cdot\frac{\Sigma q_n}{\Sigma q_0}$$

setzt.
Es ist dann

$$x=\frac{\Sigma q_n p\,\Sigma q_0}{\Sigma q_0 p\,\Sigma q_n}.$$

Da p als unveränderlicher Preis infolge des Strebens nach einem „lukrativen Sortiment" in positiver Korrelation mit der Entwicklung der Bruttoproduktion steht, wird der Ausdruck einen systematischen Fehler enthalten, d. h. es wird sein

$$\frac{\Sigma q_n p}{\Sigma q_0 p}>\frac{\Sigma q_n}{\Sigma q_0}.$$

In den Indizes 3.3.3 und 3.4.3 ist die strukturelle Veränderung in der Produktion von der Basis- zur Berichtsperiode ausgeschaltet. Das wird ersichtlich, wenn man schreibt:

$$\frac{\sum\left(\frac{q_n}{q_0} T l_0\right)}{\Sigma T l_0}:\frac{\Sigma T l_n}{\Sigma T l_0} \tag{3.3.3}$$

$$=\frac{\Sigma q_n t l_0}{\Sigma q_0 t l_0}:\frac{\Sigma T l_n}{\Sigma T l_0}=\frac{\Sigma q_n t l_0}{\Sigma q_n t l_n},$$

$$\frac{\Sigma T l_n}{\sum\left(\frac{q_0}{q_n} T l_0\right)}:\frac{\Sigma T l_n}{\Sigma T l_0} \tag{3.4.3}$$

$$=\frac{\Sigma q_n t l_n}{\Sigma q_0 t l_n}:\frac{\Sigma T l_n}{\Sigma T l_0}=\frac{\Sigma q_0 t l_0}{\Sigma q_0 t l_n}$$

Wie bei der Berechnung nach Formel 3.2, so übt auch hier die als Gewicht wirkende Äquivalenzgröße „Aufwand an lebendiger Arbeit je Erzeugniseinheit" einen Einfluß über den Index der Bruttoproduktion auf den Index der Arbeitsproduktivität aus. Ein solcher Einfluß läßt sich nicht ausschalten, so daß es nur darauf ankommt, eine möglichst „neutrale" Äquivalenzgröße zu wählen. Da der Aufwand an lebendiger Arbeit das Wertprodukt je Produktionseinheit widerspiegelt, ist seine Verwendung als Äquivalenzziffer brauchbarer als die des unveränderten Preises. Jedoch muß beachtet werden, daß zwischen dem Aufwand an lebendiger Arbeit je Erzeugnis und Wachstum der Bruttoproduktion nunmehr eine negative Korrelation besteht, so daß die Indizes der Bruttoproduktion in den Formeln 3.3.3 und 3.4.3 das tatsächliche Wachstum der Bruttoproduktion zu niedrig ausweisen. Dadurch werden auch die Indizes der Arbeitsproduktivität hinsichtlich der tatsächlichen Steigerung entsprechend vermindert. Am „neutralsten" dürfte sich der Aufwand an gesamter Arbeit je Erzeugnis verhalten, so daß auch aus diesem Grunde die Berechnung von Kennziffern des gesamten Arbeitsaufwandes angestrebt werden sollte. Solange dieser in unserer Praxis noch nicht ermittelt werden kann, wird es am zweckmäßigsten sein, den Aufwand an lebendiger Arbeit je Produktionseinheit zu wählen, der der Entwicklung des gesamten Arbeitsaufwandes am nächsten kommt.

Ich fasse zusammen:

Das Prinzip des „ökonomisch begründeten" Gewichtssystems ist ein *Prinzip der relativen Bezugsgröße*. Die Frage, welcher Index richtig ist, ist somit falsch gestellt. Jeder Index der Arbeitsproduktivität ist im Sinne seines Bezugssystems „richtig", da die Entwicklung der Bruttoproduktion überhaupt nicht „an sich", sondern nur durch das Medium der Äquivalenzgröße erfaßt werden kann.

Da bei der Berechnung des Index der Bruttoproduktion

$$\frac{\Sigma q_n}{\Sigma q_0}$$

Σq nicht gebildet werden kann und damit auch der Ausweg

$$\frac{\sum\left(\frac{q_n}{q_0} q_0\right)}{\Sigma q_0}$$

versperrt ist, bleibt nur die Möglichkeit, Äquivalenzgrößen zu verwenden.

Was für den Index der Bruttoproduktion in e'_{tl} gilt, gilt natürlich auch für die Indizes der Bruttoproduktion in e'_{tv} und e'_t, d. h. die Bruttoproduktionsindizes weichen mehr oder minder von dem (nicht berechenbaren) Index $\frac{\Sigma q_n}{\Sigma q_0}$ ab, weil die Äquivalenzgrößen t_l, tv oder t einen verzerrenden Einfluß ausüben.

Wir können jetzt die für die Berechnung gewogener Indexziffern aufgestellte *zweite* Forderung dahin konkretisieren, daß wir feststellen: die Äquivalenzgröße hängt von der jeweiligen Bezugsgröße, im Falle der Nutzeffektkennziffern also von

$$T\,l',$$
$$T\,v',$$
$$T'$$

ab. Würden wir eine Kennziffer „Nutzeffekt der Selbstkosten" bilden, so wären die Selbstkosten je Erzeugnis das „ökonomisch begründete" Gewichtssystem, d. h.

$$\frac{\Sigma q_n\, s\, k_0}{\Sigma q_0\, s\, k_0} : \frac{\Sigma S\, k_n}{\Sigma S\, k_0} = \frac{\Sigma q_n\, s\, k_0}{\Sigma q_n\, s\, k_n}. \tag{3.7}$$

Es zeigt sich, daß den Fragen der Gewichtung bei der Berechnung der Indizes des Nutzeffektes der gesellschaftlichen Arbeit, darunter der Arbeitsproduktivität größte Beachtung geschenkt werden muß.

Wir geben eine (unvollständige) Übersicht der formelmöglichen Indizes des Nutzeffektes. In jeder Zeile der Übersicht ist für diese Indizes jeweils das gleiche Gewicht verwendet, und zwar der Aufwand an lebendiger Arbeit je Erzeugnis, die Lohnkosten, die Kosten des Produktionsverbrauchs oder die Selbstkosten je Erzeugnis usw. Nur in der Diagonale der Übersicht befinden sich die ökonomisch sinnvollen Indizes, d. h. die Indizes, die mit Äquivalenzgrößen berechnet wurden, die dem Bezugssystem gerecht werden.

Indexsystem

Index / Gewichtssystem	Index des Nutzeffekts der			
	lebendige Arbeit	vergegenst. Arbeit	Selbstkosten	gesamte Arbeit
lebendige Arbeit	$\frac{\Sigma q_n\, t\, l_0}{\Sigma q_0\, t\, l_0} : \frac{\Sigma T\, l_n}{\Sigma T\, l_0} = \frac{\Sigma q_n\, t\, l_0}{\Sigma q_n\, t\, l_n}$	$\frac{\Sigma q_n\, t\, l_0}{\Sigma q_0\, t\, l_0} : \frac{\Sigma T\, v_n}{\Sigma T\, v_0}$	$\frac{\Sigma q_n\, t\, l_0}{\Sigma q_0\, t\, l_0} : \frac{\Sigma S\, k_n}{\Sigma S\, k_0}$	$\frac{\Sigma q_n\, t\, l_0}{\Sigma q_0\, t\, l_0} : \frac{\Sigma T_n}{\Sigma T_0}$
vergegenst. Arbeit	$\frac{\Sigma q_n\, t\, v_0}{\Sigma q_0\, t\, v_0} : \frac{\Sigma T\, l_n}{\Sigma T\, l_0}$	$\frac{\Sigma q_n\, t\, v_0}{\Sigma q_n\, t\, v_0} : \frac{\Sigma T\, v_n}{\Sigma T\, v_0} = \frac{\Sigma q_n\, t\, v_0}{\Sigma q_n\, t\, v_n}$	$\frac{\Sigma q_n\, t\, v_0}{\Sigma q_0\, t\, v_0} : \frac{\Sigma S\, k_n}{\Sigma S\, k_0}$	$\frac{\Sigma q_n\, t\, v_0}{\Sigma q_0\, t\, v_0} : \frac{\Sigma T_n}{\Sigma T_0}$
Selbstkosten	$\frac{\Sigma q_n\, s\, k_0}{\Sigma q_0\, s\, k_0} : \frac{\Sigma T\, l_n}{\Sigma T\, l_0}$	$\frac{\Sigma q_n\, s\, k_0}{\Sigma q_0\, s\, k_0} : \frac{\Sigma T\, v_n}{\Sigma T\, v_0}$	$\frac{\Sigma q_n\, s\, k_0}{\Sigma q_0\, s\, k_0} : \frac{\Sigma S\, k_n}{\Sigma S\, k_0} = \frac{\Sigma q_n\, s\, k_0}{\Sigma q_n\, s\, k_n}$	$\frac{\Sigma q_n\, s\, k_0}{\Sigma q_0\, s\, k_0} : \frac{\Sigma T_n}{\Sigma T_0}$
gesamte Arbeit	$\frac{\Sigma q_n\, t_0}{\Sigma q_0\, t_0} : \frac{\Sigma T\, l_n}{\Sigma T\, l_0}$	$\frac{\Sigma q_n\, t_0}{\Sigma q_0\, t_0} : \frac{\Sigma T\, v_n}{\Sigma T\, v_0}$	$\frac{\Sigma q_n\, t_0}{\Sigma q_0\, t_0} : \frac{\Sigma S\, k_n}{\Sigma S\, k_0}$	$\frac{\Sigma q_n\, t_0}{\Sigma q_0\, t_0} : \frac{\Sigma T_n}{\Sigma T_0} = \frac{\Sigma q_n\, t_0}{\Sigma q_n\, t_n}$

Wir werden im 4. Abschnitt auf diese Fragen noch einmal ausführlicher zurückkommen, wenn es um den Einfluß von Struktur- und Stufenveränderungen auf die Entwicklung der Arbeitsproduktivität geht. An dieser Stelle soll aber schon bemerkt werden, daß die Indizes 3.3.3 und 3.4.3 ihrem Wesen nach betriebliche Indizes der Arbeitsproduktivität sind. Ihre Differenz beruht darauf, daß der Index nach 3.4.3 Veränderungen der Arbeitsproduktivität am reinsten zum Ausdruck bringt, während der Index nach 3.3.3 außer der eigentlichen Veränderung der Arbeitsproduktivität noch den Einfluß der Veränderung der Produktionsstruktur von der Basis- zur Berichtsperiode ausweist. Wenn wir den Index 3.4.3 mit i', den Index 3.3.3 mit σ' bezeichnen, dann ist die jeweilige Differenz beider Indizes

$$\sigma = i' - \sigma'$$

die auf strukturelle Veränderungen zurückzuführende Veränderung der Arbeitsproduktivität.

Durch algebraische Addition der Indizes des Nutzeffektes der lebendigen und der vergegenständlichten Arbeit können wir einen Index des Nutzeffektes der gesamten Arbeit berechnen.

$$e'_t = \alpha \frac{q_n t l_0}{q_n t l_n} + \beta \frac{q_n t v_0}{q_n t v_n}, \tag{3.6.1}$$

$$e'_t = \alpha \frac{q_0 t l_0}{q_0 t l_n} + \beta \frac{q_0 t v_0}{q_0 t v_n} \tag{3.6.2}$$

(α und β sind wieder zum Zwecke der Addition der Indizes entsprechend gewählte Gewichte, und zwar in 3.6.1

$$\alpha = \frac{T l_n}{T l_n + T v_n} \quad \beta = \frac{T v_n}{T l_n + T v_n}$$

und in

$$\alpha = \frac{T l_0 + T v_0}{T l_0} \quad \beta = \frac{T l_0 + T v_0}{T v_0}). \tag{3.6.2}$$

Der Index des Aufwandes an gesamter Arbeit besteht also aus zwei Faktoren:

1. aus dem Index des Aufwandes an lebendiger Arbeit und
2. aus dem Index des Aufwandes an vergegenständlichter Arbeit.

$$a'_t = \alpha \frac{1}{e'_{tl}} + \beta \frac{1}{e'_{tv}} \tag{3.7.1}$$

$$= \alpha \frac{\Sigma q_0 t l_n}{\Sigma q_0 t l_0} + \beta \frac{\Sigma q_0 t v_n}{\Sigma q_0 t v_0}$$

$$= \frac{\Sigma q_0 t_n}{\Sigma q_0 t_0},$$

$$a'_t = \alpha \frac{\Sigma q_n t l_n}{\Sigma q_n t l_0} + \beta \frac{\Sigma q_n t v_n}{\Sigma q_n t v_0} \tag{3.7.2}$$

$$= \frac{\Sigma q_n t_n}{\Sigma q_n t_0}.$$

Solange wir den Aufwand an vergegenständlichter Arbeit noch nicht in seiner Naturalform, sondern nur in Geld ausgedrückt erfassen können, müssen wir versuchen, die Entwicklung des Wertes durch eine Annäherungsformel zu berechnen. Das können wir, wenn wir den Index des Aufwandes an lebendiger Arbeit mit einem Index der Kosten des Produktionsverbrauchs zusammenfassen. Wir erhalten dann:

$$a_t' = \alpha \frac{\Sigma q_0 t l_n}{\Sigma q_0 t l_0} + \beta \frac{\Sigma q_0 p m k_n}{\Sigma q_0 p m k_0} \qquad (3.7.3)$$

bzw.

$$a_t' = \alpha \frac{\Sigma q_n t l_n}{\Sigma q_n t l_0} + \beta \frac{\Sigma q_n p m k_n}{\Sigma q_n p m k_0}. \qquad (3.7.4)$$

Es ist klar, daß sich zwischen 3.7.1 und 3.7.3 Abweichungen ergeben werden, die aus der Bewertung der verbrauchten vergegenständlichten Arbeit mit Preisen herrühren. Deswegen wird es notwendig sein, möglichst unter Vermeidung der Annäherungsformel direkt zu rechnen.

Zur Illustration ist – da weder für Formel 3.7.1 noch nach Formel 3.7.3 die entsprechenden Gewichte zur Verfügung stehen – deshalb ein Index des Gesamtarbeitsaufwandes für die Industrie der Deutschen Demokratischen Republik nach folgender Formel berechnet worden:

$$a_t = \frac{\alpha}{Ap'} + \beta \frac{Pm'}{Q'}.$$

Entwicklung des Gesamtarbeitsaufwandes in der Industrie der Deutschen Demokratischen Republik 1950–1960

Jahr	Arbeitsproduktivität	Produktionsverbrauch	Gesamtarbeitsaufwand
1950	100	100	100
1951	112	99	94
1952	124	100	91
1953	136	93	83,5
1954	145	93	80,5
1955	155	95	79,5
1956	166	93	77,0
1957	174	93	74,5
1958	188	91	71,5
1959	206	89	68,5
1960	224	87	65,5

Quelle: Statistisches Jahrbuch der DDR 1960/61, S. 180, 181 und S. 336/37, $\alpha = 0{,}51$ $\beta = 0{,}49$.

Es ist also prinzipiell möglich, neben der Arbeitsproduktivität als Nutzeffekt der lebendigen Arbeit auch den Nutzeffekt der gesamten Arbeit zu messen und neben dem Aufwand an lebendiger Arbeit auch den Aufwand an gesamter Arbeit zu messen. Damit erhalten wir für die Messung des Nutzeffektes der gesellschaftlichen Arbeit ein System von Kennziffern, in dem die Arbeitsproduktivität nur eine, allerdings grundlegende Komponente ist. Die andere grundlegende Komponente des Kennziffernsystems ist der Gesamtarbeitsaufwand je Produkt. Zur Verdeutlichung sei der Zusammenhang noch einmal in einem in der Technik üblichen Fließbild dargestellt:

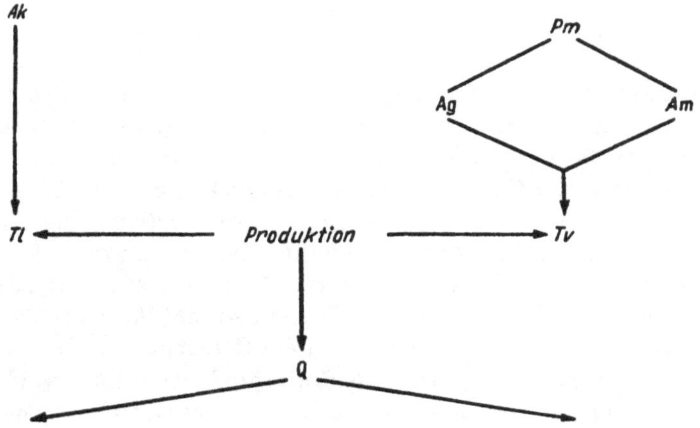

Abb. 4

$$e_{tl} = \frac{Q}{Tl} \qquad a_t = \frac{T + Tv}{Q}$$

$$e'_{tl} = \frac{\Sigma q_n\, tl_0}{\Sigma q_0\, tl_0} : \frac{\Sigma q_n\, tl_n}{\Sigma q_0\, tl_0} \qquad a'_{tl} = \frac{\alpha}{\dfrac{\Sigma q_n\, tl_0}{\Sigma q_n tl_n}} + \beta\,\frac{\Sigma q_n\, tv_n}{\Sigma q_n\, tv_0}\,.$$

In diesem System sind die Kennziffern der Arbeitsproduktivität

$$e'_{tl} = \frac{\Sigma q_n\, tl_0}{\Sigma q_n tl_n}$$

und des Verbrauchs an vergegenständlichter Arbeit

$$a'\, t_v = \frac{\Sigma q_n\, tv_n}{\Sigma q_n\, tv_0}$$

die Eckkennziffern, aus denen sich alle anderen Kennziffern errechnen lassen.

Wenn der Nutzeffekt der gesamten Arbeit im (individuellen) Wert zum Ausdruck kommt, dann kann die Entwicklung des Nutzeffektes der gesamten Arbeit offenbar durch einen Index der Wertentwicklung ausgedrückt werden, d. h.

$$a'_t = \frac{\Sigma q_n\, t_n}{\Sigma q_n\, t_0}\,.$$

Um beurteilen zu können, ob die Entwicklung des gesamten Arbeitsaufwandes optimal verläuft, muß man den Index des (individuellen) Wertes zum Index der Arbeitsproduktivität bzw. seinen reziproken Ausdruck zum Index des Aufwandes an lebendiger Arbeit in Beziehung setzen, d. h.

$$\frac{a'_{tl}}{a'_t} = \frac{\dfrac{\Sigma q_n\, tl_n}{\Sigma q_n\, tl_0}}{\dfrac{\Sigma q_n\, t_n}{\Sigma q_n\, t_0}} = v'_t .$$

Da der Aufwand an lebendiger Arbeit nur in seltenen Grenzfällen sich wie der gesamte Arbeitsaufwand entwickeln kann und in der Regel schneller sinkt als der gesamte Arbeitsaufwand, muß v'_t in der Regel kleiner als 1 sein. Ein Index $v'_t = 1$ ist ein maximaler Nutzeffekt und die Entwicklung ist um so günstiger, je näher v'_t an 1 herankommt, d. h. je stärker auch der (individuelle) Wert bei gegebenem Steigerungsgrad der Arbeitsproduktivität bzw. Senkung des Aufwandes an lebendiger Arbeit sinkt. Bei verschiedenen möglichen Varianten ist diejenige am günstigsten, die am nächsten bei 1 liegt. Das gilt sowohl für betriebliche als auch für volkswirtschaftliche Rechnungen, wo in die Berechnungen die erforderlichen materiellen Proportionen eingehen. Die Bruttoproduktion ist sowohl bei indexmäßiger Berechnung in gewohnter Form als auch vermittels sogenannter Verflechtungsbilanzen nicht nur ein quantitativer Ausdruck in dem Sinne einfacher Summenbildung, sondern ein konkretes Aggregat, das auf bestimmten Proportionen beruht. Wir verweisen jedoch nur auf diese Seite der Problematik, die in diesem Zusammenhang – wie bereits in der Problemstellung gesagt – nicht behandelt werden soll. Wichtiger entsprechend unserer Problemstellung, scheint uns, ist die Ermittlung von Varianten zwischen Entwicklung der Arbeitsproduktivität und Entwicklung der Selbstkosten. Die Ermittlung dieses Verhältnisses – sowohl auf betrieblicher als auch auf volkswirtschaftlicher Basis – entspricht einer aktuellen Fragestellung unserer Wirtschaftspolitik und Planungspraxis.

Beispiel

Variante	Steigerung der Arbeitsproduktivität	a'_{tl}	a'_t	v'_t
1	1,5	0,66	0,9	0,74
2	1,5	0,66	0,8	0,83
3	2	0,5	0,8	0,625
4	2	0,5	0,75	0,66
5	2	0,5	0,7	0,71

Exkurs: Über die Meßbarkeit des Wertes

Der Wert ist im Sozialismus nicht eine nur aus Bequemlichkeit beibehaltene Kategorie, auf die man auch verzichten könnte, wenn gewisse technische Voraussetzungen für eine Naturalrechnung entwickelt sind, wie etwa Matrizenrechnung und Elektronenrechenmaschinen, sondern eine ihm immanente, objektiv gegebene Kategorie, die ihm innewohnende gesellschaftliche Verhältnisse zum Ausdruck bringt. Erst mit dem Verschwinden der Warenproduktion wird auch die Notwendigkeit verschwinden, den Aufwand an gesellschaftlicher Arbeit in abstrakt menschlicher Arbeit zu messen. Damit verschwindet auch der Wert als Ausdruck der Verhältnisse arbeitsteiliger Produzenten, die ihre Arbeitsprodukte wechselseitig austauschen, und somit auch die Notwendigkeit, ihn in einer besonderen Ware, dem Geld, auszudrücken und zu messen. Die gesellschaftliche Arbeit wird dann direkt in Arbeitszeit gemessen und nicht mehr indirekt über das Geld. Worum es geht, das ist die Ermittlung des individuellen Wertes, d. h. des betrieblich-individuellen Arbeitsaufwandes, um dann von diesem zum gesellschaftlich-durchschnittlichen Arbeitsaufwand zu gelangen. Wir sollten mit der Erfassung des individuellen Wertes beginnen, wie er dem Ausdruck 3.7.2 zugrunde liegt:

$$a'_t = \alpha \frac{\Sigma q_n t l_n}{\Sigma q_n t l_0} + \beta \frac{\Sigma q_n t v_n}{\Sigma q_n t v_0} = \frac{\Sigma q_n t_n}{\Sigma q_n t_0}.$$

Zu diesem Ausdruck gelangen wir, wenn wir den Wert je produzierte Einheit berechnen:

$$\frac{\Sigma q_n t_n}{\Sigma q_0 t_0} : \frac{\Sigma q_n t_0}{\Sigma q_0 t_0} = \frac{\Sigma q_n t_n}{\Sigma q_n t_0}.$$

Dabei gibt $\frac{\Sigma q_n t_n}{\Sigma q_n t_0}$ an, wie sich der Aufwand an gesellschaftlicher Arbeit von der Basis- zur Berichtsperiode unter Zugrundelegung der Produktionsstruktur der Berichtsperiode veränderte.

Natürlich wird es nicht möglich sein, die Entwicklung des Wertes sofort nach der oben wiedergegebenen Formel zu berechnen. Daher müssen wir ausgehen von

$$p' = \alpha \frac{\Sigma q_n (l k_n + r_n)}{\Sigma q_n (l k_0 + r_0)} + \beta \frac{\Sigma q_n p m_n}{\Sigma q_n p m_0},$$

und wir sollten versuchen, von diesem Ausdruck überzugehen zu

$$w' = \alpha \frac{\Sigma q_n t l_n}{\Sigma q_n t l_0} + \beta \frac{\Sigma q_n p m_n}{\Sigma q_n p m_0},$$

um schließlich zu

$$a'_t = \alpha \frac{\Sigma q_n t l_n}{\Sigma q_n t l_0} + \beta \frac{\Sigma q_n t v_n}{\Sigma q_n t v_0}$$

zu gelangen. Es wurde schon darauf hingewiesen, daß auch in der wirtschaftswissenschaftlichen Literatur der Deutschen Demokratischen Republik die Messung des Wertes diskutiert wird. Da dabei aber weder die Fragen der Messung des Wertes in Naturaleinheiten oder in Geld noch des individuellen und des gesellschaftlichen Wertes unterschieden wurden, war die Diskussion für die Praxis der Volkswirtschaftsplanung nicht sehr fruchtbar. Die Hauptverfechter der These der Vordringlichkeit der Messung des Wertes gehen nicht nur an den unsere Planungspraxis bedrängenden Schwierigkeiten vorbei, sondern überspringen auch die nacheinander zu bewältigenden Stufen und kommen somit zu teils utopischen, teils wegen ihres Schwierigkeitsgrades sich selbst ad absurdum führenden Vorschlägen. Das soll an den Auffassungen und Thesen von Johannes Rudolph gezeigt werden, dessen Arbeit: „Die Berechnung des ökonomischen Nutzeffekts und die Ermittlung des Arbeitsaufwands für die Produktion"[83] bereits zitiert wurde. Johannes Rudolph hat seine in dieser Arbeit dargelegten Thesen ausführlich in einem zweiten Artikel zu begründen versucht, der ebenfalls in der „Wirtschaftswissenschaft" abgedruckt wurde: „Die Berechnung der Wertgröße der Produkte und der Abweichung der Effektivpreise von der Wertgröße."[84]

Wenn wir uns in unserem Zusammenhang mit der von Rudolph vertretenen Auffassung auseinandersetzen, so aus zwei Gründen: Erstens ist die von Rudolph vertretene Grundthese, daß der gesellschaftliche Wert, in Arbeitszeit ausgedrückt, schon für den gegenwärtigen Entwicklungsstand des Sozialismus bestimmbar sei, ebenso anfechtbar wie die daraus von ihm abgeleitete Problemstellung, die die Reduzierung komplizierter auf einfache Arbeit in den Mittelpunkt stellt. Zweitens ist die Formulierung bei Rudolph unnötig kompliziert, so daß die mathematischen Formeln die Lösung der Aufgabe: Messung des betriebsindividuellen und des gesellschaftlich-durchschnittlichen Arbeitsaufwandes, eher erschweren als erleichtern.

Was prinzipiell gegen die Aufgabenstellung: Messung des gesellschaftlichen Wertes (Bestimmung der „nationalen Wertgröße", wie Rudolph es ausdrückt[85]), einzuwenden ist, wurde bereits gesagt und braucht daher hier nicht noch einmal wiederholt zu werden. Rudolph konzentriert seine ganze Aufmerksamkeit aber auf die Frage der Reduktion komplizierter auf einfache Arbeit und schlägt eine Methode vor, um diese Reduktion im gesellschaftlichen Maßstab quantitativ durchzuführen. Der Kern seines Vorschlages besteht darin, die Reproduktionskosten einfacher und komplizierter Arbeit zu ermitteln. „Nun existiert die qualifizierte Arbeitskraft in mannigfaltigen Spezialitäten. Nur für solche speziellen Arten lassen sich konkret statistisch die zur Reproduktion erforderlichen Konsumtionsmittel feststellen. Man muß also den Katalog der Berufe, Spezialberufe und Funktionen der Berechnung der Reproduktionskosten und dem Qualifikationsgrad dieser Arbeitskräfte zugrunde legen.

Natürlich kann man solche Untersuchungen und Berechnungen nicht ständig und allumfassend anstellen. Das dürfte weder möglich sein, weil zu kompliziert und kostspielig, noch notwendig, weil es für solche statistischen Untersuchungen Methoden der Repräsentation gibt, die mit zureichender Genauigkeit die benötigten Ergebnisse zu erlangen gestattet. Solche Statistiken müßten die Mengen der verschiedenen Arten von Konsumtionsmitteln einschließlich jener für die Dienstleistungen sowie deren Gesamt*wert* erfassen.

Damit kommt man zur Frage nach der Kenntnis der Wertgröße der Produkte, die in die Reproduktionskosten der Arbeitskraft eingehen. Wir kennen nur den gegenwärtigen (Einzelhandels-) Preis jedes Konsumtionsmittels, nicht aber seine Wertgröße und damit auch nicht die Abweichung der Preise von der Wertgröße. Da nun der Gesamtwert der Konsumtionsmittel, die in die Reproduktionskosten der Arbeitskraft eingehen, schließlich den Grad der Kompliziertheit der Arbeit bestimmt, wodurch wiederum der in der Produktion – auch der Konsumtionsmittel – geleistete bzw. notwendige Aufwand an lebendiger Arbeit mitbestimmt wird, der eine Komponente des Wertes der Produkte ist, so scheint hier ein circulus vitiosus vorzuliegen, der keine Lösung zuläßt. Dem ist jedoch nicht so. Es wird noch zu zeigen sein, daß auch dieses Problem lösbar ist."[86]

Dazu ist zunächst zu bemerken, daß bei Rudolph eine Überschätzung der Bedeutung der komplizierten Arbeit für den Wertbildungsprozeß des Sozialismus vorliegt. Es ist natürlich unbestreitbar, daß die Kompliziertheit der Arbeit mit fortschreitender Automatisierung weiter wachsen wird, aber ebenso sicher ist, daß nicht nur der Gegensatz, sondern auch die wesentlichen Unterschiede zwischen körperlicher und geistiger Arbeit verschwinden werden, so daß die Entwicklung nicht in der Richtung einer größeren Differenzierung im Qualifikationsgrad der Arbeit, sondern in Richtung einer Nivellierung auf einem hohen Qualifikationsgrad gehen wird. Das zeichnet sich bereits in der Ausgleichung der starken Differenzierung in der Entlohnung ab, die nicht in einer Senkung des Durchschnitts, sondern in seiner Erhöhung durch Heranführung der an der unteren Grenze liegenden Verdienste besteht. Wir denken, daß man S. Strumilin durchaus zustimmen kann, wenn er nach der Feststellung, daß „die sogenannte Reduzierung der komplizierten auf einfache Arbeit" noch immer „eine Reihe von Ökonomen" bewege, ausruft: „Aber auch schon heute, im Sozialismus, sind die Auseinandersetzungen über die Notwendigkeit des Reduzierens der komplizierten Arbeit nur Ausdruck der Zählebigkeit des Vergangenen."[87] Strumilin argumentiert m. E. völlig richtig, wenn er sagt, daß nirgendwo „in der UdSSR ... ein solches Reduzieren der komplizierten Arbeit praktiziert"[88] werde.

Aber auch wenn wir einmal unterstellen, daß die Differenzierung der gesellschaftlichen Arbeit in einfache und komplizierte Arbeit die Bedeutung hat, die Rudolph ihr zuschreibt, könnte man seinen Vorschlag nicht akzeptieren, und zwar abgesehen von theoretischen Erwägungen schon wegen ihrer praktischen Undurchführbarkeit. Rudolph schlägt vor, gewissermaßen eine „Statistik der Lebenshaltung" nach dem Grade der Kompliziertheit der Arbeit ins Leben zu rufen. In der Tat, wenn man seine komplizierte Formel von unnötiger Kompliziertheit befreit, läuft sie auf den Vorschlag hinaus, zwei oder mehrere Aufwandsgruppen, nicht mit Preisen, sondern mit dem jeweiligen Arbeitsaufwand berechnet, miteinander zu vergleichen. Es sei gestattet, die Rudolphsche Formel anzuführen: „Wenn man die Mengen der Konsumtionsmittel, die in einem bestimmten Jahr „*t*" zur Reproduktion einer Arbeitskraft mit der Qualifikation „*j*" bzw. der elementaren Qualifikation „*e*" notwendig sind, mit

$${}^{j}_{t}Q^{M}_{(II^1)} \text{ und } {}^{j}_{t}Q^{M}_{(II^2)} \text{ bzw. } {}^{e}_{t}Q^{M}_{(II^1)} \text{ und } {}^{e}_{t}Q^{M}_{(II^2)}$$

und den Gesamtarbeitsaufwand für die Mengeneinheit jedes der beiden Produkte II[1] (Nahrungsmittel) und II[2] (Bekleidung) mit II${}^1_t\overline{H}$ bzw. II${}^2_t\overline{H}$ bezeichnet, so erhält man – nach dem Obengesagten – mit

$$ {}^j_t t = \frac{{}^j_t Q^M_{(\mathrm{II}_1)} \, {}^{\mathrm{II}_1}_{\;t}\overline{H} + {}^j_t Q^M_{(\mathrm{II}_2)} \, {}^{\mathrm{II}_2}_{\;t}\overline{H}}{{}^e_t Q^M_{(\mathrm{II}_1)} \, {}^{\mathrm{II}_1}_{\;t}\overline{H} + {}^e_t Q^M_{(\mathrm{II}_2)} \, {}^{\mathrm{II}_2}_{\;t}\overline{H}} $$

den Qualifikationsgrad der Arbeitskraft mit der Qualifikation „j" unter den angeführten Bedingungen. Es ist leicht einzusehen, daß diese Formel auch für jede größere Zahl verschiedenartiger Konsumtionsmittel gilt; sie nimmt dann die allgemeine Formel an:

$$ {}^j_t t = \frac{\sum\limits_{\mathrm{II}/i} {}^j_t Q^M_{(\mathrm{II}/i)} \, {}^{\mathrm{II}/i}_{\;\;t}\overline{H}}{\sum\limits_{\mathrm{II}/i} {}^e_t Q^M_{(\mathrm{II}/i)} \, {}^{\mathrm{II}/i}_{\;\;t}\overline{H}} . $$ [89]

Wenn wir das in gebräuchlicher Symbolik schreiben, ist das nichts weiter als:

$$ p_0 = \frac{\Sigma q^n_0 t_0}{\Sigma {}^1_0 t_0} = \frac{T^n_0}{T^1_0} , $$

wo die Symbole unterhalb von q und t die Zeitperiode, oberhalb den Grad der Kompliziertheit der Arbeit bedeuten, für die Waren oder Dienste q, bewertet mit dem Gesamtarbeitsaufwand je Erzeugnis t, verwendet werden. Das Ergebnis stellt sich dar in zwei Zeitaufwandssummen T^n und T^1, von denen T^n natürlich größer als T^1 ist.

Ich brauche über die praktische Unmöglichkeit, solche Ausdrücke zu berechnen, nichts zu sagen, weil jeder, der mit der praktischen Statistik schon einmal in Berührung gekommen ist, das auch ohne weitere Begründung einsieht. Wären wir nun auf ein solches Verfahren angewiesen, wie es Rudolph für die Messung des Wertes vorschlägt, wir müßten in der Tat darauf verzichten. Im vorstehenden Fall sollte nur gezeigt werden, welcher einfach zu formulierende Tatbestand sich hinter der komplizierten Rudolphschen Formulierung verbirgt. Aber ob einfach oder kompliziert formuliert: für die Messung des Wertes ist die Reduzierung komplizierter auf einfacher Arbeit nicht erforderlich. Wenn wir uns zunächst damit begnügen, den Gesamtarbeitsaufwand je Produkt zu messen, dann reduziert sich das Problem im wesentlichen auf die Messung des Produktionsverbrauchs, weil wir die lebendige Arbeit bereits relativ exakt zu messen in der Lage sind. Wenn eingewandt wird, daß der tatsächliche Arbeitsaufwand im Grunde nicht addierbar sei, da es sich um konkrete Arbeit handle und konkrete Arbeit nicht als solche vergleichbar und daher auch nicht addierbar sei, so kann auf die bereits gemachten Ausführungen verwiesen werden. Aber nicht nur die bereits angeführten Formeln von Rudolph verbergen hinter einer komplizierten Symbolik einen einfachen Tatbestand. Das sei an einem weiteren Beispiel gezeigt. Rudolph schreibt: „Die Wertsumme des Bruttoprodukts jedes Produktionszweigs ${}^j_t B^H$ ist einmal gleich der Menge an Gebrauchswerten dieses Zweiges ${}^j_t B^H$ multipliziert mit dem Produktionswert der Mengeneinheit (im Arbeitszeitmaßstab) ${}^j_t H$ (bezogen auf den Zeitraum eines bestimmten Jahres „t"); zum anderen ist sie die Summe des *Wertes* (im Arbeitszeitmaßstab, d. h. in Stunden einfacher Arbeit) der verbrauchten Produktionsmittel ${}^i_tC^H$ und des Nettoprodukts ${}^i_tN^H$. Diesen Zusammenhang kann man auch in Form einer Gleichung darstellen:

$$ {}^i_tB^M \, {}^i_tH = {}^i_tC^H + {}^i_tN^H \, . $$

Auf Grund der eingangs unterstellten Vereinfachungen besteht (in diesem Beispiel) der Produktionsverbrauch aus zwei Komponenten: aus dem von den Grundfonds – die hier vereinfacht nur aus einer Art Arbeitsmittel bestehen – Produkte des Zweiges Nr. I[1] – auf das Produkt übertragenen Wert (Amortisation) ${}^i_tCa^H$ und aus dem Wert des Verbrauchs an Arbeitsgegenständen ${}^i_tC^H_{(I_2)}$ d. h. es ist

$$ {}^i_tC^H = {}^i_tCa^H + {}^i_tC^H_{(I_2)} \, . $$"[90]

Der erste Ausdruck läßt sich schreiben:

$$ \Sigma q_n t_n = \Sigma Pm_n + N_n $$

und der zweite Ausdruck:

$$ \Sigma Pm_n = \Sigma Am_n + Ag_n \, , $$

wobei t den gesamten Arbeitsaufwand in Stunden, Pm, Am und Ag die verbrauchte, vergegenständlichte und N die aufgewandte lebendige Arbeit in Stunden bedeutet. Sobald der gesamte Arbeitsaufwand je Erzeugnis in Stunden berechenbar ist, läßt sich sowohl die linke Seite der Gleichung

$$ \Sigma q_n t_n $$

als auch die rechte Seite

$$ \Sigma Am_n + Ag + N_n $$

berechnen.

Da $Pm = Tv$ ist, wenn der Produktionsverbrauch in Arbeitsstunden ausgedrückt werden kann, ist auch $Am + Ag = Pm$ und der erste Ausdruck läuft darauf hinaus, daß

$$ \begin{aligned} \Sigma q \cdot t &= \Sigma qtv + \Sigma qtl \\ &= Tv + Tl. \end{aligned} $$

Rudolph hat uns somit mit seinem Vorschlag nicht über den bisherigen Stand der Diskussion hinausgebracht: die Schwierigkeit besteht nicht in der Messung des Aufwandes an lebendiger Arbeit, sondern in der Messung des Aufwandes an vergegenständlichter Arbeit.

Mir scheint, daß – wenn wir von der ungelösten Frage des Ausdrucks des Produktionsverbrauchs in Arbeitszeit noch absehen – wir durch die Ausnutzung von Verflechtungsbilanzen, wie es ja auch Rudolph vorschwebt, in der Tat weiterkommen können, aber auf anderem Weg, als er es vorschlägt. Da wir im Zusammenhang mit der Faktorenanalyse uns mit diesen Fragen näher beschäftigen, sei darauf verwiesen und hier nur kurz folgendes gesagt. Für das sogenannte offene System gelten folgende Beziehungen:

$$\sum_1^m k\, q_{ik} + K m_k = Q_i\,,$$

$$Q_i = \sum_1^m k\, q_{ik} = K m_i\,,$$

$$Q_i = \sum_1^m k\, a_{ik} \cdot Q_k = K m_i\,.$$

Wir können Q_i direkt berechnen, wenn der Endverbrauch $K m_k$ gegeben ist:

$$\sum_1^m k\, A_{ik} \cdot K m_k = Q_i\,,$$

wobei $[A_{ik}]$ die Kehrmatrix der sogenannten Leontief-Matrix ist. A_{ik} ist das an Stelle von a_{ik} getretene Element der Kehrmatrix der Leontief-Matrix $(\mathfrak{E} - \mathfrak{A})$. Wenn der Arbeitsaufwand je Prozeß sowohl für die lebendige als auch für die vergegenständlichte Arbeit zur Verfügung steht, ist

$$\frac{T\,l_k}{Q_k} = t\,l_k \quad \text{und} \quad \frac{T\,v_k}{Q_k} = t\,v_k$$

und daher

$$\frac{T\,l_k + T\,v_k}{Q_k} = t\,l_k + t\,v_k = \frac{T_k}{Q_k} = t_k\,.$$

Multiplizieren wir die Matrix $[A]$ mit dem Vektor (tl), so erhalten wir eine neue Matrix, die in den Zeilen den Aufwand an lebendiger Arbeit je Erzeugnis und in den Spalten je Prozeß ausdrückt. Desgleichen erhalten wir, wenn wir die Matrix $[A]$ mit dem Vektor (tv) multiplizieren, die Matrix des Aufwandes an vergegenständlichter Arbeit je Erzeugnis und je Prozeß. Auf dem gleichen Wege können wir die Matrix des Gesamtaufwandes an Arbeit je Erzeugnis und je Prozeß berechnen. Wenn die Matrix $[A]$ vorliegt und der durchschnittliche Arbeitsaufwand je Prozeß bekannt ist, läßt sich der Arbeitsaufwand berechnen:

$$\sum_1^k k\, A_{ik} \cdot t\,l_k \cdot K m_k = T\,l_i\,,$$

$$\sum_1^k k\, A_{ik} \cdot t\,v_k \cdot K m_k = T\,v_i\,.$$

Der Aufwand an lebendiger Arbeit je Erzeugnis ist:

$$A_{11}\, t\,l_1\, K m_1 + A_{12}\, t\,l_1\, K m_2 + \cdots + A_{1m}\, t\,l_1\, K m_m = T\,l_1$$

$$A_{21}\, t\,l_2\, K m_1 + A_{22}\, t\,l_2\, K m_1 + \cdots + A_{1m}\, t\,l_2\, K m_m = T\,l_2$$

$$\vdots$$

$$A m_1\, t\,l_m\, K m_1 + A\, m_2\, t\,l_m\, K m_2 + \cdots + A_{mm}\, t\,l_m\, K m_m = T\,l_m\,.$$

Desgleichen ergibt sich der Aufwand an vergegenständlichter Arbeit je Erzeugnis sowie der Gesamtaufwand je Erzeugnis. Wenn die Matrix [A] und der durchschnittliche Arbeitsaufwand je Prozeß vorliegen, können wir somit folgende Indizes berechnen:

$$e'_{tl} = \frac{(t\,l^0)\,[A^n]\,\{K\,m^n\}}{(t\,l^n)\,[A^n]\,\{K\,m^n\}},$$

$$e'_{tv} = \frac{(t\,v^0)\,[A^n]\,\{K\,m^n\}}{(t\,v^n)\,[A^n]\,\{K\,m^n\}},$$

$$e'_{t} = \frac{(t^0)\,[A^n]\,\{K\,m^n\}}{(t^n)\,[A^n]\,\{K\,m^n\}}$$

$$= \frac{(t\,l^0 + t\,v^0)\,[A^n]\,\{K\,m^n\}}{(t\,l^n + t\,v^n)\,[A^n]\,\{K\,m^n\}}.$$

Unter den gegenwärtigen Bedingungen der sozialistischen Wirtschaft ist es noch nicht möglich, den Arbeitsaufwand je Gebrauchswert vollständig in seiner Naturalform zu erfassen, aber es muß trotzdem schon jetzt versucht werden, den gesamten Arbeitsaufwand zu messen. Mit anderen Worten, wir müssen die Messung der Arbeitsproduktivität als Nutzeffekt der lebendigen Arbeit ergänzen, um die Messung des Nutzeffektes der vergegenständlichten Arbeit, um zu einer Messung des Nutzeffektes der gesamten Arbeit zu gelangen.

Es wurde bereits darauf hingewiesen, daß die Messung des gesamten Arbeitsaufwandes nicht mit der Messung des Wertes identifiziert werden darf. Die Messung des gesamten Arbeitsaufwandes ist eine Voraussetzung für die Messung des Wertes. Bei der Messung des Wertes geht es eben nicht nur um statistisch-technische Fragen.

Es ist daher nicht richtig – wenn dies auch aus Gründen der Kürze häufig geschieht –, die Ausdrücke

$$a_t = \frac{Tl + Tv}{\Sigma q}$$

und

$$a'_t = \frac{\Sigma q_0\,t_n}{\Sigma q_0\,t_0} \quad \text{bzw.} \quad \frac{\Sigma q_n\,t_n}{\Sigma q_n\,t_0}$$

als Kennziffern des Wertes je Produkt zu bezeichnen. Dagegen sind zwei prinzipielle Einwendungen zu erheben. Erstens – wenn es sich um betriebliche Indizes handelt, geben die Kennziffern nur über den individuellen und nicht über den durchschnittlichen Arbeitsaufwand Aufschluß. Aber selbst wenn es sich – zweitens – auch um überbetriebliche (gesellschaftliche, komplexe) Indizes handelt, ist der Gesamtarbeitsaufwand je Produkt solange nicht mit dem Wert je Produkt identisch, wie nicht sicher ist, daß der gesamte Arbeitsaufwand in der Produktion auch dem gesellschaftlichen Bedürfnis entspricht. Dies ist aber nur dann der Fall, wenn sowohl die Qualität der Produktion als auch ihre Struktur bedarfsgerecht ist. Wenn das nicht – oder nur teilweise – der Fall ist, wird der Arbeitsaufwand in der Produktion ganz oder zum Teil gesellschaftlich nicht anerkannt. Mit anderen Worten, wir können den Gesamtarbeitsaufwand je Produkt nur mit dem Wert je Produkt gleichsetzen, wenn die in der Produktion aufgewendete (lebendige und vergegenständlichte) Arbeit im doppelten Sinne gesellschaftsnotwendig war:

1. als durchschnittlicher Aufwand in der Produktion und
2. als Aufwand, der dem gesellschaftlichen Bedürfnis entspricht.

Wir vermeiden daher für a_t und a_t' auch in Zukunft den Begriff „Wert“ und sprechen stattdessen vom gesamten Arbeitsaufwand.

IV. ZUR MESSUNG DER EFFEKTE DER ARBEITSPRODUKTIVITÄT UND DER PRODUKTIVITÄTSWIRKSAMEN FAKTOREN

Die Arbeitsproduktivität ist der Nutzeffekt der produktiven Arbeit. Das Resultat der produktiven Arbeit sind Gebrauchswerte. Ihr Nutzeffekt stellt sich in einem Quotienten zwischen der Menge der produzierten Gebrauchswerte und der für ihre Produktion aufgewendeten Arbeitsmenge dar. Die produktive Arbeit existiert aber nur als Summe individueller Arbeiten, und die individuellen Arbeiten sind sehr verschiedenartige konkrete Arbeiten individueller Arbeiter oder durch betriebliche Teilung der Arbeit verbundener Gesamtarbeiter. Da die Produktion immer gesellschaftliche Produktion ist, existiert die produktive Arbeit nur in der Teilung der Arbeit zwischen individuellen Arbeitern oder Gesamtarbeitern. Damit wird es notwendig, zwischen gesellschaftlicher und individueller Arbeitsproduktivität zu unterscheiden. Individuelle Arbeitsproduktivität ist die Produktivkraft eines individuellen Arbeiters oder eines arbeitsteilig verbundenen Gesamtarbeiters, eines Arbeiterkollektivs (Brigade, Abteilung) oder eines Betriebes. Gesellschaftliche Arbeitsproduktivität ist ein Komplex individueller Arbeitsproduktivitäten, der Produktivkraft der Arbeit eines Produktionszweiges oder der ganzen Volkswirtschaft.

Die Unterscheidung zwischen individueller und gesellschaftlicher Arbeitsproduktivität ergibt sich somit zwingend aus der gesellschaftlichen Teilung der Arbeit. Sie ist nicht eine Frage des subjektiven Beliebens, sondern eine aus der Objektivität der gesellschaftlichen Kategorien und Prozesse sich ergebende Notwendigkeit. Wir verwenden den Begriff der gesellschaftlichen Arbeitsproduktivität also im Sinne einer komplexen Arbeitsproduktivität, die nicht nur die Produktivität der konkreten Arbeit i. e. S., sondern auch alle anderen den Nutzeffekt der Arbeit beeinflussenden Erscheinungen zum Ausdruck bringt. Die Unterscheidung zwischen individueller und gesellschaftlicher Arbeitsproduktivität ist von Bedeutung, weil der Durchschnitt der individuellen Arbeitsproduktivität sich nicht mit der gesellschaftlichen Arbeitsproduktivität zu decken braucht. Der Durchschnitt der individuellen Arbeitsproduktivität kann kleiner oder größer sein als die gesellschaftliche Produktivität, je nachdem, welche Effekte die komplexe Arbeitsproduktivität außer dieser selbst noch beeinflussen.

Die Unterscheidung zwischen individueller und gesellschaftlicher Arbeitsproduktivität ist auch für die Messung der Arbeitsproduktivität von Bedeutung, denn je komplexer die Arbeitsproduktivität, um so mehr Effekte wirken auf sie ein. Die gesellschaftliche Arbeitsproduktivität wird nicht nur durch die Produktivkraft der individuellen (Einzel-) oder Gesamtarbeiter beeinflußt, sondern auch durch Strukturveränderungen der verschiedensten Art, wie Veränderungen in der Zusammensetzung der Arbeiterkollektive in der Produktionsstruktur u. dgl. Sie kann daher entweder durch einen Index mit variabler Struktur gemessen werden, d. h. durch einen solchen Index, der alle auf den Nutzeffekt der gesellschaftlichen Arbeit als Komplex individueller Arbeiten einwirkenden Effekte ausweist, bzw. durch ein System von Indexziffern, das die Isolierung der produktivitätswirksamen Effekte ermöglicht. Offenbar kann man aber auch die betriebliche Arbeitsproduktivität als einen Komplex individueller Arbeitsproduktivitäten auffassen, die nicht nur durch die Faktoren der Arbeitsproduktivität, wie technischer Fortschritt und Rationalisierung, sondern auch durch die Effekte der Struktur, der Stufen und der Verteilung bestimmt wird. Sowohl die individuelle (betriebliche) als auch die gesellschaftliche Arbeitsproduktivität wird durch zwei Ursachenkomplexe bestimmt:

1. durch den Nutzeffekt der produktiven Arbeit in den kleinsten Produzentenkollektivs, der durch technischen Fortschritt und Rationalisierung erhöht wird und
2. durch Effekte, die durch das Zusammenwirken einer Vielzahl von Produzentenkollektivs sich ergeben.

Es ist daher notwendig, außer der individuellen und gesellschaftlichen Arbeitsproduktivität noch die reine oder von allen gesellschaftlichen Effekten isolierte, spezielle und die globale oder allgemeine Arbeitsproduktivität zu unterscheiden:

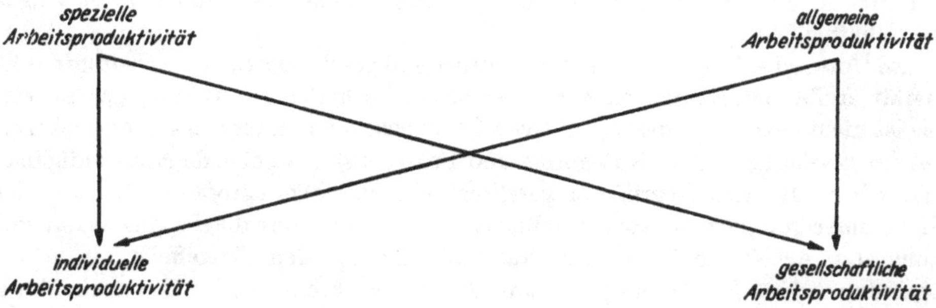

Abb. 5

Wir verstehen im folgenden unter *Faktoren* der Arbeitsproduktivität alle den Nutzeffekt der speziellen (reinen) produktiven Arbeit beeinflussenden Erscheinungen und unter *Effekte* alle zwischen der speziellen und der allgemeinen Arbeitsproduktivität sich auswirkenden Erscheinungen.

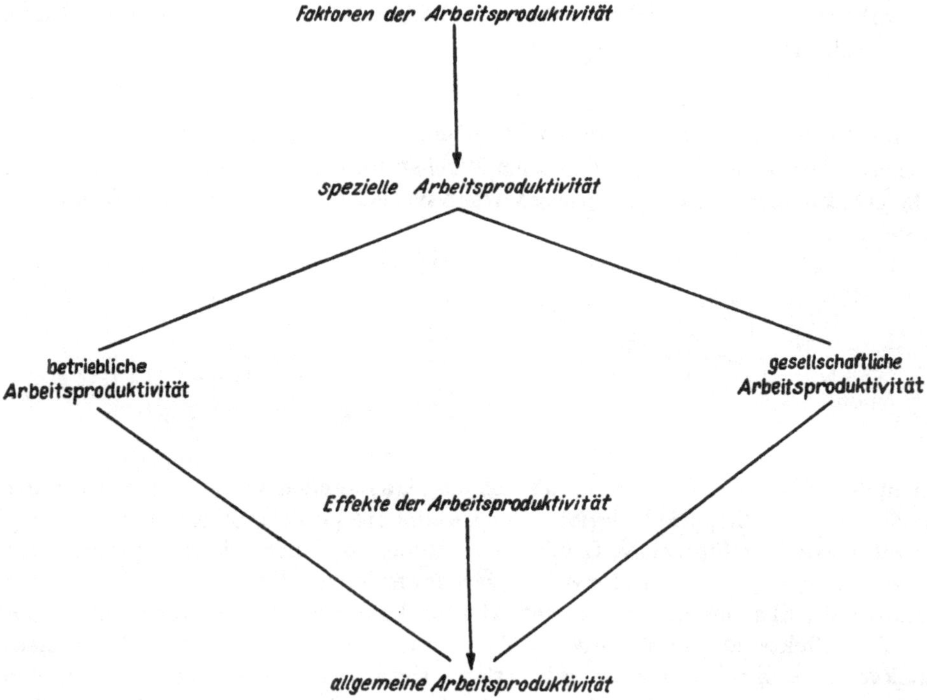

Abb. 6

1. Der Struktureffekt

Der nach Formel 3.4.3 berechnete Index der Arbeitsproduktivität

$$e'_{tl} = \frac{\Sigma q_0 \, t \, l_0}{\Sigma q_0 \, t l_n}$$

kann als Index der speziellen (individuellen oder gesellschaftlichen) Arbeitsproduktivität definiert werden. Er bringt die Veränderungen der Arbeitsproduktivität zum Ausdruck, die von allen zu den beiden Gruppen technischer Fortschritt und Rationalisierung zusammenzufassenden Faktoren bewirkt werden, die den Nutzeffekt der produktiven Arbeit unter Ausschaltung aller durch das Zusammenwirken einer Vielzahl individueller Arbeiter bewirkten Effekte beeinflussen. Der nach Formel 3.3.3 berechnete Index

$$e'_{tl} = \frac{\Sigma q_n \, t \, l_0}{\Sigma q_n \, t \, l_n}$$

bringt dann die Veränderung der Arbeitsproduktivität zum Ausdruck, die durch die Faktoren, die auf die spezielle Arbeitsproduktivität einwirken, *plus* dem Einfluß der Veränderung der Produktionsstruktur von der Basis- zur Berichtsperiode bewirkt wird. Wenn wir den Index nach 3.4.3. mit i' bezeichnen und den Index nach 3.3.3 mit σ', dann ist offenbar

$$i' - \sigma' = \sigma ,$$

gleich der Veränderung, die durch Struktureinflüsse bewirkt wurde.

Dieser Struktureffekt spielt in allen Wachstumsindizes eine bedeutende Rolle. Die gebräuchlichsten Indizes bringen, wenn sie als Indizes mit variablen Gewichten berechnet werden, d. h.

$$Ap' = \frac{Q'}{Tl'},$$

$$Aw' = \frac{Tl'}{Q'},$$

$$w' = \frac{\alpha Tl' + \beta Tv'}{Q'},$$

auch den Effekt zum Ausdruck, der sich aus strukturellen Veränderungen von der Basis- zur Berichtsperiode ergibt. Eine sogenannte positive Strukturveränderung spielt besonders für solche Länder eine Rolle, in denen die hochproduktiven Zweige bevorzugt entwickelt werden. Daraus ergibt sich die Notwendigkeit, neben Indizes, die den eigentlichen Nutzeffekt zum Ausdruck bringen, auch Indizes des Struktureffektes zu berechnen sowie Volumenindizes, die sich aus dem Zusammenwirken beider Effekte ergeben. Wir zerlegen somit jeden der Indizes mit variablen Gewichten, die die jeweilige Struktur der Basis- und der Berichtsperiode wiedergeben, in zwei Komponenten, von denen die eine Komponente die Veränderung in der Arbeitsproduktivität bzw. im Nutzeffekt der vergegenständlichten Arbeit oder im Wert je Produkt, die andere die strukturelle Veränderung zum Ausdruck bringt.

$$\frac{\Sigma q_n t l_n}{\Sigma q_0 t l_0} = \frac{\Sigma q_n t l_0}{\Sigma q_0 t l_0} : \frac{\Sigma q_n t l_0}{\Sigma q_n t l_n} \tag{4.1}$$

$$= \frac{\Sigma q_n t l_n}{\Sigma q_0 t l_n} : \frac{\Sigma q_0 t l_0}{\Sigma q_0 t l_n},$$

$$\frac{\Sigma q_n t v_n}{\Sigma q_0 t v_0} = \frac{\Sigma q_n t v_0}{\Sigma q_0 t v_0} : \frac{\Sigma q_n t v_0}{\Sigma q_n t v_n} \tag{4.2}$$

$$= \frac{\Sigma q_n t v_n}{\Sigma q_0 t v_n} : \frac{\Sigma q_0 t v_0}{\Sigma q_0 t v_n},$$

$$\frac{\Sigma q_n t_n}{\Sigma q_0 t_0} = \frac{\Sigma q_n t_0}{\Sigma q_0 t_0} : \frac{\Sigma q_n t_0}{\Sigma q_n t_n} \tag{4.3}$$

$$= \frac{\Sigma q_n t_n}{\Sigma q_0 t_n} : \frac{\Sigma q_0 t_0}{\Sigma q_0 t_n}.$$

Die Indizes auf der linken Seite sind Indizes der Veränderung des Volumens des Aufwandes an lebendiger oder vergegenständlichter Arbeit bzw. der gesamten

Arbeit. Wenn wir diese Indizes mit v' bezeichnen, die Indizes, die nur die Veränderung des Nutzeffektes zum Ausdruck bringen, mit e' und die Indizes der strukturellen Komponente mit s', erhalten wir offensichtlich als allgemeinen Ausdruck für den aufgezeigten indexmäßigen Zusammenhang

$$v' = \frac{s'}{e'} . \qquad (4.4)$$

Die Indizes e' und s' sind Indizes mit fester Struktur, die einmal die Veränderungen des Nutzeffektes auf Grund des Produktionssortimentes der Basis- bzw. der Berichtsperiode und andererseits die mengenmäßige Veränderung auf Grund des Nutzeffektes der Basisperiode bzw. der Berichtsperiode zum Ausdruck bringen. Ebenso wie die Messung der Veränderungen der mengenmäßigen Produktion die Ausschaltung der Veränderungen im Nutzeffekt erfordert, macht die Messung der Veränderungen des Nutzeffektes die Ausschaltung struktureller Verschiebungen notwendig. Anders gesagt, die Messung des Nutzeffektes und der mengenmäßigen Produktion verlangt Indizes mit formal gleicher Struktur. Dabei ist die gewählte formal gleiche Struktur natürlich auch ökonomisch relevant. Sie muß so gewählt werden, daß die Indizes auf eine ökonomisch eindeutig formulierte Frage eine möglichst eindeutige Antwort geben. Jedes wie auch immer gewählte Gewichtssystem repräsentiert eine bestimmte ökonomische Struktur.

Die Indizes 4.1, 4.2 und 4.3 enthalten zwei verschiedene Gewichtssysteme, und zwar

1. für die Indizes des Nutzeffektes jeweils eine feste Struktur der Produktion, entweder der Basis- oder der Berichtsperiode,
2. für die Indizes der Bruttoproduktion jeweils eine feste Struktur des Aufwandes, entweder der Basis- oder der Berichtsperiode.

Während das Indexsystem auf der Grundlage der einen Struktur der Produktion und des Aufwandes die Frage beantwortet, wie die Arbeitsproduktivität oder der Gesamtarbeitsaufwand je Produkt sich verändern würde, wenn das Produktionssortiment der Berichtsperiode zugrunde gelegt wird, oder wie die mengenmäßige Produktion sich verändern würde, wenn der Aufwand an lebendiger bzw. an vergegenständlichter Arbeit oder gesamten Arbeit der Basisperiode zugrunde gelegt wird; beantwortet das andere Indexsystem die Frage, wie Arbeitsproduktivität bzw. Nutzeffekt der vergegenständlichten Arbeit oder des Gesamtarbeitsaufwandes je Produkt sich verändern, wenn das Produktionssortiment der Basisperiode zugrunde gelegt wird, oder wie die mengenmäßige Produktion sich entwickelt auf Grund des Aufwandes an lebendiger Arbeit bzw. des Aufwandes an vergegenständlichter Arbeit oder des Gesamtarbeitsaufwandes je Produkt der Berichtsperiode.

Wenn wir von 4.4 ausgehen, d. h. von der Tatsache, daß jeder Volumenindex jeweils

a) eine Produktivitätskomponente e und

b) eine Strukturkomponente s

enthält und von der Möglichkeit des doppelten Gewichtssystems (Basis- oder Berichtsperiode) in 4.1 bis 4.3 absehen, so können wir folgern:

$$v'_{tl} = \frac{s'_{tl}}{e'_{tl}}, \tag{4.4.1}$$

$$v'_{tv} = \frac{s'_{tv}}{e'_{tv}}, \tag{4.4.2}$$

$$v'_t = \frac{s'_t}{e'_t}. \tag{4.4.3}$$

Daraus folgt:

$$v'_t = \alpha \frac{s'_{tl}}{e'_{tl}} + \beta \frac{s'_{tv}}{e'_{tv}}. \tag{4.4.4}$$

Schema der Indizes

Effekt \ Faktor	w'	Tl'	Tv'
Nutzeffekt	$a'_t = \frac{\Sigma q_n t_n}{\Sigma q_n t_0}$	$a'_{tl} = \frac{\Sigma q_n t l_n}{\Sigma q_n t l_0}$	$a'_{tv} = \frac{\Sigma q_n t v_n}{\Sigma q_n t v_0}$
	$e'_t = \frac{\Sigma q_n t_0}{\Sigma q_n t_n}$	$e'_{tl} = \frac{\Sigma q_n t l_0}{\Sigma q_n t l_n}$	$e'_{tv} = \frac{\Sigma q_n t v_0}{\Sigma q_n t v_n}$
Struktur-effekt	$s'_t = \frac{\Sigma q_n t_0}{\Sigma q_0 t_0}$	$s'_{tl} = \frac{\Sigma q_n t l_0}{\Sigma q_0 t l_0}$	$s'_{tv} = \frac{\Sigma q_n t v_0}{\Sigma q_0 t v_0}$
Volumen	$v'_t = \frac{\Sigma q_n t_n}{\Sigma q_0 t_0}$	$v'_{tl} = \frac{\Sigma q_n t l_n}{\Sigma q_0 t l_0}$	$v'_{tv} = \frac{\Sigma q_n t v_n}{\Sigma g_0 t v_0}$

Schema des Zusammenhanges der Indizes

Effekt \ Faktor	T'	Tl'	Tv'
Nutzeffekt	$a'_t = \frac{v'_t}{s'_t}$	$a'_{tl} = \frac{v'_{tl}}{s'_{tl}}$	$a'_{tv} = \frac{v'_{tv}}{s'_{tv}}$
	$e'_t = \frac{s'_t}{v'_t}$	$e'_{tl} = \frac{s'_{tl}}{v'_{tl}}$	$e'_{tv} = \frac{s'_{tv}}{v'_{tv}}$
Struktur-effekt	$s'_t = v'_t \cdot e'_t$	$s'_{tl} = v'_{tl} \cdot e'_{tl}$	$s'_{tv} = v'_{tv} \cdot e'_{tv}$
Volumen	$v'_t = \frac{s'_t}{e'_t}$	$v'_{tl} = \frac{s'_{tl}}{e'_{tl}}$	$v'_{tv} = \frac{s'_{tv}}{e'_{tv}}$

Das Index-Schema gestattet sowohl für die individuelle (betriebliche) Arbeitsproduktivität als auch für die gesellschaftliche Arbeitsproduktivität die Aufspaltung des Nutzeffektes sowohl der lebendigen als auch der vergegenständlichten und der gesamten Arbeit in eine Struktur- und eine Volumenkomponente:

$$e'_{tl} = \frac{\dfrac{\Sigma q_n t l_0}{\Sigma q_0 t l_0}}{\dfrac{\Sigma q_n t l_n}{\Sigma q_0 t l_0}} = \frac{s'_{tl}}{v'_{tl}}, \qquad (4.5.1)$$

$$e'_{tv} = \frac{s'_{tv}}{v'_{tv}}, \qquad (4.5.2)$$

$$e'_t = \frac{s'_t}{v'_t}, \qquad (4.5.3)$$

$$e'_t = \alpha \frac{s'_{tl}}{v'_{tl}} + \beta \frac{s'_{tv}}{v'_{tv}}. \qquad (4.5.4)$$

2. *Der Stufeneffekt* [90a]

Während der Struktureffekt der Arbeitsproduktivität durch den Einfluß von Verschiebungen in der Struktur der Produktion von der Basis- zur Berichtsperiode auf die Entwicklung der Arbeitsproduktivität bewirkt wird, wird der Stufeneffekt durch den Einfluß von Mehr- oder Minderverbrauch von vergegenständlichter Arbeit auf die Arbeitsproduktivität bewirkt. Die Indizes 3.3.3 und 3.4.3 reagieren auf diese Veränderung der Beziehungen zwischen den Stufen nicht, weil für ihre Gewichtung die Bruttoproduktion entweder der Berichts- oder der Basisperiode verwendet wird. Natürlich wird die Produktion insgesamt reagieren, und zwar

entweder durch Senkung der Produktion in den Stufen der Rohmaterialien oder Halbfabrikate

oder durch Erhöhung der Produktion der Fertigprodukte bei unveränderter Produktion der Stufen der Rohmaterialien bzw. der Halbfabrikate.

Mit anderen Worten, der Stufeneffekt kommt nur zum Ausdruck in Veränderungen des Verhältnisses der Nettoproduktion bzw. der Warenproduktion zur Bruttoproduktion, wenn sich bei gleicher Bruttoproduktion das Nettoprodukt oder die Warenproduktion erhöht.

Es ist das Verdienst von Gerhard Richter, auf die Bedeutung des Stufeneffektes für die Entwicklung der Arbeitsproduktivität hingewiesen zu haben. Gerhard Richter schreibt, Arbeitsproduktivität sei „in jedem Fall die Produktivität der konkreten nützlichen Arbeit, aber *der Wirkungsgrad dieser konkreten nützlichen Arbeit wird durch den Verbrauch an vergangener Arbeit mitbestimmt*, denn jeder produktive Verbrauch ist Verringerung der Produktivität, zugleich jedoch eine notwendige Voraussetzung zur Erreichung der Produktivität“.[90b]

Da solche Veränderungen im Verbrauch vergegenständlichter Arbeit ständig vor sich gehen, ist es notwendig, neben dem Index der Arbeitsproduktivität mit fester Struktur auch einen Index zu berechnen, der den erwähnten Stufeneffekt zum Ausdruck bringt. Ein solcher Index kann vermittels des Matrizenkalküls errechnet werden, wenn von einer sogenannten Input-output-Tabelle ausgegangen wird:

Schema I

$$q_{11} \; q_{12} \cdots q_{1m} = Q_1$$

$$q_{21} \; q_{22} \cdots q_{2m} = Q_2$$

$$q_{m1} \; q_{m2} \cdots q_{mm} = Q_m \,.$$

Das Schema I soll ein in sich geschlossenes Produktionssystem darstellen, in dem völlige Interdependenz herrscht und in dem die Summe der Zeile gleich der Summe der Spalten ist. Dabei ist zunächst angenommen, daß

a) alle Erzeugnisse Q_k konkret zu definieren und in physischen Mengen erfaßbar sind und

b) alle Prozesse voneinander abgrenzbar sind.

Mit anderen Worten, es wird vorausgesetzt, daß es weder „gemischte" Produkte noch „gemischte" Prozesse gibt. Auf die für die Praxis sich ergebende Problematik, die sich aus dieser Annahme herleitet, wird später eingegangen.

q_{ik} bedeutet die Menge der Produktionsmittel i, die während der zugrunde gelegten Periode im Prozeß k verbraucht wird. Dabei ist zu beachten, daß die q_{ik} nur die verbrauchten Arbeits*gegenstände* und nicht die verbrauchten Arbeits*mittel* bedeuten. Um auch die verbrauchten Arbeitsmittel mit zu erfassen, ist es notwendig – wie später gezeigt werden soll –, den durchschnittlichen Aufwand an lebendiger und vergegenständlichter Arbeit zu ermitteln.

Es muß ferner darauf hingewiesen werden, daß angenommen wird, daß die q_{ik} natural, d. h. als Gebrauchswerte erfaßt und gemessen werden können, und daß nicht nur die lebendige, sondern auch die vergegenständlichte Arbeit in ihrer Naturalform, ausgedrückt in Arbeitszeit, erfaßt werden kann.

Es ergeben sich folgende Beziehungen:

$$\sum_{k=1}^{m} q_{ik} = Q_i \,, \tag{4.6}$$

$$\sum_{k=1}^{m} a_{ik} \cdot Q_k = Q_i \,, \tag{4.7}$$

$$q_{ik} = \frac{q_{ik}}{Q_k} \,. \tag{4.8}$$

a_{ik} wird als technischer Koeffizient des Systems bezeichnet, und die Matrix der technischen Koeffizienten bildet das Kernstück des Modells und charakterisiert sein technisch-organisatorisches Niveau.

Schema II

$$\begin{matrix} a_{11} & a_{12} \cdots a_{1m} \\ a_{21} & a_{22} \cdots a_{2m} \\ \cdot & \\ \cdot & \\ a_{m1} & a_{m2} \cdots a_{mm} \, . \end{matrix}$$

Das technisch-organisatorische Niveau eines bestimmten Produktionssystems ist durch eine Serie homogener linearer Gleichungen festgelegt:

$$\begin{aligned} q_{1k} &= a_{1k} \cdot Q_k \\ q_{2k} &= a_{2k} \cdot Q_k \\ &\cdot \\ &\cdot \\ &\cdot \\ q_{mk} &= a_{mk} \cdot Q_k \, . \end{aligned}$$

Jede der m-Gleichungen bestimmt den Aufwand an Produktionsmitteln (q_{ik}) als Funktion des Produktionsniveaus ($= Q_k$), d. h. verallgemeinert

$$\sum_{k=1}^{m} a_{ik} \cdot Q_k = q_{ik} \, . \tag{4.9}$$

Wir können natürlich auch das Produktionsniveau als Funktion des Produktionsmittelaufwandes auffassen und haben dann

$$Q_k = \frac{q_{ik}}{a_{ik}} \, . \tag{4.10}$$

Diese sogenannte Produktionsfunktion zeigt auf, daß das Produktionsniveau bei gegebenen Produktionsmittelaufwand vom technisch-organisatorischen Niveau, das im technischen Koeffizienten a_{ik} zum Ausdruck kommt, oder bei gegebenem technisch-organisatorischen Niveau vom Produktionsmittelaufwand abhängt. Dabei ist zu beachten, daß der Produktionsmittelaufwand nur die Arbeitsgegenstände und nicht die Arbeitsmittel, d. h. das zirkulierende-konstante Kapital bzw. die Umlauffonds umfaßt und die Annahme einschließt, daß nur proportionale und keine degressiven oder progressiven Kosten existieren.

Die Tatsache, daß die Produktionsfunktion nur eine Aussage über den Zusammenhang zwischen Produktionsniveau und Aufwand an Arbeitsgegenständen bei gegebenem technisch-organisatorischem Niveau macht, ist wenig störend[90c]. Bei der Ermittlung des Gesamtarbeitsaufwandes werden auch die Arbeitsmittel berücksichtigt. Anders ist es jedoch mit der Annahme der Proportionalität der Kosten. Auf Grund dieser Annahme führt die Produktionsfunktion nur dann zu brauchbaren Ergebnissen, wenn folgende Bedingungsgleichung erfüllt ist:

$$q_{ik} : q_{2k} \cdots q_{mk} = a_{1k} : a_{2k} \cdots a_{mk} \, ,$$

d. h., wenn sich die Aufwandsmengen der einzelnen Produktionsmittel wie ihre technischen Koeffizienten zueinander verhalten oder anders ausgedrückt, wenn das gegenseitige Mengenverhältnis der eingesetzten Produktionsmittel wie das Verhältnis der technischen Koeffizienten ist.
Die Produktionsfunktion

$$Q_k = \frac{q_{ik}}{a_{ik}} \tag{4.10}$$

ist somit *erstens* homogen, weil sie sich nur auf die Arbeitsgegenstände bezieht. Eine Produktionsfunktion, die auch die Arbeitsmittel mit erfaßt, wäre inhomogen, z. B.

$$Q_k = c + \frac{q_{ik}}{a_{ik}}. \tag{4.10.1}$$

Zweitens ist die Produktionsfunktion linear, weil sich das Produktionsniveau im gleichen Verhältnis wie der Aufwand an Produktionsmitteln ändert. Die Annahme der Proportionalität von Produktionsmengen und Durchschnittskosten ist an sich nicht ganz befriedigend, doch dürfte sie durch die Praxis in großem Umfang bestätigt sein, und es ist nicht zu erwarten, daß dadurch sich ein bedeutender Fehler einschleicht. Das trifft auf jeden Fall für den Bereich der Selbstkostenkurve eines gegebenen technisch-organisatorischen Niveaus zu, den man als optimalen Bereich bezeichnen kann, weil sich hier Selbstkosten je produzierte Einheit und produzierte Menge proportional verhalten.

Die Ausgangstabelle muß im Prinzip so tief gegliedert sein, daß alle technischen Prozesse durch eine Spalte erfaßt werden.

Wir können das in Schema I dargestellte Produktionssystem auch als Modell der wechselseitig verbundenen Stufen der Abteilung I der gesellschaftlichen Produktion deuten. Um auch die Abteilung II der gesellschaftlichen Produktion, die die in den Endverbrauch eingehenden Konsumtionsmittel herstellt, in das Modell der Produktion mit einzubeziehen bzw. – bei betrieblichen Analysen – die Warenproduktion, müssen wir das Schema umbilden.

Schema III

$$\begin{array}{l}
q_{11} \quad q_{12} \cdots q_{1m} = Pm_1 + Km_1 = Q_1 \\
q_{21} \quad q_{22} \cdots q_{2m} = Pm_2 + Km_2 = Q_2 \\
\vdots \\
\vdots \\
q_{m1} \quad q_{m2} \cdots q_{mm} = P\,m_m + K\,m_m = Q_m \\
T\,l_{m1}\,T\,l_{m2}\,T\,l_{nm} \\
T\,v_{n+11}\,T\,v_{n+12}\,T\,v_{n+1m}
\end{array}$$

Außer der Aufspaltung von Q_i in $P\,m_i$ und $K\,m_i$ fügen wir dem Schema den Arbeitsaufwand für jeden der m-Prozesse hinzu, und zwar getrennt nach Aufwand für lebendige Arbeit ($= T\,l$) und Aufwand für vergegenständlichte Arbeit ($= T\,v$).

Zur Interpretation des Endverbrauchs Km_i ist zu sagen, daß wir hierunter nicht nur die Konsumtionsmittel i. e. S., sondern alle Produkte verstehen, die nicht wieder in die produktive Konsumtion der einfachen Produktion eingehen, mit Ausnahme des Ersatzes der amortisierten Arbeitsmittel. Das ergibt sich aus der bereits getroffenen Feststellung, daß die q_{ik} nur die verbrauchten Arbeitsgegenstände bedeuten und nicht die verbrauchten Arbeitsmittel. Mit anderen Worten, Km ist zu definieren als die Summe der individuellen und gesellschaftlichen Konsumtion plus der Akkumulation, plus dem Ersatz der verbrauchten Arbeitsmittel. Der Endverbrauch im Sinne des linearen Produktionsmodells ist somit nicht mit dem gesellschaftlichen Nettoprodukt identisch, aus dem nur die eigentliche (individuelle und gesellschaftliche) Konsumtion und die Investitionen gespeist werden. Dabei müssen wir in die Investitionen noch eine Erhöhung der Lagerbestände mit einbeziehen. Jedoch gehen wir an dieser Stelle auf die spezielle Problematik nicht ein.

Für das neue (offene) System der Produktion gelten folgende Beziehungen:

$$\sum_{k=1}^{m} q_{ik} + Km_i = Q_i, \tag{4.11}$$

$$Q_i = \sum_{k=1}^{m} q_{ik} = Km_i, \tag{4.12}$$

$$Q_i = \sum_{k=1}^{m} a_{ik} \cdot Q_k = Km_i. \tag{4.13}$$

Wir nehmen an, daß sowohl der Aufwand an lebendiger Arbeit als auch der Aufwand an vergegenständlichter Arbeit, in Arbeitsstunden ausgedrückt, zur Verfügung steht. Es ist dann

$$\frac{Tlk}{Q_k} = tl_k \quad \text{und} \quad \frac{Tv_k}{Q_k} = tv_k$$

und daher

$$\frac{Tl_k + Tv_k}{Q_k} = tl_k + tv_k = \frac{T_k}{Q_k} = t_k .$$

Wir erhalten somit die üblichen Kennziffern: Arbeitsaufwand je Erzeugnis

1. für den Niveauvergleich:

$$\frac{tl_k^0}{tl_{k+j}^0} = a'_{il},$$

2. für den Zeitvergleich:

$$\frac{tl_k^n}{tl_k^0} = a'_{il} .$$

Bezeichnen wir die Matrix a_{ik} mit $\mathfrak{A}$, so ist

$$\mathfrak{A} \cdot Q_k = Pm .$$

Ist die Matrix der technischen Koeffizienten gegeben, so können wir entweder berechnen, wie hoch der Produktionsverbrauch für eine geplante Bruttoproduktion sein muß oder welche Bruttoproduktion sich aus einer zur Verfügung stehenden

Menge der Produktionsmittel planen läßt. Wenn wir die in der Literatur als Leontief-Matrix bezeichnete Differenz $(\mathfrak{E} - \mathfrak{A})$ bilden $(\mathfrak{E} =$ Einheitsmatrix), dann ist

$$[\mathfrak{E} - \mathfrak{A}] \cdot Q = Km\,. \tag{4.14}$$

Wir bezeichnen die Inversion der Leontief-Matrix mit $[A]$. Dann ist

$$(\mathfrak{E} - \mathfrak{A})^{-1} \cdot Km = Q\,, \tag{4.15}$$

$$\sum_{k=1}^{m} A_{ik} \cdot Km_k = Q_i\,. \tag{4.16}$$

A_{ik} ist das an Stelle von a_{ik} getretene Element der Kehrmatrix

$$(\mathfrak{E} - \mathfrak{A})^{-1}\,.$$

Multiplizieren wir die Matrix $[A]$ mit dem Vektor (tl), so erhalten wir eine neue Matrix, die in den Zeilen den Aufwand an lebendiger Arbeit je Erzeugnis und in den Spalten den Aufwand je Prozeß ausdrückt. Desgleichen erhalten wir, wenn wir die Matrix $[A]$ mit dem Vektor (tv) multiplizieren, die Matrix des Aufwandes an vergegenständlichter Arbeit je Erzeugnis und je Prozeß. Auf dem gleichen Weg können wir die Matrix des Gesamtaufwandes an Arbeit je Erzeugnis und je Prozeß berechnen.

$$\sum_{k=1}^{k} A_{ik} \cdot tl_k \;= Tl_i\,, \tag{4.17}$$

$$\sum_{k=1}^{k} A_{ik} \cdot tv_{k1} = Tv_i\,, \tag{4.17.1}$$

$$\sum_{k=1}^{k} A_{ik}\, t_k + A_{ik}\, tv_k \tag{4.18}$$

$$= \sum_{k=1}^{k} A_{ik} \cdot t_k\,.$$

Die herkömmliche Praxis der Messung der Arbeitsproduktivität beruht bekanntlich darauf, die tl_k zeitlich oder regional miteinander zu vergleichen, indem sie aggregativ zu Indexziffern zusammengefaßt werden, d. h. für den Zeitvergleich:

$$\frac{\sum_{k=1}^{m} q_k^n\, tl_k^n}{\sum_{k=1}^{m} q_k^n\, tl_k^0} = a'_{tl}$$

bzw.

$$\frac{\sum_{k=1}^{m} q_k^n \cdot tl_k^0}{\sum_{k=1}^{m} q_k^n\, tl_k^n} = e'_{tl}\,.$$

Bedeuten die o und n rechts oben Betriebe, so handelt es sich um Betriebsvergleiche; bedeuten sie Zeitperioden, so handelt es sich um Zeitvergleiche.

Schreiben wir 4.19 und 4.20 in Matrizenform, so erhalten wir

$$e'_{tl} = \frac{\Sigma q^0 t l^0}{\Sigma q^0 t l^n} = \frac{(t l^0)\ [A^0]\ \{K m^0\}}{(t l^n)\ [A^0]\ \{K m^0\}} = i', \tag{4.19}$$

$$e'_{tl} = \frac{\Sigma q^n t l^0}{\Sigma q^n t l^n} = \frac{(t l^0)\ [A^n]\ \{K m^n\}}{(t l^n)\ [A^n]\ \{K m^n\}} = \sigma'. \tag{4.20}$$

Die Differenz beider Indizes ergibt – wie oben bereits dargelegt – den durch eine Strukturveränderung bewirkten Effekt, d. h. es ist

$$\sigma = i' - \sigma'$$

und

$$i' + \sigma = \sigma'.$$

Da die Matrizenform aber nicht nur eine andere Schreibweise der Indexformeln ist, sondern zum Ausdruck bringt, daß die Berechnung auf Verflechtungsbilanzen beruht, besteht die Möglichkeit, jetzt auch den Einfluß des Stufeneffektes auf die Entwicklung der Arbeitsproduktivität zu berechnen:

$$e'_{tl} = \frac{(t l^0)\ [A^0]\ \{K m^n\}}{(t l^n)\ [A^n]\ \{K m^n\}} = \tau'. \tag{4.21}$$

Wenn wir die durch den Stufeneffekt bewirkten Veränderungen in der Arbeitsproduktivität mit τ bezeichnen, d. h.

$$\tau = \tau' - \sigma'$$

dann ist

$$\tau' = i' + \sigma + \tau.$$

Der Index der gesellschaftlichen Arbeitsproduktivität τ' gibt also sowohl die Veränderungen der speziellen Arbeitsproduktivität als auch die durch Veränderungen in der Struktur und den Stufen bewirkten Veränderungen wieder.

Wir haben somit das folgende System an Indexziffern erhalten:

$$i' = \frac{(t l^0)\ [A^0]\ \{K m^0\}}{(t l^n)\ [A^0]\ \{K m^0\}} = \frac{\Sigma q^0 t l^0}{\Sigma q^0 t l^n},$$

$$\sigma' = \frac{(t l^0)\ [A^n]\ \{K m^n\}}{(t l^n)\ [A^n]\ \{K m^n\}} = \frac{\Sigma q^n t l^0}{\Sigma q^n t l^n},$$

$$\tau' = \frac{(t l^0)\ [A^0]\ \{K m^n\}}{(t l^n)\ [A^n]\ \{K m^n\}},$$

wobei

$$\sigma = i' - \sigma',$$

$$\tau = \tau' - \sigma',$$

$$\tau' = i' + \sigma + \tau$$

ist. Die Unterschiede zwischen den beiden Indizes

$$\tau' \text{ und } \sigma'$$

ergeben sich aus den verschiedenen Nennern

$$(tl^0)\,[A^n]\,\{Km^n\} = \Sigma q^n\, tl^0$$

und

$$(tl^0)\,[A^0]\,\{Km^n\}.$$

Ist die Matrix $[A]$ unverändert, d. h. ist $[A^0] = [A^n]$, dann sind auch die Indizes gleich, d. h. $\sigma' = \tau'$. Veränderungen der Matrix $[A]$ bringen Veränderungen in den zwischenbetrieblichen Beziehungen zum Ausdruck, die auch Veränderungen im Verbrauch an lebendiger Arbeit je Einheit der Endprodukte Km_k bewirken.

Damit haben wir die Möglichkeit, den Einfluß des Stufeneffektes auf die Veränderung der Arbeitsproduktivität zu erfassen. Dazu kommt, daß auch der mitunter erhobenen Forderung Rechnung getragen wird, bei der aggregatmäßigen Zusammenfassung der Einzelindizes von der Nettoproduktion statt von der Bruttoproduktion auszugehen. Das führt im Falle der unveränderten Matrix $[A]$ zu einer mit dem sogenannten Zeitsummenindex identischen Kennziffer. Der Vorteil der Gewichtung mit der Nettoproduktion besteht darin, daß auch die Auswirkungen von Veränderungen in den zwischenbetrieblichen Beziehungen auf die Entwicklung der Arbeitsproduktivität erfaßt werden können.

Die Verwendung der Matrizenrechnung zur Messung der Arbeitsproduktivität bedeutet also vor allem und in erster Linie mehr Informationen über die Entwicklung der Arbeitsproduktivität und überhaupt erst die Möglichkeit, neben einem Index der betrieblichen Arbeitsproduktivität auch einen Index der gesellschaftlichen Arbeitsproduktivität zu berechnen. Wenn die Matrix der technischen Koeffizienten $[a]$ eines Produktionssystems einmal vorliegt, bedeutet die Anwendung der Matrizenrechnung auf die Messung der Arbeitsproduktivität aber auch eine Vereinfachung des Rechenverfahrens und die Voraussetzung für die Verwendung moderner Rechenmaschinen.

Es sei noch darauf hingewiesen, daß sowohl $[a_{ik}]$ als auch $[A_{ik}]$ auf indirektem Wege berechnet werden können, wenn an Stelle von q_{ik} gegeben sind Tl_{ik}, d. h. an Stelle der Produkte, die von i an k geliefert werden, der Aufwand an lebendiger Arbeit, der in ihnen steckt. Jedes Tl_{ik} ist dann der im Prozeß k für die Bruttoproduktion Q_i gemachte Aufwand an lebendiger Arbeit:

$$\sum_{k=1}^{m} A_{ik} \cdot Km \cdot tl_k = \sum_{k=1}^{m} Tl_{ik} \cdot Km_k = Tl_i\,.$$

Wenn wir nacheinander

$$\frac{Tl_{ik}}{Km} = A_{ik} \cdot tl_k$$

und

$$\frac{A_{ik} \cdot tl_k}{tl_k} = A_{ik}$$

dividieren, erhalten wir aus $[Tl_{ik}]$ schließlich $[A_{ik}]$. Durch Inversion erhalten wir weiter $[a_{ik}]$.

Das dargelegte Verfahren ermöglicht uns aber, nicht nur anzugeben, wieviel *lebendige*, sondern auch wieviel *vergegenständlichte* Arbeit ein gegebenes Produktionssystem im Durchschnitt zur Herstellung einer Mengeneinheit der an den Endverbrauch (Konsumtion und Akkumulation) abgegebenen Produkte verbraucht. Mit anderen Worten, wir sind in der Lage, wenn wir uns der Matrizenrechnung bedienen und von dem als Modell wiedergegebenen Produktionssystem ausgehen, auch den Gesamtarbeitsaufwand je Erzeugnis zu berechnen.

Der Gesamtarbeitsaufwand je Erzeugnis für eine gegebene Periode ist

$$a_t = (tl + tv)\,[A]\,\{Km\}. \tag{4.22}$$

Der Index des Gesamtarbeitsaufwandes je Erzeugnis ist – zunächst als Volumenindex

$$v_t' = \frac{(tl^n + tv^n)\,[A^n]\,\{Km^n\}}{(tl^0 + tv^0)\,[A^0]\,\{Km^0\}}. \tag{4.23}$$

Dieser Index des Volumens gibt aber nicht allein über die Entwicklung des Arbeitsaufwandes Aufschluß, sondern bringt auch die Veränderung der Struktur zum Ausdruck. Es ist daher notwendig, einen Index mit gleicher Struktur wie den Index der Arbeitsproduktivität zu berechnen, d. h.

$$\tau_t' = \frac{(tl^0 + tv^0)\,[A^0]\,\{Km^n\}}{(tl^n + tv^n)\,[A^n]\,\{Km^n\}}, \tag{4.24}$$

$$\sigma_t' = \frac{(tl^0 + tv^n)\,[A^n]\,\{Km^n\}}{(tl^n + tv^n)\,[A^n]\,\{Km^n\}} \tag{4.25}$$

bzw.

$$i_t' = \frac{(tl^0 + tv^0)\,[A^0]\,\{Km^0\}}{(tl^n + tv^n)\,[A^0]\,\{Km^0\}}. \tag{4.26}$$

Die Anwendung der Matrizenrechnung auf die Messung der Arbeitsproduktivität erleichtert unter der Voraussetzung, daß eine Matrix der technischen Koeffizienten vorliegt und unter der Voraussetzung, daß moderne Rechenmaschinen zur Verfügung stehen, nicht nur die Berechnung der üblichen (der summenmäßigen) Produktivitätskennziffern, sondern ermöglicht auch die Berechnung anderer, sonst nicht zu gewinnender Kennziffern. Doch gibt es einige praktische und theoretische Schwierigkeiten, auf die abschließend einzugehen ist.

Wir gingen bei der Aufstellung des Modells eines Produktionssystems, das aus wechselseitig verflochtenen Prozessen besteht, davon aus, daß es sich hierbei um Einproduktprozesse handelt. Praktisch aber kommen Einproduktprozesse nur ausnahmsweise und im Kern der Industrie, im Maschinenbau, gar nicht vor. Der typische industrielle Produktionsprozeß ist ein Mehrproduktprozeß. Dazu kommt, daß die Mehrzahl der Produkte nicht immer leicht voneinander abzugrenzen ist. Man kann diesen Störfaktor dadurch einschränken, daß man eine möglichst detaillierte Tabelle aufstellt. So ging man in den USA bereits von einer Tabelle 500 + 500 aus. Wie weit man hierbei gehen kann, das hängt in erster Linie von der zur Verfügung stehenden Produktionstechnik ab. Je detaillierter die Tabelle, um so weniger machen sich Mehrproduktprozesse und ungenügend abgrenzbare Produkte störend geltend, zumal sich erwarten läßt, daß bei genügend tiefer Aufgliederung die Zusammensetzung der von den einzelnen Produktionsprozessen gelieferten Produkte sich nicht wesentlich verändert. Doch bleibt bei volkswirtschaftlichen Untersuchungen auch bei tiefster Aufgliederung immer noch ein Rest nicht auflösbarer Einflüsse. Das gilt nicht in diesem Maße bei betriebswirtschaftlichen Untersuchungen, wo von einzelnen Arbeitsgängen oder Baugruppen ausgegangen werden kann. Daher sollte mit betriebswirtschaftlichen Untersuchungen begonnen und dabei geprüft werden, ob nicht auch bei volkswirtschaftlichen Untersuchungen von Arbeitsgängen und Baugruppen ausgegangen werden kann.

Muß man jedoch bei volkswirtschaftlichen Untersuchungen von Produkten ausgehen, so ist es vor allem notwendig, den Begriff der Produktionsstufe zu definieren.

Wenn gegen die in der Literatur von Graichen/Tannhäuser vertretene Auffassung, daß unter Produktionsstufe der verselbständigte Teil des gesellschaftlichen Produktionsprozesses, „dessen Produkt beim gegebenen Stand der ökonomischen Entwicklung als handelsüblich anzusehen ist“, eingewendet worden ist, daß es nicht ausreichend sei, von der Handelsüblichkeit des Produktes auszugehen[91], so scheint das richtig zu sein. Ich schließe mich der von Beyer/Mittelbach gegebenen Definition an. Demnach ist eine Produktionsstufe derjenige verselbständigte Teil des gesellschaftlichen Produktionsprozesses, der nur ein Erzeugnis, soweit es sich nicht um verfahrensbedingte oder zwangsläufig anfallende Kuppelprodukte handelt, liefert.[92]

Weiter ist zu beachten, daß bei dem gegenwärtigen Stand der Arbeiten an sogenannten Verflechtungsbilanzen solche im allgemeinen für Betriebe oder Produktionszweige aufgestellt werden. Das bedeutet, daß die Tabellen auch Daten enthalten, die nicht nur die Erzeugnisse des betreffenden Prozesses, sondern auch sogenannte Fremdleistungen enthalten. Ist dieser Anteil groß, so muß er ausgesondert werden. Auf jeden Fall erscheint es zweckmäßiger, die erforderlichen Tabellen für Erzeugnisse bzw. Arbeitsgänge oder Baugruppen aufzustellen.

3. Der Verteilungseffekt

Außer Veränderungen in der Struktur der Produktion und in den zwischenbetrieblichen Beziehungen übt die Qualität der Produkte und die bedarfsgerechte Struktur der Produktion einen Einfluß auf die Entwicklung der Arbeitsproduktivität aus. Es gibt bisher wenig Versuche, die Einflüsse von Veränderungen in der Qualität der Produktion und der bedarfsgerechten Struktur der Produktion auf die Entwicklung der Arbeitsproduktivität zu erfassen, obwohl es sich hierbei um einen bedeutsamen Effekt der allgemeinen Arbeitsproduktivität handeln kann.[92a] Es gibt zahlreiche Beispiele, wo eine Verbesserung der Qualität der Produkte oder eine Anpassung der Struktur der Produktion an den Bedarf der Konsumenten zu einer scheinbaren Verringerung der Arbeitsproduktivität führt, weil die mengenmäßige Bruttoproduktion hierdurch sinkt. Die Betriebe werden durch die gegenwärtige Praxis unserer Planung fast ausschließlich auf die Erhöhung der Bruttoproduktion orientiert, die im Zähler des Quotienten steht, der als Kennziffer der Arbeitsproduktivität definiert ist. Bei gleichbleibendem Nenner steigt somit die Arbeitsproduktivität, wenn die mengenmäßige Bruttoproduktion im Zähler wächst. Wenn die Verbesserung der Qualität der Produkte oder Anpassung der Struktur der Produktion an den Bedarf der Konsumenten im Widerspruch zu einer maximalen Erhöhung der Bruttoproduktion steht, weil bei der üblichen Berechnung der Kennziffer der Arbeitsproduktivität diese gleichbleibt oder sinkt, werden die Betriebe auf Qualitätsverbesserungen und Anpassung der Produktionsstruktur zugunsten der Menge der Bruttoproduktion verzichten. Das führt zu einem Widerspruch zwischen der Entwicklung der betrieblichen und der gesellschaftlichen Arbeitsproduktivität. Dieser Widerspruch läßt sich leicht aufdecken, wenn wir zu Kennziffern übergehen, die die objektiven Prozesse in der betrieblichen und gesellschaftlichen Praxis unverzerrt widerspiegeln. Die Kennziffern, mit denen die Entwicklung der Arbeitsproduktivität gemessen und geplant wird, dürfen im Zähler nicht nur die mengenmäßige Bruttoproduktion berücksichtigen, sondern müssen auch den Nutzen der produzierten Produkte für die (produktive und individuelle) Konsumtion mit in Betracht ziehen. Es geht somit um ein Problem, das weit über den Komplex der Messung und Planung der Arbeitsproduktivität hinausreicht und zu einem der wichtigsten Probleme der politischen Ökonomie des Sozialismus gehört, wo nicht mehr der Charakter des Arbeitsproduktes als Ware, sondern seine Gebrauchswerteigenschaft im Vordergrund steht. Hierauf wies Friedrich Engels im „Anti-Dühring" hin; eine Stelle, die zwar häufig zitiert, aber in ihrer Konsequenz zumeist nicht zu Ende gedacht wird. Wenn die Gesellschaft den Produkten „keine Werte" mehr zuschreibe, sagte Engels, dann werde sie doch wissen müssen, „wieviel Arbeit jeder Gebrauchsgegenstand zu seiner Herstellung bedarf".[92b] Die Gesellschaft werde den Produktionsplan nach den zur Verfügung stehenden Produktionsmitteln, einschließlich der Arbeitskräfte aufstellen. „Die Nutzeffekte der verschiedenen Gebrauchsgegenstände, abgewogen untereinander und gegenüber den zu ihrer Herstellung nötigen Arbeitsmengen, werden den Plan schließlich bestimmen."[92c] Engels fügt in einer Fußnote noch ausdrücklich hinzu, daß die „Abwägung von Nutzeffekt und Arbeitsaufwand bei der Entscheidung über die Produktion alles ist, was in einer kommunistischen Gesellschaft vom Wertbegriff der politischen Ökonomie übrigbleibt . . ."[92d]

Wenn wir von dieser interessanten Äußerung Engels ausgehen, so dürfen wir bei der Messung und Planung der Arbeitsproduktivität nicht nur vom Arbeitsaufwand ausgehen, wie wir das bislang fast ausschließlich tun, sondern müssen auch versuchen, den Nutzeffekt der Produkte – sowohl untereinander als auch gegenüber ihrem Arbeitsaufwand – zu berücksichtigen. Das ist ein kompliziertes Problem, das nicht leicht und rasch zu lösen sein wird, obwohl es ohne Zweifel bereits von großer Aktualität ist. Dabei geht es, das soll betont werden, nicht nur um den Einfluß negativer Tendenzen auf die Entwicklung der Arbeitsproduktivität, sondern auch um den Einfluß solcher Tendenzen, die die Arbeitsproduktivität sowohl in betrieblicher als auch in gesellschaftlicher Hinsicht durch Verbesserung der Qualität der Produktion und Anpassung an den Bedarf positiv beeinflussen.

Wir wollen den Einfluß von Veränderungen in der Qualität der Produkte und in der bedarfsgerechten Struktur der Produktion auf die Arbeitsproduktivität als Verteilungseffekt bezeichnen. Zur Vermeidung von Mißverständnissen und unfruchtbaren Diskussionen sei nachdrücklich betont, daß es bei der Ermittlung dieses Verteilungseffektes nicht um eine Berücksichtigung des subjektiven Nutzens der Gebrauchswerte für die Konsumenten, sondern nur die Erfassung der in objektiven Merkmalen zum Ausdruck kommenden Diskrepanz zwischen Produktion und Bedarf geht. Diese Diskrepanz kann ihre Ursache darin haben, daß

1. der Produktionsplan Menge und Art des Bedarfs ungenügend berücksichtigt oder daß
2. der Produktionsplan zwar Menge und Art des Bedarfs berücksichtigt, aber ungenügend durchgeführt wird.

Welches aber auch die Ursache wieder hierfür ist, eine solche Diskrepanz wird eine in der Produktion erzielte Steigerung der Arbeitsproduktivität vermindern, sofern ein Teil des Aufwandes an gesellschaftlicher Arbeit vergeudet ist.

Um den Einfluß dieses Verteilungseffektes auf die gesellschaftliche Arbeitsproduktivität ermitteln zu können, müssen wir von Merkmalen ausgehen, die sowohl eine nicht bedarfsgerechte Qualität als auch eine nicht bedarfsgerechte Struktur der Produkte und der Produktion zum Ausdruck bringen. Solche Merkmale sind z. B. die Nichteinhaltung von technischen Kennziffern für die Qualität der Produkte, die ihre Dauerhaftigkeit und Zweckmäßigkeit mindern, das Anwachsen von Überplanbeständen wegen Nichtabsetzbarkeit aus den angegebenen Ursachen und dergleichen mehr.

Wir definieren – für unsere Zwecke im gegebenen Zusammenhang ausreichend – die Qualität der Produktion als diejenige Beschaffenheit der produzierten Gebrauchswerte, die den durch technische Kennziffern festgelegten Anforderungen genügt. Die bedarfsgerechte Struktur der Produktion definieren wir als dasjenige mengenmäßige Verhältnis der produzierten Gebrauchswerte unter- und zueinander, das den Erfordernissen der gesellschaftlichen Reproduktion entspricht. Beides muß sowohl betrieblich als auch gesellschaftlich in dem Verhältnis der Warenproduktion zur Bruttoproduktion zum Ausdruck kommen, wenn man die Warenproduktion entsprechend der Qualität und Struktur der Produkte und der Produktion berichtigt. So muß eine Verbesserung in Qualität und Struktur der Produktion zu einer Verminderung der Differenz zwischen Warenproduktion und Bruttoproduktion führen oder aber über eine durch festgelegte Faktoren bedingte Erhöhung der Warenproduktion zu einer Erhöhung der Bruttoproduktion. Umgekehrt muß natürlich eine Verschlechterung der Qualität der Produktion und ihrer bedarfsgerechten Struktur zu einer Vergrößerung der Differenz zwischen Warenproduktion und Bruttoproduktion bzw. zu einer der Warenproduktion entsprechenden Verminderung der Bruttoproduktion führen.

Um den Verteilungseffekt zu berechnen, gibt es offenbar zwei Möglichkeiten: Man versucht entweder bei unveränderten Matrix $[A]$ den Einfluß des Verteilungseffektes auf die Veränderung der Arbeitsproduktivität durch eine entsprechende Korrektur des lösenden Multiplikators W zu erfassen oder man versucht, diesen Einfluß bei unverändertem Multiplikator durch eine entsprechende Veränderung des Matrix $[A]$ zu erfassen.

Die *erste* Möglichkeit geht unmittelbar von dem Index der durchschnittlichen betrieblichen Arbeitsproduktivität aus. Wenn im Schema III das Km_i jeweils für jede Zeile in *einer* Summe auftrat, so muß es jetzt vor der Summierung aufgespalten werden, um es auf Grund von qualitäts- oder strukturmäßigen Veränderungen entsprechend korrigieren zu können. (An Stelle von Km für die Nettoproduktion schreiben wir jetzt für die Warenproduktion W.)

Schema IV

$$\begin{array}{llllll}
q_{11} & q_{12} \cdots q_{1m} & = P_{m1} + & W_{1,m+1} \cdots + & W_{1,m+p} & = Q_1 \\
q_{21} & q_{22} \cdots q_{1m} & = P_{m2} + & W_{2,m+1} \cdots + & W_{2,m+p} & = Q_2 \\
\vdots & \vdots \quad \vdots & \vdots & \vdots & & \vdots \\
\vdots & \vdots \quad \vdots & \vdots & \vdots & & \vdots \\
q_{m1} & q_{m2} \quad q_{mm} & = P_{m3} + & W_{m,m+1} \cdots + & W_{m,m+p} & = Q_3 .
\end{array}$$

Wir definieren als „verbrauchte" Warenproduktion, d. h. als den technischen Gütevorschriften und den Ansprüchen der Konsumenten entsprechende Warenproduktion:

$$V_i = \sum_{i=1}^{m+p} W_i \tag{4.27}$$

und setzen statt W_k in die Formel zur Berechnung der Bruttoproduktion V_k ein:

$$\sum_{k=1}^{m} A_{ik} \cdot V_k = Q_i \, . \tag{4.28}$$

Die Bruttoproduktion weicht nach dieser Formel entsprechend der Differenz zwischen W und V von der Formel 4.20 ab, d. h. wir haben an Stelle von

$$[A] \cdot \{W\} = Q$$

jetzt

$$[A] \cdot \{V\} = Q \, .$$

Setzen wir V statt W in die Formel für die Berechnung des Index der Arbeitsproduktivität e'_{tl} ein, so erhalten wir den Index

$$\frac{(tl^0)\,[A^0]\,\{V^n\}}{(tl^n)\,[A^n]\,\{V^n\}} \quad \text{bzw.} \quad \frac{(tl^0)\,[A^n]\,\{V^n\}}{(tl^n)\,[A^n]\,\{V^n\}} \, . \tag{4.29}$$

Diese einfache Methode wird aber volkswirtschaftlichen Gesichtspunkten nicht gerecht. Da jedem Produktionsprozeß ein Konsumtionsprozeß zugeordnet werden kann, besteht daher die *zweite* Möglichkeit darin, eine Matrix $\mathfrak{B}$ des Konsumtionssystems aufzustellen und mit der Matrix $\mathfrak{A}$ zur Matrix $\mathfrak{C}$ des Gesamtsystems zu vereinen.

Die Matrix des (Produktion und Konsumtion umfassenden) Gesamtsystems ist somit

$$\mathfrak{A}'\,\mathfrak{B} = \mathfrak{C}\,.$$

Schema V

	1	2	$\cdots m$	Pm	W	Q	1	2	$\cdots m$	V	W
1	q_{11}	q_{12}	$\cdots q_{1m}$	P_{m1}	W_1	Q_1	$q_{11}\cdots$	$\cdots$		V_1	W_1
2	q_{21}	q_{22}	$\cdots q_{2m}$	P_{m1}	W_2	Q_2		$q_{22}\cdots$	$\cdots$	V_1	W_1
:	:	:	:	:	:	:	:	:	:		
:	:	:	:	:	:	:	:	:	:		
	:	:	:				:	:	:		
m	q_{m1}	q_{m2}	$\cdots q_{mm}$	P_{mm}	W_m	Q_m	$\cdots$	$\cdots$	q_{mm}	V_m	W_m
	Tl_1	Tl_1	$\cdots Tl_m$	P_m	W	Q	$\cdots$	$\cdots$	$\cdots$	V_m	W_m

Für das Konsumtionssystem gilt

$$b_{ik} = \frac{q_{ik}}{V_k}\,, \tag{4.30}$$

$$\sum_{k=1}^{m} b_{ik} \cdot V_k = W_i\,. \tag{4.31}$$

Die W_i im Konsumtionssystem sind mit den W_i des Produktionssystems identisch. Die V_i des Konsumtionssystems zeigen an, inwieweit die tatsächlich verbrauchten Enderzeugnisse von der Warenproduktion abweichen. Sie sind mit dem lösenden Multiplikator V in Formel 4.29 identisch. Wenn wir von der Matrix $\mathfrak{B}$ in

$$\mathfrak{B} \cdot V = W$$

die Inversion bilden, ist

$$\mathfrak{B}^{-1} \cdot W = V\,.$$

Wir können dann berechnen:

$$(\mathfrak{E} - \mathfrak{A})^{-1} \cdot \mathfrak{B}^{-1} = \mathfrak{C}\,,$$

so daß

$$\mathfrak{C} \cdot W = Q$$

ist. Das gestattet uns die Berechnung eines Index der allgemeinen Arbeitsproduktivität:

$$\gamma' = \frac{(tl^0)\,[C^0]\,\{W^n\}}{(tl^n)\,[C^n]\,\{W^n\}}\,. \tag{4.32}$$

Während der Index 4.21 σ' nur den Stufeneffekt zum Ausdruck bringt, zeigt der Index 4.32 γ' außerdem noch den Verteilungseffekt auf.

Damit haben wir die Instrumente, die uns gestatten, die zwischen der speziellen mit der allgemeinen Arbeitsproduktivität auf die Entwicklung der Arbeitsproduktivität einwirkenden Effekte zu erfassen.

Indexsystem zur Erfassung der Produktivitätseffekte

Bezeichnung	Formel	Effekte
i'	$\frac{\Sigma q^0 \, t l^0}{\Sigma q^0 \, t l^n}$	$i' = \frac{s'_{tl}}{v'_{tv}}$
σ'	$\frac{\Sigma q^n \, t l^0}{\Sigma q^n \, t l^n}$	$\sigma = \sigma' - i'$
τ'	$\frac{(t l^0)\,[A^n]\,\{W^n\}}{(t l^n)\,[A^n]\,\{W^n\}}$	$\tau = \tau' - \sigma'$
γ'	$\frac{(t l^0)\,[C^0]\,\{W^n\}}{(t l)\,[C^n]\,\{W^n\}}$	$\gamma = \gamma' - \tau'$

Zwischen dem Index der speziellen (betrieblichen oder gesellschaftlichen) Arbeitsproduktivität i' und dem Index der allgemeinen (betrieblichen oder gesellschaftlichen) Arbeitsproduktivität γ' liegen

1. der Struktureffekt σ,
2. der Stufeneffekt τ,
3. der Verteilungseffekt γ.

Das in der vorstehenden Übersicht angeführte Indexsystem gestattet somit eine Analyse sowohl der speziellen als auch der allgemeinen betrieblichen und gesellschaftlichen Arbeitsproduktivität. (Vgl. die Übersicht auf S. 69 oben!) Der in unserer Praxis als „Zeitsummenindex" bezeichnete Index σ' ist jetzt nur ein Spezialfall der betrieblichen oder gesellschaftlichen Arbeitsproduktivität. Der Index τ' dürfte mit dem von Richter entwickelten Index „Nettoproduktivität" identisch sein, so daß auch die von Richter entwickelte Fragestellung nur ein Spezialfall des umfassenden Indexsystems ist.[92e] Es bleibt die Aufgabe, die auf die spezielle Arbeitsproduktivität einwirkenden Faktoren zu erfassen.

4. Die produktivitätswirksamen Faktoren

Aufgabe der ökonomischen Analyse ist es, neben den Effekten der Arbeitsproduktivität, die aus der speziellen eine allgemeine Arbeitsproduktivität machen, auch die Faktoren zu ermitteln, die auf die spezielle Arbeitsproduktivität (betrieblich oder gesellschaftlich) einwirken.

An dieser Stelle sollen nicht die notwendigen und interessanten Versuche erörtert werden, die von arbeitsökonomischer Seite angestellt wurden, um den

Einfluß produktivitätswirksamer Faktoren durch empirische Analyse zu ermitteln.[92f] Diese aus unserer Planungspraxis gewachsenen neuen Versuche führen nicht zu analytischen Kennziffern und können demnach auch nicht für langfristige Planungen verwendet werden. An dieser Stelle sollen stattdessen sich aus den vorangegangenen Überlegungen ergebende Schlußfolgerungen zur Diskussion gestellt werden, die analytische Kennziffern der wichtigsten Faktorengruppen betreffen.[92g]

Wir können die auf die spezielle (betriebliche oder gesellschaftliche) Arbeitsproduktivität einwirkenden Faktoren zu zwei Gruppen zusammenfassen[92h]:

1. Rationalisierung,
   d. h. Steigerung der Arbeitsproduktivität ohne Investitionen, und
2. technischer Fortschritt,
   d. h. Steigerung der Arbeitsproduktivität mit Investitionen.

Ohne auf die unter dem Begriff der Rationalisierung vereinigten Faktoren, von denen die wichtigsten

die Qualifizierung der Arbeitskräfte,
die bessere Ausnutzung der vergegenständlichten und lebendigen Arbeit sowie
die Verbesserung der Leitung und Planung

sind, näher einzugehen, soll ihr Einfluß auf die Entwicklung der Arbeitsproduktivität durch die Kennziffer

$$\frac{Q}{Tv} \tag{4.33.1}$$

erfaßt werden. Der Einfluß des technischen Fortschritts soll durch die Kennziffer

$$\frac{Tv}{Tl} \tag{4.33.2}$$

erfaßt werden, so daß

$$e'_{tl} = \frac{Q'}{Tv'} \cdot \frac{Tv'}{Tl'} . \tag{4.34}$$

Wenn wir $\frac{Tv'}{Tl'}$ als Produktionsmittel*intensität* und $\frac{Q'}{Tv'}$ als Produktionsmittel-*extensität* definieren, können wir auch schreiben

$$e'_{tl} = \frac{Tv'_i}{Tv'_e} .$$

Natürlich können die Indizes Q', Tl', und Tv' auch als Summen-Formel und in Matrizenschreibweise geschrieben werden:

$$e'_{tl} = \frac{\dfrac{\Sigma q_n \, tl_n}{\Sigma q_0 \, tl_n}}{\dfrac{\Sigma q_n \, tv_n}{\Sigma q_0 \, tv_0}} \cdot \frac{\dfrac{\Sigma q_n \, tv_n}{\Sigma q_0 \, tv_0}}{\dfrac{\Sigma q_n \, tl_n}{\Sigma q_0 \, tl_0}} \tag{4.34.1}$$

$$= \frac{\Sigma q_0 \, tl_0}{\Sigma q_0 \, tl_n} ,$$

$$e'_{tl} = \frac{\dfrac{(tv^0)\,[A^0]\,\{K\,m^n\}}{(tv^0)\,[A^0]\,\{K\,m^0\}}}{\dfrac{(tl^n)\,[A^n]\,\{K\,m^n\}}{(tl^0)\,[A^0]\,\{K\,m^0\}}} : \frac{\dfrac{(tv^n)\,[A^n]\,\{K\,m^n\}}{(tv^0)\,[A^0]\,\{K\,m^0\}}}{\dfrac{(tl^n)\,[A^n]\,\{K\,m^n\}}{(tl^0)\,[A^0]\,\{K\,m^0\}}} + \sigma + \tau \tag{4.34.2}$$

$$= \frac{\dfrac{(tl^0)\,[A^0]\,\{K\,m^n\}}{(tl^0)\,[A^0]\,\{K\,m^0\}}}{\dfrac{(tl^n)\,[A^n]\,\{K\,m^n\}}{(tl^0)\,[A^0]\,\{K\,m^0\}}}.$$

Da es hier jedoch zunächst nur um die allgemeinsten Zusammenhänge geht, genügt die verkürzte Schreibweise 4.34.

Um die Entwicklung der speziellen Arbeitsproduktivität auf die beiden Grundfaktoren zurückführen zu können, gehen wir von

$$a'_t = \alpha \cdot a'_{tl} + \beta \cdot a'_{tv'}, \tag{3.7.2}$$

aus, d. h., wir zerlegen den Index der Entwicklung des Gesamtarbeitsaufwandes je Erzeugnis in zwei additive Komponenten. Wenn wir den letzten Ausdruck beiderseits mit dem Index der Arbeitsproduktivität multiplizieren, erhalten wir

$$\begin{aligned} a'_t \cdot e'_{tl} &= (\alpha \cdot a'_{tl} + \beta \cdot a'_{tv}) \cdot e'_{tl} \\ &= \alpha + \beta \cdot a'_{tv} \cdot e'_{tl}, \\ &= \alpha + \beta \frac{a'_{tv}}{a'_{tl}}. \end{aligned} \tag{4.35}$$

Wir setzen

$$\frac{a'_{tl}}{a'_{tv}} = T\,v\,i' \quad \text{und} \quad \frac{T\,v\,i}{100} - 1 = z$$

und haben

$$\begin{aligned} a'_t \cdot e'_{tl} &= \alpha + \beta\,(1 + z) \\ &= \alpha + \beta + (\beta \cdot z) \\ &= \beta + (\beta \cdot z) + 1 - \beta \\ &= 1 + (\beta \cdot z). \end{aligned}$$

Dividieren wir schließlich beide Seiten durch $a'_{t'}$, dann erhalten wir die gesuchte Formel

$$\begin{aligned} e'_{tl} &= \frac{1 + \beta \cdot z}{a'_t} \\ &= (1 + \beta \cdot z)\, e'_t. \end{aligned} \tag{4.36}$$

Der Ausdruck 4.36 zeigt auf, welchen Einfluß

1. der technische Fortschritt, der in der wachsenden Produktionsmittelintensität zum Ausdruck kommt, und

2. die unter dem Begriff der Rationalisierung zusammengefaßten Faktoren auf die Entwicklung der Arbeitsproduktivität ausüben und daß technischer Fort-

schritt und Rationalisierung in gleicher Richtung auf die Arbeitsproduktivität einwirken. Da beide Einflüsse in bezug auf den Nutzeffekt des Produktionsverbrauchs in entgegengesetzter Richtung wirken, ist eine Steigerung der Arbeitsproduktivität nur dann möglich, wenn die Erhöhung der Produktionsmittelintensität durch Rationalisierung überkompensiert wird.

Setzen wir an Stelle von e'_{tl} den Index der speziellen Arbeitsproduktivität i'_{tl} und bezeichnen

$$e'_t$$

als Ausdruck der durch die Rationalisierung bewirkten Steigerung der Arbeitsproduktivität mit ω und

$$(1 + \beta \cdot z)$$

als Ausdruck der durch technischen Fortschritt bewirkten Steigerung der Arbeitsproduktivität mit φ, so erhalten wir für den Index der speziellen betrieblichen Arbeitsproduktivität

$$i'_{tl} = \varphi' \cdot \omega' \qquad (5.12)$$

und als Index der allgemeinen gesellschaftlichen Arbeitsproduktivität

$$\gamma'_{tl} = (\varphi' \cdot \omega') + \sigma + \tau + \gamma\,. \qquad (5.13)$$

Jetzt ist i'_{tl} der Grundindex und drückt die durch den technischen Fortschritt bewirkte Steigerung der Arbeitsproduktivität aus. Der umfassendste Index ist γ'_{tl}, er bringt alle wirksamen Faktoren und alle auf die Arbeitsproduktivität einwirkenden Effekte zum Ausdruck.

Wir sind somit in der Lage,

1. die Entwicklung der allgemeinen Arbeitsproduktivität auf die spezielle Arbeitsproduktivität zurückzuführen und den Einfluß des Struktur-, Stufen- und Verteilungseffektes aufzuzeigen und
2. die Entwicklung der speziellen Arbeitsproduktivität auf die beiden Faktorengruppen, technischer Fortschritt und Rationalisierung, zurückzuführen.

Fließbild

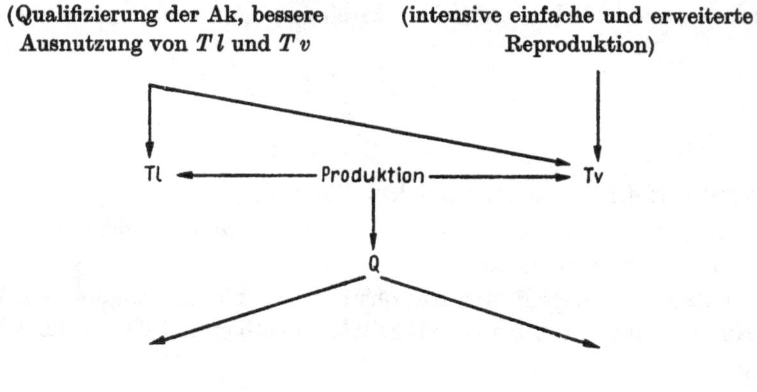

$$e'_{tl} = \frac{s'_{tl}}{v'_{tv}} \cdot \frac{v'_{tv}}{v'_{tl}} \qquad a'_t = \frac{v'_t}{s'_t}$$

$$= \frac{\alpha}{a'_t - \beta a'_{tv}} \qquad = \frac{\alpha}{e'_{tl}} + \beta a'_{tv}$$

$$= \frac{(1 + \beta \cdot z)}{a'_t}.$$

Die Ergebnisse der Darstellung der produktivitätswirksamen Faktoren können zum Zwecke der Übersicht wieder in einem Fließbild zusammengefaßt werden, das an das Fließbild auf S. 69 anknüpft. Die Zusammenfassung zeigt deutlich die Abhängigkeit des Indexes der Arbeitsproduktivität von der Entwicklung des gesamten Arbeitsaufwandes und die Abhängigkeit des Indexes des gesamten Arbeitsaufwandes von der Entwicklung der Arbeitsproduktivität.

V. DIE MESSUNG DER ENTWICKLUNG DER SELBSTKOSTEN ALS QUANTITATIV WICHTIGSTER BESTANDTEIL DES WERTES

Als Zentrale Kennziffern eines Systems zur Analyse des Nutzeffektes der gesellschaftlichen Arbeit haben wir die Kennziffern der Arbeitsproduktivität

$$e'_{tl} = \frac{\Sigma q_n tl_0}{\Sigma q_0 tl_0} : \frac{\Sigma q_n tl_n}{\Sigma q_0 tl_0}$$

$$= \frac{\Sigma q_n tl_0}{\Sigma q_n tl_n}$$

und des gesamten Arbeitsaufwandes

$$a'_t = \frac{\Sigma q_n t_n}{\Sigma q_0 t_0} : \frac{\Sigma q_n t_0}{\Sigma q_0 t_0}$$

$$= \frac{q_n t_n}{q_n t_0} .$$

Es wurde bereits gesagt, daß es im Augenblick noch nicht möglich ist, den betrieblichen Arbeitsaufwand, in Arbeitszeit ausgedrückt, zu berechnen, daß es aber durchaus möglich ist, die Entwicklung des individuellen Wertes zu erfassen, indem man den Index des Aufwandes an lebendiger Arbeit additiv mit dem Index der Kosten des Produktionsverbrauchs zusammenfaßt. Natürlich gibt es gegen einen solchen Index einige Einwände, aber auch der zur Zeit bei uns mögliche Index der Selbstkosten leidet unter dem Widerspruch, daß in ihm die verbrauchten Produktionsmittel mit unveränderten, d. h. zu von ihrem Wert abweichenden Preisen bewertet und der Produktionsverbrauch nur mengenmäßig erfaßt werden. Das trifft natürlich auch auf den Index der Wertentwicklung zu. Mir scheint jedoch, daß es Möglichkeiten gibt, entweder den Einfluß der von ihrem Wert abweichenden Preise der verbrauchten Produktionsmittel oder den Einfluß des mit unveränderten Preisen bewerteten Produktionsverbrauchs sowohl auf den Index der Wertentwicklung als auch auf den Index der Selbstkostenentwicklung auszuschalten oder doch zumindest abzuschwächen. Aber auch solange das nicht möglich ist, erfordert die in allen prinzipiellen Dokumenten von Partei und Regierung festgelegte Aufgabe, die Arbeitsproduktivität bei minimalen Selbstkosten der Produktion maximal zu steigern, die Berechnung eines mit dem Index der Arbeitsproduktivität vergleichbaren Indexes der Selbstkosten. Wenn Walter Ulbricht in seiner Rede zur Begründung des „Siebenjahrplanes“ vor der Volkskammer am 30. 9. 1959 erklärt: „Daraus ergibt sich die Hauptaufgabe, durch schnelle Erreichung des wissenschaftlich-technischen Höchststandes die Arbeitsproduktivität und die Produktion in allen Zweigen der Volkswirtschaft bei ständiger Senkung der Kosten maximal zu erhöhen"[93], und wenn es im Gesetz über den „Siebenjahrplan" heißt: „Die Arbeitsproduktivität in der volkseigenen Industrie ist jährlich im Durchschnitt um mindestens 9,0–9,5 Prozent zu steigern" und die „Selbstkosten der Produktion in der volkseigenen Industrie sind im Zeitraum des Siebenjahrplanes um rund 20 Prozent zu senken"[93a], so kommt darin der ökonomische Zusammenhang zwischen der Steigerung der Arbeitsproduktivität und der Senkung der Selbstkosten zum Ausdruck, dem im volkswirtschaftlichen Kennziffernsystem Rechnung getragen werden muß. Da die Steigerung der Arbeitsproduktivität die Hauptquelle für die Senkung der Selbstkosten ist, muß die Entwicklung beider Kennziffern nicht nur in ihrem Zusammenhang analysiert, sondern auch geplant werden.

Wenn somit

$$a'_t = \frac{\alpha}{e'_{tl}} + \beta a'_{tv}$$

ist, können wir vorläufig nur berechnen

$$a'_t = \frac{\alpha}{e'_{tl}} + \beta\, pmk'.$$

Bis die Erfassung der vergegenständlichten Arbeit in Arbeitszeit möglich ist, ist es daher notwendig, anstatt vom gesamten Arbeitsaufwand von den Selbstkosten je Produktionseinheit auszugehen. An Stelle des Index des gesamten Arbeitsaufwandes muß daher ein Index der Selbstkosten je Produktionseinheit treten:

$$s k' = \frac{\Sigma q_n s k_n}{\Sigma q_0 s k_0} : \frac{\Sigma q_n s k_0}{\Sigma q_0 s k_0}$$

$$= \frac{\Sigma q_n s k_n}{\Sigma q n s k_0}$$

oder in angenäherter Form:

$$s k' = \frac{\Sigma q_n s k_n}{\Sigma q_0 s k_0} : \frac{\Sigma q_n t l_0}{\Sigma q_0 t l_0}$$

$$= \frac{S K_n \, \Sigma q_0 t l_0}{S K_0 \, \Sigma q_n t l_0}.$$ [93b]

1. Der allgemeine Zusammenhang zwischen Steigerung der Arbeitsproduktivität und Senkung der Selbstkosten

Solange Warenproduktion herrscht, tritt die gesellschaftliche Arbeit nicht direkt in ihrer Naturalform in Arbeitsstunden gemessen auf, sondern erscheint in Geld ausgedrückt. Die Betriebe erhalten ihren Arbeitsaufwand ersetzt, der – in Geld ausgedrückt – als Selbstkosten erscheint, und müssen ein Reineinkommen erzielen, das die Grundlage für die gesellschaftliche Konsumtion und die Akkumulation bildet. Die Selbstkosten sind als Teil des in Geld ausgedrückten Wertes somit gleich dem Teil der gesellschaftlichen Arbeit, der von den Betrieben tatsächlich aufgewendet wird. Sie stellen im Gegensatz zum Wert, der gleich der insgesamt verausgabten gesellschaftlichen Arbeit ist, nur den Teil dieser Arbeit dar, der mit der Produktion und mit dem Absatz der Produkte unmittelbar zusammenhängt, und umfassen nicht den Teil, der von der Gesellschaft als Reineinkommen angeeignet und wieder verausgabt wird, um die Produktion zu erweitern, die Landesverteidigung zu organisieren und die Volksbildung und den Gesundheitsschutz zu verbessern sowie um gesellschaftliche Bedürfnisse zu befriedigen.[93c]

Sowohl Wert als auch Selbstkosten je produzierte Einheit setzen sich aus dem Wert verbrauchter vergegenständlichter Arbeit und dem neuen Wert zusammen, wobei die Selbstkosten nur einen Teil des Neuwertes, des im Lohneinkommen zum Ausdruck kommenden Produkts der Arbeit für sich enthalten. Der im Betrieb entstehende Wert je Produkt ist ein individueller Wert, der sich in zweifacher Hinsicht von dem gesellschaftlichen Wert unterscheidet: *einmal* hinsichtlich der Abweichungen des betrieblichen vom gesellschaftlichen Arbeitsaufwand und *zweitens* hinsichtlich des Grades der Übereinstimmung der Qualität und der bedarfsgerechten Struktur der betrieblichen Produktion mit dem gesellschaftlichen Bedürfnis. Jede Steigerung der Arbeitsproduktivität führt zwar zu einer Senkung des Wertes je Produkt, aber aus der Senkung des Wertes folgt noch nicht automatisch eine proportionale Senkung der Selbstkosten. Auf die Selbstkosten wirken auch Faktoren ein, die eine durch Steigerung der Arbeitsproduktivität erzielte Einsparung an gesellschaftlicher Arbeit kompensieren oder sogar überkompensieren können.

Die Selbstkosten können langsamer sinken als der Wert, wenn der Durchschnittslohn mit steigender Arbeitsproduktivität erhöht wird oder andere Kostenbestandteile, wie die Gemeinkosten, nicht umgekehrt proportional der steigenden Arbeitsproduktivität sinken. Wir haben somit folgende Relation zwischen Wert und Selbstkosten je Produkt und Arbeitsproduktivität:

$$Aw' = \frac{1}{Ap'} < w' < sk' .$$

Wenn wir die Senkung der Selbstkosten an der Entwicklung des Arbeitsaufwandes messen, dann muß der Koeffizient aus $\frac{Aw'}{sk'}$ offensichtlich kleiner als 1 sein und kann nur dann 1 sein, wenn $Aw' = sk'$ ist.

Die Summe der Selbstkosten einer Periode ist gleich der Summe der Lohnkosten plus der Summe der Kosten des Produktionsverbrauchs:

$$Sk = L + Pm \tag{5.1}$$
$$= \Sigma q \cdot lk + \Sigma q \cdot pmk ,$$

$$lk = \frac{L}{Q} = \frac{Tl}{Q} \cdot \frac{L}{Tl} \tag{5.2}$$
$$= tl \cdot l ,$$

$$pmk = \frac{Pm}{Q} . \tag{5.3}$$

Die Selbstkosten je Stück sind

$$s\,k = \frac{S\,k}{Q}, \tag{5.4}$$

$$s\,k = \frac{S\,k_n}{Q_n} : \frac{S\,k_0}{Q_0} \tag{5.5}$$

$$= \frac{S\,k_n}{S\,k_0} : \frac{Q_n}{Q_0} = \frac{S\,k'}{Q'}.$$

Der Index Sk' läßt sich auch wie folgt darstellen:

$$s\,k' = \frac{P\,m_n + L_n}{P\,m_0 + L_0} : \frac{Q_n}{Q_0} \tag{5.5.1}$$

$$= \alpha \frac{L_n}{L_0} + \beta \frac{P\,m_n}{P\,m_0} : \frac{Q_n}{Q_0}$$

$$= \frac{\alpha\, L\,m' + \beta\, P\,m'}{Q'} = \alpha\, l\,k' + p\,m\,k'.$$

Der Index $S\,k'$ nach 5.5 bzw. 5.5.1 ist ein Index mit variabler Struktur, der Veränderungen der Struktur und der Selbstkosten zum Ausdruck bringt. Ein Index der Selbstkosten mit fester Struktur ist

$$s\,k' = \frac{\Sigma q_n\, s\,k_n}{\Sigma q_n\, s\,k_n \frac{s\,k_0}{s\,k_n}} = \frac{\Sigma q_n\, s\,k_n}{\Sigma q_n\, s\,k_0}. \tag{5.6}$$

Der Index der Selbstkostenentwicklung je Stück nach 5.6 ist ein mit dem Index der Arbeitsproduktivität nach der Zeitsummenformel vergleichbarer Index. In beiden Indizes sind die strukturellen Veränderungen ausgeschaltet. Der Zusammenhang zwischen beiden ist

$$\frac{1}{\dfrac{\Sigma q_n\, t_0}{\Sigma q_n\, t_n}} = v \frac{\Sigma q_n\, s\,k_n}{\Sigma q_n\, s\,k_0}. \tag{5.7}$$

Wenn wir 5.7 schreiben

$$A\,w' = v \cdot s\,k',$$

dann ist

$$v = \frac{A\,W'}{s\,k'}.$$

Daraus folgt:

$$v_{pmk} = \frac{\Sigma q_n\, t\,l_n}{\Sigma q_n\, t\,l_0} : \frac{P\,m_n\, T\,l_0}{P\,m_0\, \Sigma q_n\, t\,l_0} \tag{5.10.1}$$

$$= \frac{P\,m_0\, \Sigma q_n\, t\,l_n}{P\,m_n\, \Sigma q_0\, t\,l_0} = \frac{T\,l'}{P\,m'},$$

$$v_{lk} = \frac{\Sigma q_n\, t l_n}{\Sigma q_n\, t l_0} : \frac{L_n\, T\, l_0}{L_0\, \Sigma q_n\, t l_0} \tag{5.10.2}$$

$$= \frac{L_0\, q_n\, t\, l_n}{L_n\, \Sigma q_0\, t l_0} = \frac{T\, L'}{L'},$$

$$v_{sk} = \frac{\Sigma q_n\, t l_n}{\Sigma q_n\, t\, l_0} : \frac{S\, K_n\, T\, l_0}{S\, K_0\, \Sigma q_n\, t\, l_0} \tag{5.10.3}$$

$$= \frac{S\, K_0\, \Sigma q_n\, t l_n}{S\, K_n\, \Sigma q_0\, t\, l_0} = \frac{T\, l'}{S\, K'}.$$

Daraus folgt:

$$v_{sk} = \frac{T\, l'}{\alpha\, L' + \beta\, P m'}. \tag{5.10.4}$$

Der Koeffizient v ist kleiner als 1 und bringt zum Ausdruck, daß der Index der Selbstkosten langsamer sinkt als der Index des Aufwandes an lebendiger Arbeit.

Die Ursachen hierfür liegen

1. in der Entwicklung des Produktionsverbrauchs und
2. in der Entwicklung des Durchschnittslohnes.

Natürlich ist es von großem Interesse, die Entwicklung der beiden Komponenten der Entwicklung der Selbstkosten in deren Abhängigkeit von der Steigerung der Arbeitsproduktivität einzuschätzen.

Was zunächst die Entwicklung des Produktionsverbrauches anbetrifft, so müssen wir unterscheiden zwischen der Entwicklung des Verbrauchs an Arbeitsmitteln und der Entwicklung des Verbrauchs an Arbeitsgegenständen. Es ist nicht anzunehmen, daß der Anteil der verbrauchten Arbeitsmittel an den Selbstkosten auch in der Zukunft in demselben Tempo wächst wie in der Vergangenheit, sondern daß sich das Tempo seines Anwachsens unter dem Einfluß der Automatisierung beschleunigt.

W. Krassnowski, der sowjetische und USA-Erfahrungen auswertet, kommt zu dem Ergebnis: „Das durch die Automatisierung bedingte gewaltige Anwachsen des Ausstattungsgrades der Arbeit mit technischen Mitteln führt dazu, daß das für die technische Zusammensetzung der Fonds charakteristische Verhältnis seinen maximalen Wert erreicht.“[94] Er weist darauf hin, daß schon jetzt in zahlreichen Industriezweigen Betriebe entstehen, in denen die Automatik die lebendige Arbeit nahezu völlig ersetzt und in vor- und nachgeschaltete Zweige verdrängt habe.[95] Damit wird aber auch der Verbrauch an Arbeitsgegenständen je Einheit lebendiger Arbeit maximale Werte erreichen. Da aber durch die Automatisierung zugleich die mengenmäßige Produktion beträchtlich anwächst, werden die ökonomischen Werte der Zusammensetzung der Selbstkosten nicht im gleichen Grade anwachsen wie die Werte der technischen Zusammensetzung, wenn auch die ökonomischen Werte wahrscheinlich schneller anwachsen werden als in der Vergangenheit. Auch Krassnowski kommt zu der Feststellung, daß die verschiedenen Angaben dafür sprechen, „daß die weitgehende Automatisierung eng mit einer gewaltigen Erhöhung des ökonomischen Nutzeffekts der investierten Mittel verbunden ist“.[96] Als Ursache hierfür führt Krassnowski zu Recht an, daß „das anteilmäßige Anwachsen der vergegenständlichten Arbeit an den Produktionskosten eines automatisierten Betriebes nicht von einem Sinken des mengenmäßigen Produktionsausstoßes begleitet sein“ wird, „denn zugleich verringert sich in noch höherem Maße der Investitionsaufwand für die auf Automaten gefertigte Produktion“.[97] Zum gleichen Ergebnis kommt J. Kronrod, der feststellt, daß „die ‚lebendige Arbeit einsparenden‘ Neueinführungen unweigerlich mit dem Prozeß der weiteren Ausrüstung der lebendigen Arbeit mit vergangener, mit der wachsenden technischen und organischen Zusammensetzung des Kapitals verbunden“[98] ist. Das aber bedeute, so schlußfolgert er richtig, „daß also letzten Endes der Anteil der lebendigen Arbeit in der Produktion des gesellschaftlichen Gesamtprodukts fällt und der Anteil der vergangenen Arbeit zunimmt. Je Produktionseinheit aber sinkt ständig der absolute Aufwand sowohl an vergangener als auch an lebendiger Arbeit.“[99]

Wenn somit der Anteil der einen Komponente der Selbstkosten (der Produktionsverbrauch) in der Zukunft stärker als bisher zunehmen wird, so wird er doch langsamer anwachsen als die Arbeitsproduktivität steigt. Das gleiche trifft auch auf die zweite Komponente (die Lohnkosten) zu, denn die Durchschnittslöhne werden, sofern es bei der Verknüpfung von Arbeitsproduktivität und Durchschnittslohn bleibt, auch in Zukunft anwachsen, aber langsamer als die Arbeitsproduktivität und als der Produktionsverbrauch, so daß die Selbstkosten zwar nicht umgekehrt proportional zur steigenden Arbeitsproduktivität sinken, aber doch schneller als in der Vergangenheit.

Die Steigerung der Arbeitsproduktivität ist die Hauptquelle für die Senkung der Selbstkosten. Sie führt zu einer Einsparung an lebendiger und vergegenständlichter Arbeit, d. h. zu einer Senkung der Lohnkosten und der Kosten des Produktionsverbrauchs je produzierte Einheit. Jedoch führt eine Steigerung der Arbeitsproduktivität nicht zu einer proportionalen Senkung der Selbstkosten je Stück, weil nur ein Teil der gesamten Selbstkosten in bezug auf die Produktionsmenge variabel, ein anderer Teil aber konstant ist. Daraus folgt, daß die gesamten Selbstkosten mit steigender Arbeitsproduktivität ebenfalls wachsen, aber langsamer als die Arbeitsproduktivität. Wie die gesamten Selbstkosten sich konkret entwickeln, das hängt *erstens* von der Entwicklung des Durchschnittslohnes im Verhältnis zur Entwicklung der Arbeitsproduktivität und *zweitens* von der Entwicklung der Kosten des Produktionsverbrauchs ab. Während die Entwicklung des Verhältnisses von Durchschnittslohn und Arbeitsproduktivität, das die konkrete Entwicklung der Lohnkosten bei gegebener Steigerung der Arbeitsproduktivität bestimmt, weitgehend wirtschaftspolitisch beeinflußbar ist, wird die Entwicklung der Kosten des Produktionsverbrauchs vor allem durch die Entwicklung der Technik bestimmt. Die konkrete Entwicklung der Selbstkosten je Produktionseinheit wird offensichtlich durch zwei Extreme begrenzt: *einmal* durch den (praktisch natürlich nicht realen) Fall, daß die Lohnkosten und die Kosten des Produktionsverbrauchs bei steigender Arbeitsproduktivität unverändert bleiben und *zweitens* durch den Fall, daß sowohl die Lohnkosten als auch die Kosten des Produktionsverbrauchs wachsen, wie die Arbeitsproduktivität steigt.

Beide Extreme sind in der folgenden Übersicht dargestellt, wobei vereinfachend angenommen wurde, daß der Index Tl' unverändert bleibt.

		Pm' und L' unverändert			Pm' und L' wie Ap'		
Ap'	Tl'	$v = \frac{Tl'}{SK'}$,	$v \cdot Ap'$	sk'	$v = \frac{Tl'}{SK'}$,	$v \cdot Ap'$	sk'
1	1	1	1	1	1	1	1
2	1	1	2	0,5	0,5	1	1
3	1	1	3	0,33	0,33	1	1
4	1	1	4	0,25	0,25	1	1
5	1	1	5	0,2	0,2	1	1
6	1	1	6	0,17	0,17	1	1
7	1	1	7	0,14	0,14	1	1
8	1	1	8	0,125	0,125	1	1
9	1	1	9	0,11	0,11	1	1
10	1	1	10	0,10	0,10	1	1

Während im ersten Fall die Selbstkosten je Produktionseinheit somit sinken wie der Arbeitsaufwand an lebendiger Arbeit, bleiben sie im zweiten Fall unverändert.

Offensichtlich sinken die Selbstkosten *nur* im gleichen Verhältnis wie die Arbeitsproduktivität steigt, d. h. proportional der Senkung des Aufwandes an lebendiger Arbeit, *wenn* sowohl der Produktionsverbrauch als auch die Lohnkosten unverändert bleiben. In diesem Fall sinken die Selbstkosten wie der Wert. Natürlich ist ein solcher Fall steigender Arbeitsproduktivität bei unverändertem Produktionsverbrauch und bei unveränderten Lohnkosten nur ganz ausnahmsweise und nur bei relativ geringen Steigerungen der Arbeitsproduktivität möglich. In der Regel ist mit jeder Steigerung der Arbeitsproduktivität eine Erhöhung des Produktionsverbrauchs verbunden, da Steigerung der Arbeitsproduktivität durch technischen Fortschritt in vermehrter Anwendung von Produktionsmitteln je Arbeitskraft, also auch in höherem Produktionsverbrauch je Produktionseinheit zum Ausdruck kommt. Aus diesem Grunde steigt der Index des Produktionsverbrauchs mit steigender Arbeitsproduktivität, wenn auch langsamer. Wie das Verhältnis zwischen beiden Indizes konkret ist, kann nicht theoretisch entschieden werden, sondern nur durch Analyse der tatsächlichen Kostenstruktur. In der Regel ist mit der Steigerung der Arbeitsproduktivität auch eine Erhöhung der Lohnkosten verbunden, da der Durchschnittslohn infolge der Verknüpfung der Lohnentwicklung mit der Entwicklung der Arbeitsproduktivität bei steigender Arbeitsproduktivität ansteigt.

Wir können somit folgende „Regeln“ aufstellen:

1. Der Index der Selbstkosten sinkt umgekehrt proportional zum Index der Arbeitsproduktivität, wenn die Indizes des Produktionsverbrauchs und der Lohnkosten unveränderlich bleiben.

2. Der Index der Selbstkosten bleibt trotz steigender Arbeitsproduktivität unverändert, wenn die Indizes des Produktionsverbrauchs und der Lohnkosten zusammen proportional zum Index der Arbeitsproduktivität steigen.
3. Die Senkung der Selbstkosten hängt bei gegebenem Steigerungsgrad der Arbeitsproduktivität von der Entwicklung des durch den technischen Fortschritt bedingten Produktionsverbrauches einerseits und der Entwicklung des Durchschnittslohnes andererseits ab.

Wenn die Entwicklung der Selbstkosten von der Entwicklung der Arbeitsproduktivität abhängt, so brauchen wir einen Ausdruck, der die Abhängigkeit der Selbstkosten je Stück von der Arbeitsproduktivität zeigt. Zu diesem Zweck gehen wir aus von

$$v = \frac{Aw'}{sk'} = \frac{Tl'}{SK'}.$$

Es ist

$$v = \frac{Aw'}{sk} = \frac{1}{Ap' \cdot sk'}$$

und daher

$$sk' = \frac{1}{v \cdot Ap'} = \frac{1}{Ap' \cdot \frac{Tl'}{SK'}} \tag{5.11}$$

und

$$Ap' = \frac{1}{v \cdot sk'} = \frac{1}{sk' \cdot \frac{Tl'}{SK'}}. \tag{5.12}$$

Wir geben zur Illustration eine auf Grund von Angaben der Statistischen Jahrbücher der DDR berechnete Übersicht, wobei noch einmal wiederholt wird, daß es in der Untersuchung um methodologische Fragen geht und daß auch die Zahlen, die den Statistischen Jahrbüchern entnommen wurden, nur illustrativen Charakter haben sollen.

Sozialistische Industrie der DDR

Jahr	Q'	Tl'	Ap'	Aw'	SK'	sk'	$v = \frac{Aw'}{sk}$
1950	100	100	100	100	100	100	1
1951	123	106	106	86	118	96	0,9
1952	144	110	137	76	138	96	0,79
1953	161	113	145	70	181	101	0,70
1954	185	120	154	65	180	97	0,67
1955	200	121	165	61	190	95	0,64
1956	204	120	170	59	205	101	0,58
1957	226	123	164	54	217	96	0,56
1958	261	123	211	47	246	94	0,50
1959	294	124	237	42	276	94	0,45
1960	315	124	254	39	295	94	0,42

Da die Unterlagen für eine exakte Berechnung nicht ausreichten, mußten die Angaben durch Schätzungen ergänzt werden. Obwohl die Aussage der Kennziffern mit großer Vorsicht interpretiert werden muß, dürften sie die Entwicklungstendenz richtig widerspiegeln. Trotz der Steigerung der Arbeitsproduktivität um mehr als 150% sanken die Selbstkosten je produzierte Einheit nur minimal. Das ist durch die Zunahme der Kosten des Produktionsverbrauchs um 211% und der Lohnkosten um 157% verursacht, so daß die Kosten des Produktionsverbrauchs je Erzeugnis nur um rd. 1% und die Lohnkosten je Erzeugnis um rd. 18,5% sanken. Von den Kosten des Produktionsverbrauchs sanken die Kosten für Arbeitsgegenstände je Erzeugnis um rd. 3%, während die Kosten für Arbeitsmittel je Erzeugnis um rd. 3% stiegen. Interessant ist auch die Erhöhung der Selbstkosten je produzierte Einheit in den Jahren 1953 und 1956.

Da die Selbstkosten je Erzeugnis oft nicht vorliegen und ihre Ermittlung unrationell ist, ist es zweckmäßig, über Annäherungsformeln zu verfügen. Solche Annäherungsformeln erhält man, wenn man den ungewogenen Index

$$SK' = \frac{SK_n}{SK_0}$$

durch einen Index der Bruttoproduktion dividiert. Der Index der Selbstkosten auf der mit tl_0 berechneten Bruttoproduktion ergibt sich auf Grund folgender Überlegung:

$$\frac{SK_n}{SK_0} = \frac{\Sigma q_n sk_n}{\Sigma q_n sh_0} \cdot \frac{\Sigma q_n sk_0}{\Sigma q_0 sk_0} \tag{5.8.1}$$

$$\frac{\Sigma q_n sk_n}{\Sigma q_n sk_0} = \frac{SK_n}{SK_0} : \frac{\Sigma q_n sk_0}{\Sigma q_0 sk_0}$$

$$\frac{q_n sk_0}{q_0 sk^0} \approx \frac{q_n tl_n}{q_0 tl_0},$$

$$SK' = \frac{\frac{SK'}{T}}{Ap'} \tag{5.8.2}$$

$$= \frac{\frac{q_n sk_n}{q_0 sk_0}}{\frac{q_n tl_n}{q_0 tl_0}} : \frac{\Sigma q_n tl_0}{\Sigma q_n tl_n}$$

$$\approx \frac{SK_n Tl_0}{SK_0 \Sigma q_n tl_0}.$$

Wenn der Index der Arbeitsproduktivität nach der Zeitsummenformel berechnet wird, kann somit ein vergleichbarer Index der Selbstkosten hierfür berechnet werden, ohne daß die Selbstkosten je Erzeugnis hierfür vorliegen müssen. Das bedeutet natürlich eine große Erleichterung für die Analyse des Zusammenhanges von Arbeitsproduktivitäts- und Selbstkostenentwicklung, zumal wenn es nicht nur um globale Vergleiche geht, sondern wenn diese auch für die untersten Betriebseinheiten durchgeführt werden sollen. Da es wieder verschiedene Möglichkeiten gibt, die unterschiedlichen Gebrauchswerte für einen Index der Bruttoproduktion addierbar zu machen, erhalten wir ein System von Kostenindizes.

System der Kostenindizes

Gewichte für Q'	der Lohnkosten	Index des Prod.-Verbrauchs	der Selbstkosten
tl_0	$\frac{L'}{Q'tl}$	$\frac{Pm'}{Q'tl}$	$\frac{SK'}{Q'tl}$
lk_0	$\frac{L'}{Q'_{lk}} = \frac{Ln}{\Sigma q_n lk_0}$	$\frac{Pm'}{Q'lh}$	$\frac{SK'}{Q'lh}$
pmk^0	$\frac{L'}{Q'pmk}$	$\frac{Pm'}{Q'pmk} = \frac{Pm_n}{\Sigma q_n pm_0}$	$\frac{SK'}{Q'pmk}$
sk_0	$\frac{L'}{Q'sk}$	$\frac{Pm'}{Q'sk}$	$\frac{SK'}{Q'sk} = \frac{SK_n}{\Sigma q_n sk_0}$

Am bequemsten zu berechnen sind die Indizes mit dem Gewicht tl_0, weil der Index der Arbeitsproduktivität nach der Zeitsummenformel bereits vorliegt. Am genauesten sind die Indizes, die als Gewicht lk_0, pm_0 bzw. sk_0 verwenden:

$$\frac{L_n}{\Sigma q_n lk_0} = \frac{\Sigma q_n lk_n}{\Sigma q_n lk_0}, \tag{5.9.1}$$

$$\frac{Pm_n}{\Sigma q_n pmk_0} = \frac{q_n pmk}{\Sigma q_n pmk_0}, \tag{5.9.2}$$

$$\frac{Sk_n}{q_n sk_0} = \frac{q_n sk_n}{q_n sk_0}. \tag{5.9.3}$$

2. Die spezifische Problematik des Zusammenhanges zwischen Steigerung der Arbeitsproduktivität und Senkung der Selbstkosten

a) Arbeitsproduktivität und Kostenstruktur

Jeder Betrieb ist ein arbeitsteiliger Produktionsorganismus, in dem die objektiven Faktoren des Arbeitsprozesses (Arbeitsmittel und Arbeitsgegenstand) mit dem subjektiven Faktor (Arbeitskraft) kombiniert werden zu dem Zweck, ein bestimmtes Produktionsprogramm (ein Produkt oder ein Produktionssortiment) zu verwirklichen. Die im Betrieb vereinigten objektiven und subjektiven Faktoren des Arbeitsprozesses bilden eine produktive Kombination, die durch eine Reihe von Merkmalen gekennzeichnet ist und die wir zusammen als das technisch-organisatorische Niveau des Betriebes bezeichnen wollen. Vom technisch-organisatorischen Niveau eines Betriebes hängen sowohl der Wirkungsgrad der lebendigen Arbeit bei der Realisierung des Produktionsprogrammes als auch der Verbrauch an gesamter (lebendiger und vergegenständlichter) Arbeit je produzierte Einheit ab, d. h. die Arbeitsproduktivität und der Wert bzw. die Stückkosten.

Bevor wir den für die Leitung und Planung der sozialistischen Wirtschaft wichtigen Begriff des technisch-organisatorischen Niveaus näher charakterisieren, ist es notwendig, den in Gestalt der Kosten – oder Selbstkosten – des Betriebes im Gegensatz zu den gesellschaftlichen Produktionskosten erscheinenden Verbrauch an gesellschaftlicher Arbeit näher zu beleuchten. Wir teilen die Selbstkosten in Gesamtkosten und Stückkosten ein. Wenn wir die Gesamtkosten mit SK und die Stückkosten mit sk bezeichnen, haben wir zwischen ihnen die einfache Beziehung

$$sk = \frac{SK}{Q}, \tag{5.13}$$

$$SK = sk \cdot Q. \tag{5.14}$$

Jeder Betrieb kann bei gegebenem technisch-organisatorischem Niveau innerhalb seines Produktionsprogrammes verschiedene Produktionsniveaus realisieren, die sich sowohl hinsichtlich der Summe der produzierten Gebrauchswerte, der *Produktionsmenge*, als auch hinsichtlich der Zusammensetzung der Summe der produzierten Gebrauchswerte, dem *Produktionssortiment*, unterscheiden.

Das jeweilige Produktionsniveau eines Betriebes ist also nicht nur quantitativ durch eine bestimmte Produktionsmenge charakterisiert, sondern auch qualitativ durch die Zusammensetzung der Summe der produzierten Gebrauchswerte, das *Produktionssortiment*. Dem Produktionssortiment kommt im Sozialismus eine ebenso große Bedeutung zu wie der Produktionsmenge, denn die vom ökonomischen Grundgesetz des Sozialismus geforderte möglichst umfangreiche Befriedigung der wachsenden materiellen und kulturellen Bedürfnisse der Menschen hat nicht nur eine quantitative, sondern auch eine qualitative Seite. Die produzierten Gebrauchswerte müssen nicht nur hinsichtlich ihrer Gebrauchseigenschaften als Produktionsmittel und Konsumtionsmittel den produktiven und konsumtiven Bedürfnissen der Gesellschaft entsprechen, sondern auch hinsichtlich ihrer technischen Merkmale, vor allem Dauerhaftigkeit und Zweckmäßigkeit. Dabei ist die Gewährleistung der qualitäts- und bedarfsgerechten Struktur der Produktion für die Leitung der sozialistischen Wirtschaft und Betriebe eine ebenso bedeutsame Aufgabe wie die quantitative Steigerung der Produktion. Es ist leicht einzusehen, daß das Produktionssortiment neben dem Produktionsumfang einen starken Einfluß auf das Kostenniveau und seine Entwicklung ausübt.

In der vorliegenden Arbeit soll vor allem der Einfluß der Produktionsmenge auf die Kostenentwicklung untersucht werden. Wir verwenden somit den Begriff Produktionsniveau, in der Regel unter Ausschaltung der Fragen der Struktur der Produktion, als identisch mit dem Begriff Produktionsumfang bzw. Menge der Produktion.

Es ist naheliegend, $sk = \frac{SK}{Q}$ mit der in anderem Zusammenhang behandelten Produktionsfunktion $a_{ik} = \frac{q_{ik}}{Q}$ zu vergleichen, denn offensichtlich folgt aus

$$sk = \frac{SK}{Q}$$

auch

$$Q = \frac{SK}{sk}, \tag{5.15}$$

d. h., durch beide Ausdrücke ist ein linearer Zusammenhang formuliert. Wenn wir sagten, daß der lineare Zusammenhang zwischen Produktionsmenge Q_k und eingesetzten Produktionsmitteln nur unter zwei Bedingungen besteht, nämlich der, daß erstens unter q_{ik} nur Arbeitsgegenstände verstanden werden und daß zweitens die Funktion nur auf den optimalen Bereich der Kostenentwicklung angewandt wird, dann können wir diese These nun konkretisieren.

Wir gehen von der ebenfalls bereits getroffenen Feststellung aus, daß die Gesamtkosten eines Betriebes nur sehr bedingt von dem jeweils realisierten Produktionsniveau abhängen, denn sie wachsen weder proportional mit dem Umfang der Produktion, noch sinken sie proportional mit ihm. Ein Teil der Kostenarten ist vielmehr nur von der Zeit abhängig und bleibt *konstant*, wenn das Produktionsniveau sich ändert, während sich ein anderer Teil mehr oder weniger proportional mit dem Produktionsniveau verändert, d. h. *variabel* ist. Die Gesamtkosten eines Betriebes sind somit eine Funktion des jeweiligen Produktionsniveaus, wobei aber die konstanten Kosten sich unabhängig vom realisierten Produktionsniveau ergeben und die variablen Kosten sich mit diesem verändern. Vergrößert sich die Produktionsmenge, so verteilen sich die von der Zeit abhängigen konstanten Kosten auf eine größere Produktionsmenge, so daß sie je Produktionseinheit sinken, während die variablen Kosten mit der Produktionsmenge mehr oder minder proportional anwachsen, so daß sie je Produktionseinheit mehr oder minder unverändert bleiben.

$$\begin{aligned} SK &= SK_k + SK_v \\ &= (sk_k + sK_v) \cdot Q \end{aligned} \tag{5.16}$$

(k und v unterhalb von SK [= Gesamtkosten] und sK [= Stückkosten] bedeuten konstant und variabel).

Zu den konstanten Gesamtkosten gehören vor allem die Kosten für die verbrauchten Arbeitsmittel, die Abschreibungen und die sogenannten Gemeinkosten; zu den variablen Gesamtkosten zählen die Kosten für die verbrauchten Arbeitsgegenstände, die Materialkosten und die Löhne für die produktiven Arbeiten.

Die konstanten Kosten eines Betriebes sind Kosten der *Betriebsbereitschaft*. Sie entstehen, um die für eine Produktion notwendige Apparatur bereitzustellen. Die variablen Kosten sind Kosten des *Betriebsablaufs*. Sie ergeben sich, wenn die bereitgestellte Apparatur in der Produktion ausgenutzt wird. Die Kosten des Betriebsablaufes sind somit die Betriebskosten im eigentlichen Sinne. Mit jedem

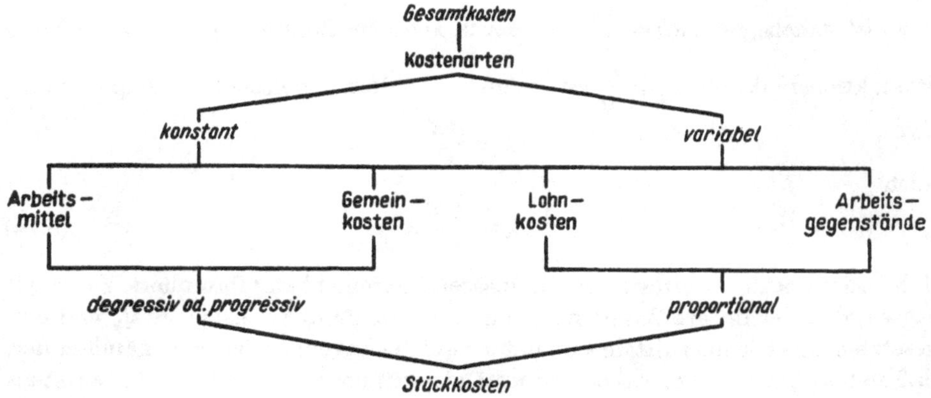

Abb. 8

Produktionsniveau, das ein Betrieb realisiert, ist somit ein bestimmtes Gesamtkostenniveau verbunden, das von der Produktion Null, wo nur die konstanten Kosten als Kosten der Betriebsbereitschaft auftreten, bis zur maximalen Ausnutzung der bereitgestellten Apparatur reicht. Wir bezeichnen das Produktionsniveau Null mit Q_0 und das Produktionsniveau bei maximaler Ausnutzung der Kapazitäten eines Betriebes mit Q_m. Jedem Produktionsniveau zwischen Q_0 und Q_m entspricht dann nicht nur eine bestimmte Höhe der Stückkosten, sondern auch ein bestimmtes Niveau der Arbeitsproduktivität, und zwischen beiden besteht ein enger und wechselseitiger Zusammenhang.

Wir können die Gesamtkosten eines Betriebes also sowohl als die Kosten definieren, die durch die Realisierung eines bestimmten Niveaus der Arbeitsproduktivität entstehen, als auch als die Kosten, die sich durch die Realisierung eines bestimmten Niveaus der Stückkosten ergeben.

Das leuchtet ein, wenn man bedenkt, daß die Kosten der Betriebsbereitschaft dadurch entstehen, daß die technisch-organisatorischen Bedingungen für ein bestimmtes Niveau der Arbeitsproduktivität geschaffen werden. Die Arbeitsproduktivität ist beim Produktionsniveau Q_0 ebenfalls Null und sie ist bei Q_m am höchsten. Aber zwischen Q_0 und Q_m liegt ein Produktionsniveau, bei dem die Stückkosten am niedrigsten sind. Das Produktionsniveau, bei dem die Stückkosten minimal sind und das wir als optimales Produktionsniveau ($= Q_b$) bezeichnen wollen, kann, muß aber nicht mit Q_m zusammenfallen.

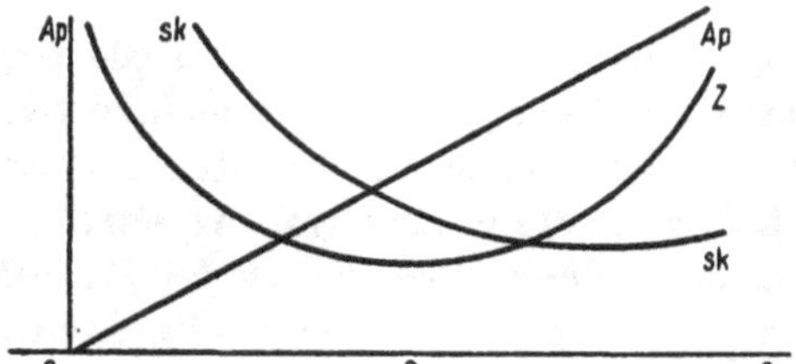

Abb. 9. Kurven der Arbeitsproduktivität und der Stückkosten

Man kann die Beziehungen zwischen dem Verlauf der Selbstkosten und der Arbeitsproduktivität, d. h. also zwischen den Selbstkosten je Produktionseinheit und der Bruttoproduktion je Arbeitszeiteinheit sehr anschaulich in einem Diagramm darstellen, in dem als Ordinate die Selbstkosten insgesamt und je Stück und als Abszisse das Produktionsniveau je Arbeitszeiteinheit aufgetragen werden.

Im ersten Fall entwickeln sich die Selbstkosten insgesamt proportional zum Produktionsniveau. Daraus folgt, daß sich die Selbstkosten je Produktionseinheit proportional zur Arbeitsproduktivität entwickeln. Im zweiten Fall entstehen Kosten der Betriebsbereitschaft, die theoretisch auch beim Produktionsniveau Q_0 vorhanden sind, d. h. bei sinkender Produktion nicht sinken und bei steigender Produktion nicht wachsen. Daraus folgt, daß die Stückkosten sich nicht proportional, sondern progressiv oder degressiv zur Arbeitsproduktivität entwickeln.

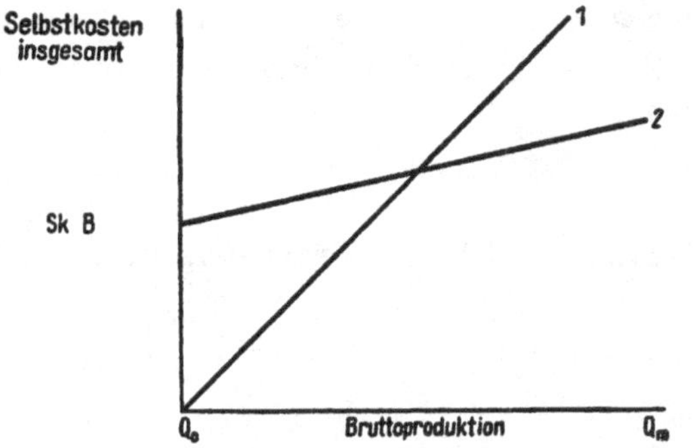

Abb. 10

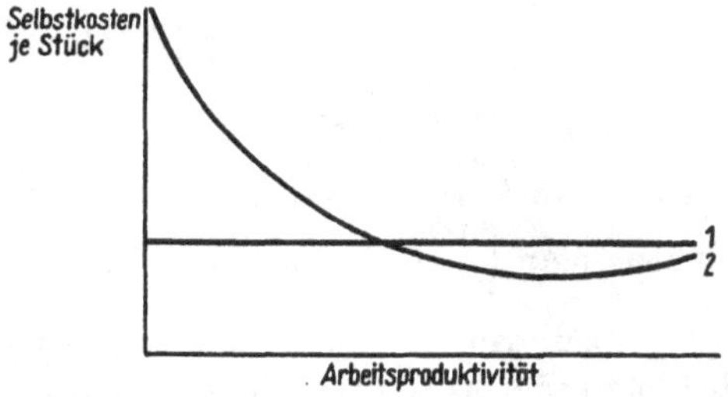

Abb. 11

Formelmäßig läßt sich das wie folgt ausdrücken: Die Selbstkosten insgesamt sind

$$SK = sk \cdot Q + Sk\,B \qquad (5.17)$$

und die Selbstkosten je Stück

$$\frac{SK}{Q} = sk + \frac{sk\,B}{Q}. \qquad (5.18)$$

Es ist ersichtlich, daß Formel 5.18 den allgemeinen Zusammenhang wiedergibt, d. h. den Fall zwei, und daß Fall eins nur einen Spezialfall darstellt, wo keine konstanten Kosten vorhanden sind. Wenn wir in Formel 5.18 an Stelle von sk einen Faktor z einsetzen, so bedeutet z den Zuwachs der Selbstkosten, die sich aus der Erhöhung der Produktion um eine Einheit ergibt, d. h. $\Delta\, sk = z \Delta Q$, daher ist

$$z = \frac{\Delta\, sk}{\Delta Q}. \qquad (5.19)$$

Wir wollen diese durch den Faktor z dargelegten Kosten mit Tannhäuser als Zuwachskosten bezeichnen.[99a]

Aus der Formel 5.18 ergibt sich weiter, daß bei dem durch Formel 5.17 gegebenen Zusammenhang zwischen Selbstkosten insgesamt und Produktionsniveau ganz allgemein die Zuwachskosten niedriger sind als die durchschnittlichen Selbstkosten bei gegebenem Produktionsniveau und daß die Zuwachskosten erst höher als die Durchschnittskosten werden, wenn mit wachsendem Produktionsniveau die Kosten des Betriebsablaufes sich nicht mehr proportional – oder degressiv –, sondern progressiv entwickeln. Wir bezeichnen den Bereich der Selbstkostenentwicklung, wo die Zuwachskosten z gleich den Selbstkosten je Stück sk sind, als Betriebsoptimum.[99b]

Auf Grund der Formel 5.18 kann man die sich aus wechselndem Produktionsniveau ergebende Veränderung der Selbstkosten je Stück leicht ableiten.

Für das Produktionsniveau mit niedrigsten Selbstkosten je Stück (Q_b) ergibt sich:

$$\frac{Sk}{Q_b} = sk + \frac{SkB}{Q_b}. \tag{5.20}$$

Aus Formel 5.19 in Verbindung mit Formel 5.20 folgt:

$$\Delta\left(\frac{sK}{Q}\right) = \frac{SKB}{Q} - \frac{SKB}{Q_b}$$

$$= \frac{SkB}{Q_b}\left(\frac{Q_b}{Q} - 1\right)$$

d. h. also

$$\Delta\left(\frac{sK}{Q}\right) = -\left(\frac{SKB}{Q_b}\right)\frac{\Delta Q}{Q}, \tag{5.21}$$

wobei $\Delta Q = Q - Q_b$ ist.

Die Zuwachskosten z sind also von der relativen Veränderung des Produktionsniveaus, von $\left(\frac{\Delta Q}{Q}\right)$ abhängig.

Die Definition der (konstanten und variablen) Kosten kann nicht – wie es in der bürgerlichen Betriebswirtschaftslehre üblich ist – ohne Berücksichtigung der Arbeitsproduktivität vorgenommen werden, weil jedes realisierte Produktionsniveau nicht nur zu einer bestimmten Höhe der Stückkosten, sondern auch zu einer bestimmten Höhe der Arbeitsproduktivität führt. Stückkosten und Arbeitsproduktivität variieren innerhalb des Bereichs von Q_0 bis Q_m, um in Q_b ein Verhältnis zu erreichen, wo die Stückkosten minimal sind. Das Problem besteht darin, jene Kombination von Produktionsmittel und Arbeitskraft zu finden, bei der sich eine maximale Arbeitsproduktivität mit minimalen Selbstkosten verbindet; es besteht darin, mit maximaler Arbeitsproduktivität verbundene minimale Selbstkosten aufzuspüren, d. h. die Auffindung der jeweils optimalen Variante.

Die Fiktionen der bürgerlichen Ökonomie, die in dem sogenannten „Gesetz" vom abnehmenden Ertragszuwachs u. ä. zum Ausdruck kommen, beruhen auf der „gleichbleibenden" Arbeitsproduktivität. Den Fiktionen der bürgerlichen Ökonomie liegt eine rein technische Auffassung der Produktionskapazität zugrunde, die falsch ist, weil sie vom wichtigsten Faktor jeder Produktion, der menschlichen Arbeitskraft, abstrahiert, und die daher für den Kampf um die Erfüllung unseres Volkswirtschaftsplanes in allen seinen Teilen schädlich ist.

Die Kostenkurven können aber nur als Hilfsmittel bei der Ausnutzung der gegebenen Möglichkeiten angesehen werden. Sie zeigen, wo die Forderung nach maximaler Ausnutzung der Produktionskapazitäten nicht unbedingt mit der Forderung nach minimalen Selbstkosten zusammenfällt, so daß eine weitere Steigerung der Arbeitsproduktivität mit einer Erhöhung der Stückkosten verbunden ist. Ob dies tatsächlich der Fall ist und wann es eintritt, das hängt vom Verlauf der Kostenkurve ab. In den letzten Jahren sind gegen den U-förmigen Verlauf der Stückkostenkurve starke Einwände erhoben worden zugunsten eines linearen Verlaufs. Insbesondere amerikanische Ökonomen haben gezeigt, daß der bisher angenommene Verlauf der Kostenkurven in der Praxis nicht anzutreffen ist, sondern daß sie einen linearen Verlauf haben. Das wurde von westdeutschen Ökonomen bestätigt.

So schreibt z. B. H. G. Plaut: „Diese in Theorie und Praxis weit verbreitete Meinung ist falsch. Diesen Kostenschnittpunkt (von Durchschnittskosten und Grenzkosten) gibt es nicht ... In zehntausenden von durchgeführten Soll-Ist-Vergleichen hätten doch irgend einmal gerade bei starken Beschäftigungssteigerungen solche progressiven Gesamtkosten auffallen müssen. Sie haben sich nicht gezeigt.“[99c]

Es wird notwendig sein, durch empirische Kostenuntersuchungen zu ermitteln, wie die Kostenkurven unter sozialistischen Bedingungen bei einem gegebenen technisch-organisatorischen Niveau verlaufen.

Ob dieser oder ein anderer Verlauf der Stückkostenkurve in einem Betrieb vorliegt, das muß durch konkrete Untersuchungen gezeigt werden. Wichtiger aber ist der Verlauf der Kurve, die Kostenminimum mit Kostenminimum verbindet, wenn ein technisch-organisatorisches Niveau durch ein anderes – höheres – ersetzt wird.

Wenn ein Betrieb verschiedene alternative Produktionsmengen realisieren kann und wenn sich die verschiedenen Kostenarten in bezug auf die alternativen Produktionsmengen konstant oder variabel verhalten, so folgt daraus, daß die Stückkosten mit dem Produktionsniveau veränderlich sind. Sie sind veränderlich, weil erstens der Teil der Kosten je Produktionseinheit, der von den konstanten Kosten herrührt, um so kleiner ist, je größer das Produktionsvolumen und umgekehrt, und weil zweitens der Teil der Kosten je Produktionseinheit, der von den variablen Kosten herrührt, sich mehr oder minder proportional zum Produktionsvolumen verhält. Die Zusammenhänge sind für die Analyse der Kostenentwicklung, z. B. für verschiedene Losgrößen, von Bedeutung.

Während ein Teil der Selbstkosten mit sich veränderndem Produktionsvolumen je Produktionseinheit also mehr oder minder gleich bleibt, d. h. mit sinkender oder steigender Produktionsmenge sich mehr oder minder proportional je Produktionseinheit verhält, entfällt von dem anderen Teil der Selbstkosten ein um so kleinerer Anteil auf die Produktionseinheit, je größer die Produktionsmenge, und ein um so größerer Anteil, je kleiner die Produktionsmenge ist, d. h., sie entwickeln sich progressiv oder degressiv mit sinkendem oder steigendem Produktionsvolumen.

In den einzelnen Betrieben ist bei gegebenem technisch-organisatorischen Niveau für den Ausnutzungsgrad der produktiven Kombination ein mehr oder minder großer Spielraum gegeben, innerhalb dessen verschiedene alternative

Mengen des Produktionsprogramms produziert werden können. Der sozialistische Betrieb wird in der Regel nach maximaler Ausnutzung der betrieblichen Anlagen und Ausrüstungen und der zur Verfügung stehenden lebendigen Arbeit streben; da aber jeder konkrete Ausnutzungsgrad nicht nur mit verschieden hohen Stückkosten, sondern auch – was bisher nicht beachtet worden ist – mit unterschiedlicher Arbeitsproduktivität verbunden ist, muß die maximale Kapazitätsausnutzung nicht mit einer optimalen Ausnutzung identisch sein. Unter den bei gegebenem technisch-organisatorischem Niveau möglichen alternativen Produktionsmengen muß nicht die maximale Produktionsmenge auch eine optimale Produktionsmenge sein. Mit anderen Worten: jedes Niveau der Arbeitsproduktivität ist mit einem bestimmten Niveau der Gesamtkosten verbunden, die zu einem bestimmten Niveau der Stückkosten führen, und nur ein Niveau der Gesamtkosten führt zu einem solchen Niveau der Arbeitsproduktivität, das mit einem niedrigsten Niveau der Stückkosten verbunden ist. Das hängt natürlich eng mit der Produktionskapazität und ihrer Ausnutzung zusammen. Je geringer die Ausnutzung der Produktionskapazität, um so niedriger die Arbeitsproduktivität und um so höher die Stückkosten je produzierte Einheit. Wird die Produktion über die geringste technisch mögliche Leistung eines Betriebes hinaus ausgedehnt, so fallen zunächst die Stückkosten, bis sie von einem gewissen Grad der Kapazitätsausnutzung an zuerst langsam, schließlich bei äußerster Überbeanspruchung der Produktionsanlagen steil und sprunghaft ansteigen. Diese Entwicklung der Stückkosten bei verschiedenen Graden der Ausnutzung der Produktionskapazität, sich ergebend aus der Entwicklung der Gesamtkosten mit den Produktionsmengen, hat verschiedene Ursachen.

Die *erste* Ursache liegt darin, daß gewisse Kostenarten völlig oder nahezu unabhängig von der Ausnutzung der Produktionskapazität sind, so daß sie völlig oder nahezu konstant bleiben mit steigender oder sinkender Produktion. Daher müssen die Stückkosten um so höher sein, je niedriger die Produktionsmenge. Hierzu gehören die Betriebs- und z. T. auch die Abteilungsgemeinkosten. Diese Kosten werden in der oben angeführten Abbildung 10 durch die Kosten bei dem Produktionsniveau Null angedeutet.

Hierzu kommt *zweitens*, daß die Arbeitsproduktivität eines Betriebes, aber auch einzelner Abteilungen und sogar Arbeitsplätze, um so höher ist, je rationeller die betriebliche Teilung der Arbeit der kooperierenden Arbeitskräfte gestaltet werden kann, wobei der Wirkungsgrad von einer bestimmten Mindestanzahl der Arbeitskräfte abhängt. Bleibt die Anzahl der beschäftigten Arbeitskräfte hinter dieser Mindestanzahl zurück, so bleiben entweder Teile der Produktionsanlagen völlig unausgenutzt oder einzelne Arbeiter müssen mehr Funktionen übernehmen als für eine rationelle Ausnutzung der Produktionsanlagen zweckmäßig ist. Daraus folgen entweder niedriges Arbeitstempo und hohe Verlustzeiten oder niedrige Produktionsleistungen der Maschinen und hoher Verbrauch an Roh-, Hilfs- und Betriebsstoff, schlechte Qualität der Produktion u. dgl.; werden dagegen Arbeitskräfte über das Produktionsoptimum hinaus beschäftigt, so kann dadurch zwar die Produktionsmenge erhöht werden, die konstanten Kosten je Stück können sogar noch sinken, aber die Arbeitsproduktivität geht zurück. So erhöhen sich in beiden Fällen die Stückkosten, weil die Gesamtkosten schneller wachsen als die Produktionsmenge sinkt oder steigt.

Ferner gibt es *drittens* in vielen Betrieben veraltete Produktionsanlagen oder Maschinen, die in Reserve gehalten und nur bei starker Ausnutzung der Kapazität herangezogen werden. Da ihre Produktionsleistung relativ gering ist, steigen auch hierdurch die Stückkosten.

Viertens schließlich können die Produktionsanlagen der meisten Betriebe mehrschichtig ausgenutzt werden. Auch hierdurch steigen die Stückkosten, da die Gesamtkosten schneller steigen als die Produktionsmenge zunimmt (Zuschläge für Nacht- und Sonntagsarbeit, höhere Stromkosten u. dgl.).

Wie sich die Stückkosten konkret entwickeln, das hängt natürlich von der jeweiligen Entwicklung der verschiedenen Kostenarten ab, und es kann sogar sein, daß bei einer Ausnutzung, die über die maximale Kapazität hinausgeht, die Stückkosten nicht steigen, weil Kostensteigerungen auf der einen Seite durch Kostensenkungen auf der anderen Seite kompensiert werden. Dies kann z. B. dann der Fall sein, wenn betriebliche Engpässe mit Überkapazitäten verbunden sind, so daß die durch die übermäßige Ausnutzung der „Engpaßteile“ entstehenden zusätzlichen Kosten durch Kostensenkungen ausgeglichen werden, die sich daraus ergeben, daß normalerweise nicht voll ausgelastete Betriebsteile voll ausgelastet werden.

Alle diese Umstände beeinflussen die Selbstkosten und bewirken, daß die Stückkosten bei einer Produktion unter oder über dem jeweiligen Optimum steigen. Aber diese Umstände und damit diese Kostenentwicklung, die zuletzt ihre Ursachen immer im jeweiligen Niveau der Arbeitsproduktivität hat, sind nicht starr und unbeeinflußbar. Gerade hier beginnt der Kampf der Werktätigen um die Senkung der Selbstkosten der Produktion durch die weitere Steigerung der Arbeitsproduktivität. Dafür gibt es zahlreiche Möglichkeiten, auch bei restloser Ausnutzung der Produktionskapazitäten, wie z. B. die persönliche Pflege der Maschinen zur Einsparung von Amortisationskosten, Reparaturkosten usw.

Der vollen Ausnutzung der vorhandenen Kapazitäten kommt eine nicht zu unterschätzende Bedeutung zu. Dabei spielt auch die Bestimmung des Begriffs der Kapazität eine große Rolle, wobei berücksichtigt werden muß, daß die Kapazität eines Betriebes keine starre Größe ist, sondern eine sehr elastische, von einer Reihe von Faktoren abhängige Größe. Die Kapazität eines Betriebes kann jeweils nur für eine bestimmte Nomenklatur von Erzeugnissen bestimmt und muß bei Veränderungen dieser Nomenklatur neu berechnet werden.[99d] Ändert sich die Erzeugnisnomenklatur laufend, so muß auch die Produktionskapazität laufend neu bestimmt werden. Wenn man unter der Produktionskapazität eines Betriebes die maximale Produktion einer bestimmten Erzeugnisnomenklatur versteht, so muß man nicht nur von einer gegebenen Schichteinteilung ausgehen, sondern auch davon, daß der Betrieb die vorhandenen Anlagen und Maschinen vollständig ausnutzt und modernste Fertigungsprozesse sowie fortschrittliche Formen der Organisation der Produktion hierbei anwendet. Tut man das nicht, so kommt man zu einer zu geringen Kapazität. A. Kostoussow hebt zu Recht hervor, daß einer „umfassenderen und rationelleren Auslastung der *Produktionskapazitäten*“ neben „der Bestimmung des Produktionsvolumens ... in der Planung ... eine erhebliche Bedeutung“ zukommt. „Zur Zeit richten aber leider weder die für Planung und Statistik zuständigen Stellen noch die Forschungsinstitute genügendes Augenmerk auf die Untersuchung und Berechnung der Auslastung. Für die Bestimmung und Berechnung der Produktionskapazitäten sind daher noch nicht in ausreichendem Umfang geeignete Methoden entwickelt worden, und die von einigen Organisationen in dieser Richtung geleistete Arbeit entspricht ... nicht den zur Verbesserung der Qualität der Planung gestellten Aufgaben.“[99e]

Wenn somit der Bestimmung des Begriffs der Kapazität mehr Aufmerksamkeit zugewandt werden muß, so folgt daraus, daß das auch für die Bestimmung des Begriffs der Gesamtkosten zutrifft, denn die Gesamtkosten hängen natürlich in hohem Maße von der Produktionskapazität ab. Wir können sagen, daß jeder Kapazität ein bestimmtes Niveau der Gesamtkosten entspricht und daß mit der Veränderung der Erzeugnisnomenklatur sich nicht nur die Notwendigkeit ergibt, die Produktionskapazität neu zu bestimmen, sondern auch die Gesamtkosten des Betriebes neu zu ermitteln. Daraus folgt aber, daß auch die Kostenkurven eines Betriebes nicht ein für allemal gegeben sind, sondern sich mit der Kapazität verändern. Dabei handelt es sich nicht – das sei noch einmal hervorgehoben – um die Schaffung neuer Kapazitäten durch Investitionen, sondern um die rationelle Ausnutzung der gemachten Investitionen.

Worum geht es? Wir stellten fest, daß die Gesamtkosten konstant oder variabel sind, die Stückkosten degressiv bzw. progressiv oder proportional. Doch sind hierzu noch zwei weitere Bemerkungen erforderlich:

Es muß *erstens* beachtet werden, daß sich die Einteilung der Gesamtkosten in konstante und variable Kosten insofern nicht exakt mit der Wirklichkeit deckt, als sich die Materialkosten und die Lohnkosten nur proportional entwickeln, wenn es sich um relativ geringe Veränderungen in der Produktionsmenge handelt und keine Veränderungen des Durchschnittslohnes stattfinden. Bei größeren Veränderungen in der Produktionsmenge und bei Erhöhung des Durchschnittslohnes (z. B. durch Überstundenzuschläge) entwickeln sich Materialkosten und Lohnkosten progressiv. Dazu kommt, daß die Gemeinkosten sich fast immer aus einem konstanten und variablen Teil zusammensetzen. Für unsere prinzipiellen Überlegungen können wir das aber vernachlässigen und die Gemeinkosten insgesamt als konstante Kosten behandeln – ebenso wie die Abschreibungen, die nicht variabel, aber auch nicht völlig konstant sind (z. B. höhere Abschreibungssätze bei Mehrschichtensystem).

Die *zweite* Bemerkung ist grundsätzlicher Art, weil sie die Abhängigkeit der Entwicklung der Kosten von der Entwicklung der Arbeitsproduktivität betrifft. Die Kosten für Arbeitsmittel und die Gemeinkosten sind nur dann als Gesamtkosten konstant und die Lohnkosten und die Materialkosten nur dann als Gesamtkosten variabel, wenn die Produktion erhöht wird, weil die Produktionskapazität bisher nicht voll ausgenutzt war. Wird die Produktion dagegen durch eine Steigerung der Arbeitsproduktivität erhöht, ohne daß Investitionen erforderlich waren, so werden die Lohnkosten zu konstanten Kosten. Wird die Produktion schließlich durch eine Steigerung der Arbeitsproduktivität erhöht, zu der Investitionen erforderlich waren, so werden die Kosten für Arbeitsmittel variabel. Ob sich die Stückkosten proportional, progressiv oder degressiv entwickeln, das hängt davon ab, durch welche Maßnahmen die zu einer Erhöhung der Produktion führende Steigerung der Arbeitsproduktivität erreicht wird. Da die bürgerliche Betriebswirtschaftlehre (und die moderne bürgerliche sogenannte Kosten- und Preistheorie) gleichbleibendes technisch-organisatorisches Niveau als den Normalfall betrachten, konstruieren sie ihre Kostenkurven, die die Entwicklung der Kosten nur bei unterschiedlicher Kapazitätsausnutzung darstellen.

Die Frage des betrieblichen Optimums spielt somit auch unter sozialistischen Produktionsbedingungen eine Rolle. Während aber unter kapitalistischen Bedingungen das Betriebsoptimum nur durch das Selbstkostenminimum bestimmt wird, weil das Ziel der kapitalistischen Produktion die höchstmögliche Rentabilität der Betriebe ist, wird das Betriebsoptimum des sozialistischen Betriebes durch eine optimale Kombination von Arbeitsproduktivität und Selbstkosten bestimmt. Eine solche optimale Kombination kann entweder bedeuten:

maximale Arbeitsproduktivität bei minimal-möglichen Selbstkosten

oder:

minimale Selbstkosten bei maximal-möglicher Arbeitsproduktivität.

Siegfried Tannhäuser, der sich in seiner Arbeit über „Dynamik der Selbstkosten in Abhängigkeit von der Veränderung des Produktionsvolumens"[99f] u. a. auch mit der Bestimmung des Betriebsoptimums im sozialistischen Industriebetrieb beschäftigt, formuliert fünf Merkmale hierfür:

1. „Jeder Produktionsprozeß mit einem selbständigen Kostenverlauf hat ein eigenes Kostenminimum."[99g]
2. „Das Kostenoptimum eines Produktionsprozesses in der Industrie liegt bei der Produktionshöhe, die zu den niedrigsten Einzelselbstkosten führt; in der Regel, d. h. bei unterproportionalen Selbstkostenverlauf, fallen Produktionsmaximum und Kostenminimum zusammen."[99h]
3. „Die niedrigsten Selbstkosten je Mengeneinheit als Kennzeichen des Optimums in der sozialistischen Industrie sind nur unter Einhaltung der sozialistischen Prinzipien der Produktion und Verteilung zu verstehen."[99i]
4. „Das Kostenoptimum in der sozialistischen Industrie hat einen dynamischen Charakter, der durch den Einfluß des Menschen in der Produktion bei sozialistischer Gemeinschaftsarbeit und bei Anwendung der modernen Technik hervorgerufen wird."[99k]
5. „Das Kostenoptimum eines sozialistischen Industriebetriebes mit veränderlichem Produktionssortiment ergibt sich bei vollständiger Auslastung der Produktionskapazität als Summe der Einzeloptima, die im Vergleich zu anderen Betrieben die relativ niedrigsten Einheitsselbstkosten aufweisen."[99l]

Tannhäuser geht auf den Zusammenhang zwischen Selbstkostenoptimum und Niveau der Arbeitsproduktivität nicht ein.[100] Doch ergibt sich aus den von ihm angeführten fünf Merkmalen für das Kostenoptimum nicht, daß er es mit maximaler Arbeitsproduktivität identifiziert. Mir scheint es daher zweckmäßig zu sein, vom Betriebsoptimum zu sprechen, statt von Kostenoptimum und das Betriebsoptimum zu definieren als dasjenige Produktionsniveau, wo bei gegebenem Niveau der Arbeitsproduktivität die Selbstkosten je Produktionseinheit am niedrigsten sind. Daraus folgt, insbesondere wenn man von den letzten von Tannhäuser formulierten Merkmal ausgeht, daß das optimale Produktionsniveau eines sozialistischen Betriebes doppelt bestimmt werden muß. Es muß bestimmt werden

1. als dasjenige Produktionsniveau, das bei gegebenen Selbstkosten je Stück zu höchster Arbeitsproduktivität führt, und
2. als dasjenige Produktionsniveau, das bei gegebener Arbeitsproduktivität zu niedrigsten Stückselbstkosten führt.

Hierzu ist eine weitere Bemerkung notwendig.

Man kann die Bestimmung des Betriebsoptimums durchaus als eine Doppelwertaufgabe im Rahmen der linearen Programmierung auffassen: als die Bestimmung desjenigen Produktionsniveaus eines Betriebes, das bei maximaler Arbeitsproduktivität minimale Selbstkosten ergibt. Das ist eine durchaus notwendige Methode, um in den Betrieben Engpässe aufzudecken und festzustellen, wo die gesellschaftliche Arbeit in der Produktion am schlechtesten ausgenutzt wird, so daß die höchsten Selbstkosten anfallen. Die lineare Programmierung gestattet der Leitung der Betriebe jederzeit einen Überblick über die Produktion und die anfallenden Selbstkosten. Aber Tannhäuser betont zu Recht, daß es sich um ein Optimum *sozialistischer* Betriebe handelt und dieses Optimum kann nicht durch die Leitung der Betriebe allein vermittels administrativer Maßnahmen auf Grund mathematischer Methoden verwirklicht werden. So wichtig und unerläßlich solche Methoden für die Leitung und Planung von Industriebetrieben auch sind, sie sind für *sozialistische* Industriebetriebe nicht ausreichend und müssen durch die aktive Teilnahme aller Werktätigen an der Leitung und Planung der Betriebe nicht nur „ergänzt“, sondern verwirklicht werden. Die mathematischen Methoden bekommen erst durch diese aktive Teilnahme der Massen ihren Inhalt, weil die Ziele der sozialistischen Produktion nur durch die höchste, die bewußte Aktivität der Massen verwirklicht werden können. Es muß beachtet werden, daß die politischen Ziele einen großen Einfluß auf die ökonomische Aufgabenstellung, d. h. auf die Planung der sozialistischen Volkswirtschaft haben. So gaben politische Ziele den Anstoß für die wichtigste fortschrittliche Bewegung der Werktätigen der letzten Jahre: für das Produktionsaufgebot zum Abschluß eines Friedensvertrages. Deshalb kommt es auch darauf an, das Produktionsaufgebot nicht dem Selbstlauf zu überlassen, sondern alle Werktätigen daran zu beteiligen. Als positiver Ausdruck des wachsenden sozialistischen Bewußtseins der Arbeiterklasse und der werktätigen Massen erfordert das Produktionsaufgebot eine wesentlich qualifiziertere Arbeitsweise jedes Werkdirektors und aller leitenden Kräfte der Wirtschaft. Das betrifft vor allem ein stabiles System der Einzelleitung bei persönlicher Verantwortung jedes Leiters, gestützt auf die Erfahrungen des Kollektivs.

Um das jeweils günstigste Produktionsniveau der Betriebe zu erkennen, sind eingehende Analysen sowohl der jeweiligen Kostenstruktur als auch des Kostenverlaufs notwendig.[101] Diese Analysen müssen von dem Begriff des technisch-organisatorischen Niveaus ausgehen, das eine sowohl den einzelnen Betrieb als auch die Zweige und die ganze Wirtschaft charakterisierende Norm ist.

Der Begriff des technisch-organisatorischen Niveaus ist dadurch gekennzeichnet, daß mit ihm ein günstiges Verhältnis zwischen Arbeitsproduktivität und Stückkosten verbunden ist. Um dieses Niveau aufrechtzuerhalten, sind Kosten erforderlich, die unabhängig von der realisierten Produktionsmenge entstehen. Auf der Grundlage dieses Niveaus sind verschiedene Grade der Arbeitsproduktivität möglich, die jeweils mit verschiedenen Stückkosten zusammenhängen. Mit einem bestimmten technisch-organisatorischen Niveau sind also zwar ein bestimmtes Niveau der Arbeitsproduktivität und der Stückkosten verbunden, jedoch verschiedene Grade der Arbeitsproduktivität und der Selbstkosten, die sich aus der Ausnutzung der gegebenen technischen und organisatorischen Möglichkeiten ergeben. Je nach Ausnutzung der durch das technisch-organisatorische Niveau gegebenen objektiven Möglichkeiten schwanken Arbeitsproduktivität und Stückkosten um ein Niveau, das wir als ihr optimales Niveau bezeichnen.

Das jeweilige technisch-organisatorische Niveau ist aber nicht nur durch die beiden quantitativen Merkmale:

1. erreichtes Niveau der Arbeitsproduktivität und
2. erreichtes Niveau der Stückkosten

charakterisiert, sondern auch durch qualitative Merkmale. Das technisch-organisatorische Niveau ist selbst ein qualitativer Begriff, der

1. durch den erreichten Stand der Technik (Modernität der vorhandenen Anlagen und Ausrüstungen) und
2. durch den Abnutzungsgrad der Anlagen und Ausrüstungen

sowie durch die Art und Weise der Kombination der objektiven und subjektiven Faktoren des Arbeitsprozesses, die durch die gesellschaftlichen Verhältnisse bestimmt wird, charakterisiert ist.

Die technische und die organisatorische Komponente des technisch-organisatorischen Niveaus bedingen einander zwar insofern, als ein bestimmter Entwicklungsstand der Technik eine bestimmte Form der Organisation der Produktion erfordert, aber die organisatorische Komponente ist nicht allein von den jeweiligen technischen Bedingungen abhängig, sondern vor allem von den jeweiligen Produktionsverhältnissen. So wird der durch das kapitalistische Eigentum an den Produktionsmitteln bedingte Betriebsabsolutismus, der eine Masseninitiative der Werktätigen unmöglich macht, unter den Bedingungen des sozialistischen Eigentums an den Produktionsmitteln durch eine Betriebsdemokratie ersetzt, die bei zentraler Leitung des Betriebsgeschehens eine maximale Entfaltung der Masseninitiative ermöglicht.

Es ist notwendig, bevor wir die quantifizierbaren Faktoren des technisch-organisatorischen Niveaus näher untersuchen, die Rolle dieser gesellschaftlichen Bedingungen nachdrücklich zu unterstreichen. Sie ergeben sich aus den sozialistischen Eigentumsverhältnissen an den Produktionsmitteln und der sozialistischen Organisation der gesellschaftlichen Arbeit. Da sich im Sozialismus die Produktionsverhältnisse mit dem Charakter der Produktivkräfte grundsätzlich in Übereinstimmung befinden und Widersprüche zwischen ihnen nur zeitweilig und vorübergehend auftreten können, weil sie durch die bewußte Aktion der Gesellschaft gelöst werden, bilden die gesellschaftlichen Bedingungen hier ständig wirkende positive Faktoren der Entwicklung von Arbeitsproduktivität und Selbstkosten. Aus den Produktionsverhältnissen sich ergebend, wirken sie in allen Zweigen und Betrieben der Produktion, und zwar stets in Verbindung mit den jeweiligen technisch-organisatorischen Faktoren, den drei „natürlichen" Momenten jedes Arbeitsprozesses, den Arbeitsmitteln, den Arbeitsgegenständen und der Arbeitskraft sowie der Organisation der Produktion und der Arbeit.

Die Leitung und Planung der sozialistischen Betriebe beruht auf dem demokratischen Zentralismus. Das bedeutet Einzelleitung der Betriebe bei aktiver Teilnahme aller Werktätigen an der Leitung und Planung der Betriebe. Daher ist auch der Begriff des technisch-organisatorischen Niveaus nicht formal, im Sinne eines Betriebes „an sich", sondern nur im Sinne des *sozialistischen* Betriebes zu verstehen. Weder die maximale Ausnutzung der vorhandenen Anlagen und Ausrüstungen noch der betrieblichen Arbeitszeit ist durch administrative Maßnahmen allein zu verwirklichen. Die Initiative der aktiv an der Leitung und Planung der Betriebe beteiligten Massen und ihre Erfahrungen, Kenntnisse und Fähigkeiten sind vielmehr eine gewaltige Quelle sowohl für die Steigerung der Arbeitsproduktivität und Senkung der Selbstkosten bei gegebenem technisch-organisatorischem Niveau als auch zur Entwicklung eines neuen, höheren Niveaus durch den wissenschaftlich-technischen Fortschritt. Der Kampf um die Steigerung der Arbeitsproduktivität und Senkung der Selbstkosten ist nicht eine Angelegenheit des leitungstechnischen Personals, sondern des ganzen Kollektivs der Werktätigen. Damit hängt auch die längst noch nicht verwirklichte Forderung zusammen, daß alle wichtigen Kennziffern bis auf die untersten Betriebseinheiten, d. h. mindestens bis auf den Meisterbereich aufgeschlüsselt werden müssen.

Aber das Gesagte gilt natürlich nicht nur für die Leitung der sozialistischen Betriebe.

Auch die Leitungsaufgabe der sozialistischen Volkswirtschaft ist sowohl in ihren Maßstäben als auch in ihren Zielen nicht mit der Leitung einer kapitalistischen Volkswirtschaft vergleichbar. Die sozialistische Volkswirtschaft entwickelt sich als ein einheitliches Ganzes und ihre Leitung erfordert daher optimale ökonomische Lösungen für die Ausnutzung der vorhandenen Möglichkeiten und Reserven. Das bedeutet, daß sie sich auf eine termingerechte und ausreichend exakte Information gründet, die in einem geschlossenen Kennziffernsystem alle grundlegenden bzw. wichtigen ökonomischen Prozesse und Erscheinungen widerspiegelt. Dazu gehören aber auch die betrieblichen oder technisch-organisatorischen Faktoren, die auf der Grundlage der gesellschaftlichen Bedingungen wirken. Sie führen immer

1. zu einer absoluten und relativen Senkung des Aufwandes an lebendiger und vergegenständlichter Arbeit je produzierter Einheit bzw.
2. zu einer Erhöhung der Produktion je Einheit an lebendiger Arbeit.

Das technische Niveau eines Betriebes kommt in der Gesamtheit der Anlagen und Ausrüstungen zum Ausdruck, die zur Erfüllung des Betriebszweckes, der Erzeugung eines bestimmten Produktes oder eines bestimmten Produktionssortimentes, erforderlich sind.

Der technische Fortschritt kommt in der Regel nicht als eine die gesamte Technik umwälzende Veränderung zum Vorschein, sondern in mehr oder weniger sich ständig vollziehenden kleinen Veränderungen. Das führt oft dazu, daß, obwohl der Abnutzungsgrad der Anlagen und Ausrüstungen noch relativ niedrig ist, diese allmählich hinter dem erreichten Stand der Technik zurückbleiben. Sie müssen daher ebenso ständig dem technischen Fortschritt angepaßt werden. Geschieht das nicht, so kann auch bei optimaler Ausnutzung der betrieblichen Kapazität nicht das mögliche Minimum der Stückkosten verwirklicht werden, zumal dann, wenn noch hinzukommt, daß zur Erreichung einer maximalen Produktion eine maximale Arbeitsproduktivität angestrebt werden muß. Die ständige Anpassung der betrieblichen Einrichtungen an den technischen Fortschritt vollzieht sich, wenn mit dem Ersatz abgenutzter Anlagen und Ausrüstungen ihre qualitative Verbesserung erreicht wird. Je moderner die betrieblichen Einrichtungen sind und je niedriger ihr Abnutzungsgrad ist, um so höher ist in der Regel auch die Arbeitsproduktivität. Das Verhältnis zwischen den modernen und unmodernen sowie zwischen den wenig und den mehr abgenutzten betrieblichen Anlagen und Ausrüstungen ist ein weiteres wichtiges qualitatives Merkmal des technisch-organisatorischen Niveaus, von dem die Arbeitsproduktivität abhängt. Dagegen hängt das Niveau der Stückkosten in hohem Maße von der zweiten Komponente des technisch-organisatorischen Niveaus, von der betrieblichen Organisation ab. Die betriebliche Organisation ist ein komplexer Begriff, den wir nicht im einzelnen untersuchen, sondern nur nach seinen allgemeinen Zügen charakterisieren wollen. Die Organisation eines Betriebes umfaßt die Kombination der drei Faktoren des Arbeitsprozesses und ist in hohem Maße von der gesellschaftlichen Organisation der Produktion abhängig, wie schon betont wurde. Jedoch von dieser (gesellschaftlichen) Seite abgesehen, umfaßt die Organisation des Betriebes solche Funktionen, wie die Abstimmung der quantitativen und qualitativen Kapazität der Arbeitsmittel, die zweckmäßige Auswahl der Arbeitsgegenstände und die Organisation ihres stetigen Flusses, die quantitative Abstimmung der verschiedenen Qualifikationsstufen der Arbeitskräfte usw. All das sind Aufgaben des leitungs-technischen Personals, das mit zunehmender Komplizierung der technischen und ökonomischen Prozesse relativ ebenso anwächst wie das ingenieurtechnische Personal. Wir können allgemein als das Ziel der Arbeit des leitungstechnischen Personals die Realisierung des betrieblichen Optimums durch eine entsprechende Proportionierung der Faktoren des Arbeitsprozesses in quantitativer und qualitativer Hinsicht bestimmen oder anders ausgedrückt, die Herstellung solcher Proportionen, daß die Stückkosten minimal werden. Werden z. B. die Kapazitäten der Arbeitsmittel nicht voll oder zu hoch ausgenutzt, so können die Stückkosten nicht minimal sein. Das gleiche ist der Fall, wenn Arbeitsmittel für Produktionszwecke eingesetzt werden, für die ihre qualitative Kapazität zu hoch oder zu niedrig ist oder wenn die Arbeitsgegenstände unzweckmäßig sind oder ihr Fluß stockend ist. Es ist einleuchtend, daß von verschiedenen Betrieben mit gleichem Produktionsprogramm derjenige die günstigste Kostensituation hat, dessen technische Ausrüstung für das Produktionsprogramm am besten geeignet ist, der mit den für die Produktion am besten geeigneten Materialien beliefert wird und dessen Belegschaft den höchsten Qualifikationsgrad aufweist.

Das technisch-organisatorische Niveau ist also eine qualitative Norm, zu der sich Schwankungen der Arbeitsproduktivität und der Selbstkosten ausgleichen. Es ist nicht durch eine trendmäßige Erhöhung der Arbeitsproduktivität oder Senkung der Selbstkosten gekennzeichnet, wie sie durch Veränderungen der qualitativen Bedingungen des Arbeitsprozesses erreicht wird, wie z. B. Erneuerung des Maschinenparks, Verwendung besserer oder geeigneterer Materialien oder Verbesserung der Arbeitsvorbereitung und dergleichen.

b) Die Senkung der Selbstkosten durch Steigerung der Arbeitsproduktivität

Dem Begriff des technisch-organisatorischen Niveaus kommt große praktische Bedeutung zu. Dieses Niveau ist durch ein bestimmtes Niveau der Arbeitsproduktivität und der Selbstkosten charakterisiert, das zwar – je nach der Ausschöpfung der objektiven Möglichkeiten des gegebenen technisch-organisatorischen Niveaus – innerhalb einer gewissen Schwankungsbreite verwirklicht, aber nicht ohne Veränderung des technisch-organisatorischen Niveaus überschritten werden kann. Mit jedem technisch-organisatorischen Niveau ist aber auch ein jeweils günstigstes Verhältnis zwischen Arbeitsproduktivität und Selbstkosten gegeben, und um ein neues günstigeres Verhältnis zwischen Arbeitsproduktivität und Selbstkosten zu erreichen, muß auch ein neues, höheres technisch-organisatorisches Niveau erreicht werden. Dabei ist es zunächst eine Frage von untergeordneter Bedeutung, wie dieses neue, höhere Niveau erreicht wird, ob mit oder ohne Investitionen. Unter der Voraussetzung eines gegebenen technisch-organisatorischen Niveaus wachsen Lohnkosten und Materialkosten proportional der Produktionsmenge. Die Kosten für Arbeitsmittel, Gemeinkosten und Löhne wachsen progressiv, wenn die Kapazität überschritten wird, so daß sich ein Minimum der Durchschnittskosten ergibt, und die Stückkostenkurve verläuft links und rechts von diesem Kostenminimum ansteigend. Die typische Kurve ist aber eine Kurve, die das Sinken der Stückkosten durch Steigerung der Arbeitsproduktivität zum Ausdruck bringt und dieser Kurve, die Kostenminimum mit Kostenminimum verbindet, entspricht die Kurve der ständig steigenden Arbeitsproduktivität. Die Arbeitsproduktivität erhöht sich von einem mit einem bestimmten technisch-organisatorischen Niveau gegebenen Niveau zum anderen mit einem höheren technisch-organisatorischen Niveau gegebenen Niveau nicht, ohne – ebenso wie die jeweiligen Stückkosten – jeweils einen gewissen Schwankungsbereich zu haben. Jedoch erhöht sich das Schwankungszentrum der Arbeitsproduktivität ebenso von einem technisch-organisatorischen Niveau zu einem anderen technisch-organisatorischen Niveau, wie das Schwankungszentrum der Kosten von einem solchen zu einem anderen Niveau sinkt.

Wir drücken das *technische Niveau* aus durch

$$Tvi = \frac{Tv}{Tl} \quad \text{oder} \quad Tvi' = \frac{Tv'}{Tl'}.$$

Diese Kennziffer bringt die durch den technischen Fortschritt zunehmende Ausrüstung der lebendigen Arbeit mit vergegenständlichter Arbeit in Gestalt von Produktionsmitteln der verschiedenen Art zum Ausdruck. Obwohl sich der technische Fortschritt in der Regel nicht in einer, die gesamte Technik umwälzenden Veränderung, sondern in mehr oder minder sich ständig vollziehenden kleinen Veränderungen durchsetzt, zeigt diese Kennziffer eine ständig steigende Tendenz (vgl. Übersicht 1 im nächsten Abschnitt).

Die ständige Anpassung der Betriebe an den technischen Fortschritt vollzieht sich durch Neuinvestitionen (intensive erweiterte Reproduktion) oder Ersatzinvestitionen (intensive einfache Reproduktion). Je moderner die betrieblichen Einrichtungen sind und je niedriger ihr Abnutzungsgrad, um so höher ist auch die Arbeitsproduktivität und damit um so niedriger der Aufwand an gesellschaftlicher (lebendiger und vergegenständlichter) Arbeit. Das Verhältnis zwischen den modernen und unmodernen sowie zwischen den wenig und den mehr abgenutzten betrieblichen Anlagen und Ausrüstungen ist daher ein weiteres wichtiges Merkmal des technischen Niveaus, von dem Arbeitsproduktivität und Selbstkosten abhängen.

Die folgende Übersicht vermittelt einen Einblick in die Altersstruktur der Arbeitsmittel in der Industrie der Deutschen Demokratischen Republik.

Das Niveau des gesellschaftlichen Arbeitsaufwandes hängt aber in hohem Maße von der zweiten Komponente des technisch-organisatorischen Niveaus, von der *betrieblichen Organisation* ab. Wir drücken diese Komponente aus durch

$$e_{tv} = \frac{Q}{Tv} \quad \text{bzw.} \quad e'_{tv} = \frac{Q'}{Tv'}.$$

Diese Kennziffer ist von ganz besonderem Interesse, da sie einerseits von der altersmäßigen Zusammensetzung der produktiven Fonds und andererseits von ihrer Ausnutzung abhängt. Dabei können wir die Kennziffer verschieden interpretieren, je nachdem, ob Tv als Summe der produktiven Fonds (Grundfonds und Umlauffonds, Arbeitsmittel und Arbeitsgegenstände) verstanden wird oder als verbrauchte vergegenständlichte Arbeit. Während die Kennziffer im ersten Fall besonders für langfristige Analysen geeignet ist, weil sie die Ausnutzung der gesamten Produktionsfonds zeigt, ist sie im zweiten Fall der reziproke Wert der Kosten des Produktionsverbrauchs je Produktionseinheit und besonders für kurz-

Altersstruktur wichtiger Maschinengruppen

Gruppen 1 bis 3: 20. 6. 1958
Gruppen 4 bis 6: 31. 3. 1960
Gruppen 7 und 8: 1. 1. 1961

Maschinengruppe	Prozentualer Anteil der Maschinen in der Altersgruppe bis 10 Jahre	davon bis 5 Jahre	davon über 5 bis 10 Jahre
1. Werkzeugmaschinen	38,3	22,6	15,7
davon:			
Spanabhebende Maschinen	39,4	22,9	16,5
Maschinen der spanlosen Formung	34,3	21,4	12,9
2. Großgeräte in Braunkohlentagebauen			
Absetzer	19,2	19,2	—
Schaufelradbagger	48,0	45,3	2,7
Eimerkettenbagger	12,7	10,6	2,1
Förderbrücken	42,9	28,6	14,3
3. Hauptaggregate der Zementindustrie			
Vorrichtungen zur Grobzerkleinerung	38,4	.	.
Mühlen auf der Rohseite	23,8	.	.
Brennöfen	28,5	.	.
Zerkleinerungseinrichtungen auf der Feinseite	22,2	.	.
4. Gießereimaschinen und -anlagen	52,4	35,2	17,1
5. Schweißmaschinen und -geräte	70,2	50,6	19,6
6. Maschinen und Anlagen der Kabelindustrie	22,7	14,6	8,1
7. Automatische und automatisierte MFR	80,5	69,0	11,5
8. Einzelautomaten und automatisierte Maschinen	57,0	48,9	8,1
davon:			
Einzelautomaten	51,7	44,9	6,8
automatisierte Maschinen	60,5	51,5	9,0

Quelle: Statistische Praxis, Jg. 1961, Heft 11, S. 287.

fristige Analysen geeignet. In beiden Fällen aber zeigt die Kennziffer den Grad der Ausnutzung der produktiven Fonds und seine Veränderung, die wesentlich von der Organisation der Produktion und der Arbeit abhängt. Sinkende Effektivität der vergegenständlichten Arbeit mindert den Effekt des technischen Fortschritts auf die Steigerung der Arbeitsproduktivität und umgekehrt wird dieser Effekt durch wachsende Effektivität der vergegenständlichten Arbeit erhöht.

Wie schon betont, wird die organisatorische Komponente des technisch-organisatorischen Niveaus vor allem von der Organisation der Produktion und der Arbeit bestimmt. Die Organisation der Produktion und der Arbeit umfaßt solche Funktionen, wie die Abstimmung der quantitativen und qualitativen Kapazität der Arbeitsmittel, die zweckmäßige Auswahl der Arbeitsgegenstände und die Organisation ihres stetigen Flusses, die quantitative Abstimmung der verschiedenen Qualifikationsstufen der Arbeitskräfte usw.

All diese und andere Momente müssen sorgsam und immer erneut abgestimmt werden, um die erreichte Technik so auszunutzen, daß der Arbeitsaufwand minimal wird. Das ist nur dann der Fall, wenn eine optimale Kombination des Aufwandes an lebendiger und vergegenständlichter Arbeit verwirklicht ist. Während unter kapitalistischen Bedingungen eine solche optimale Proportionierung nur durch die Initiative der Eigentümer der Produktionsmittel und ihrer Beauftragten erreicht werden kann und die Arbeiter hieran nicht interessiert sind, wird sie unter sozialistischen Bedingungen durch die Initiative des gesamten Kollektivs der Werktätigen erreicht, weil alle Werktätigen daran interessiert sind. Aus diesem Grunde muß auch bei gegebenem technischen Niveau die optimale Kombination der objektiven und subjektiven Bedingungen der Produktion in sozialistischen Betrieben leichter als in kapitalistischen Betrieben zu erreichen sein. Wenn wir das betriebliche Optimum ganz allgemein als eine solche Proportionierung der Elemente des Arbeitsprozesses in quantitativer und qualitativer Hinsicht definieren, daß der Aufwand an gesellschaftlicher Arbeit zu einem Minimum wird, kann der Arbeitsaufwand nicht minimal sein, wenn z. B. die Kapazitäten der Arbeitsmittel nicht voll oder auch übermäßig ausgenutzt werden. Das betriebliche Optimum kann also jeweils nur für ein gegebenes technisch-organisatorisches Niveau bestimmt werden, und die Entwicklung von einem zu einem anderen technisch-organisatorischen Niveau entspricht der Entwicklung von einem zu einem anderen betrieblichen Optimum. Das Charakteristische des betrieblichen Optimums besteht darin, daß alle Möglichkeiten eines gegebenen technisch-organisatorischen Niveaus ausgeschöpft werden.

Die Verbesserung in der Ausnutzung der gesellschaftlichen (lebendigen und vergegenständlichten) Arbeit wird also nicht nur durch technischen Fortschritt, d. h. durch intensive (einfache und erweiterte) Reproduktion erreicht, sondern auch durch Rationalisierung der Organisation der Produktion. Während der technische Fortschritt in der Regel mit Investitionen verbunden ist und daher zu einem Ansteigen des Index der Produktionsmittelintensität führt, bewirkt die Rationalisierung der Organisation der Produktion eine Steigerung der Arbeitsproduktivität und Senkung der Selbstkosten ohne Investitionen.

Wir hatten oben die beiden Ausdrücke

$$Ap = \frac{1}{sk \cdot v}$$

bzw.

$$sk = \frac{1}{Ap \cdot v}$$

bestimmt. Wenn wir sie als Indizes bezeichnen, können wir nunmehr einen Ausdruck für die Ermittlung des betrieblichen Optimums gewinnen, das durch das Kostenminimum bestimmt wird:

$$sk' = \frac{Tl'}{Q' \cdot v}. \qquad (5.22)$$

Wir benutzen zur Illustration wieder die oben bereits wiedergegebenen Angaben über die sozialistische Industrie der Deutschen Demokratischen Republik.

Sozialistische Industrie der DDR

Jahr	Tl'	Q'	v	$Q' \cdot v$	sk'
1950	100	100	1	100	100
1951	106	123	0,9	111	96
1952	110	144	0,79	114	96
1953	113	161	0,7	112	101
1954	120	185	0,67	124	97
1955	121	200	0,64	128	95
1956	120	204	0,58	119	101
1957	123	226	0,56	127	96
1958	123	261	0,50	131	94
1959	124	294	0,45	132	94
1960	124	315	0,42	132	94

Das Verhältnis von Arbeitsproduktivität zu Selbstkosten verschlechterte sich laufend, weil die Selbstkosten langsamer sanken als durch das Sinken des Aufwandes an lebendiger Arbeit bedingt.

Nicht jede Erhöhung der Produktion je Einheit der aufgewendeten lebendigen Arbeit ist eine Steigerung der Arbeitsproduktivität und führt daher auch zu einer Steigerung des Nutzeffektes der gesamten Arbeit. Ja, es gibt Grenzfälle, wo die Produktion je Einheit lebendiger Arbeit gesteigert wird, ohne daß der Wert je Produkt sinkt. Das wird häufig dann der Fall sein, wenn die Steigerung der Arbeitsproduktivität nur als eine technische, nicht aber als eine ökonomische Angelegenheit angesehen wird. Das Sparsamkeitsprinzip als Prinzip der sozialistischen Ökonomie erfordert jedoch, daß jede Steigerung der Arbeitsproduktivität unter geringstmöglichem Aufwand an vergegenständlichter Arbeit durchgeführt wird. Die zwar technisch möglichen, aber ökonomisch ungünstigen Kombinationen, die den Nutzeffekt der gesamten Arbeit unverändert lassen oder gar senken, müssen ausgeschieden werden, und aus den übrigen muß die optimale Kombination ausgewählt werden.

Es wurde bereits oben (Abschnitt 3) über die Möglichkeit der Ermittlung einer optimalen Variante zwischen Entwicklung der Arbeitsproduktivität und der Entwicklung des gesamten Arbeitsaufwandes gesprochen und dabei der Ausdruck

$$v_t = \frac{a_{tl}}{a_t} \qquad (5.23)$$

formuliert. Ausgehend von

$$v_{sk} = \frac{A w'}{s k'} = \frac{T l'}{S K'} \tag{5.10.3}$$

können wir als günstigste Variante offenbar diejenige formulieren, in der v möglichst nahe 1 ist. Das ist eine solche Variante, bei der die durch eine Steigerung der Arbeitsproduktivität bewirkte Senkung der Selbstkosten nicht durch Kostensteigerungen kompensiert worden ist. In der Regel erhöhen sich mit steigender Arbeitsproduktivität die Durchschnittslöhne, und auch die Kosten des Produktionsverbrauches wachsen, wenn die Steigerung der Arbeitsproduktivität auf technischem Fortschritt beruht, der mit Investitionen verbunden ist. Das wird deutlich, wenn wir ausgehen von

$$v_{sk} = \frac{A w'}{s k'} = \alpha \frac{A w'}{l k'} + \beta \frac{A w'}{p m k'}$$

(lk = Lohnkosten, pmk = Kosten des Produktionsverbrauchs je Erzeugniseinheit).

Beispiel

Variante	Ap'	Aw'	lk'	pmk'	$\frac{Aw'}{lk'}$	$\frac{Aw'}{pmk'}$	sk'	v
1	2	0,5	0,5	0,5	1	1	0,5	1
2	2	0,5	0,5	0,6	1	0,83	0,57	0,88
3	2	0,5	0,6	0,6	0,83	0,83	0,60	0,8
4	2	0,5	0,6	0,7	0,83	0,71	0,67	0,75
5	2	0,5	0,7	0,8	0,71	0,625	0,77	0,65

($\alpha = 0{,}3$, $\beta = 0{,}7$)

Das Beispiel zeigt, wie sich mit zunehmenden Lohnkosten und Kosten des Produktionsverbrauchs bei gegebenem Steigerungsgrad der Arbeitsproduktivität die Kennziffer v verschlechtert.

Es entsteht die Frage, wie das betriebliche – aber auch das volkswirtschaftliche – Optimum

$$v_{sk} = \frac{A w'}{s k'} \text{ opt.}$$

ermittelt werden kann.

Hierfür bietet sich die Methode der linearen Programmierung an, die von der bereits erwähnten Form der Darstellung der Produktionsprozesse in Input-Output-Tabellen ausgeht. Obwohl die Kostenkurve insgesamt nicht linear verläuft, kann man annehmen, daß die Methode der linearen Programmierung für den Bereich eines gegebenen technisch-organisatorischen Niveaus, d. h. für den von mir als „optimal" bezeichneten Bereich durchaus anwendbar ist. Wir nehmen an, daß das Produktionsprogramm eines Betriebes (= n) verschiedene Erzeugnisse umfaßt, zu deren Produktion (= m) verschiedene Produktionsmittel – einschließlich der lebendigen Arbeit – notwendig sind. Außerdem soll die maximale Kapazität eines jeden Produktionsmittels, ausgedrückt in Kosten – sowie der durchschnittliche Aufwand an lebendiger Arbeit je Erzeugnis gegeben sein. Die Frage lautet, welche Produktionsmenge das Optimum, d. h. niedrigster Aufwand an lebendiger Arbeit und an Selbstkosten, verwirklicht?

Um das Problem zunächst allgemein zu formulieren, stellen wir folgende Übersicht auf:

Kosten je Erzeugnis	Erzeugnisse 1	2	3 ⋯ n	maximale Kapazität
1	a_{11}	a_{12}	$a_{13} \cdots a_{1n}$	b_1
2	a_{21}	a_{22}	$a_{23} \cdots a_{2n}$	b_2
3	a_{31}	a_{32}	$a_{33} \cdots a_{3n}$	b_3
.	.	.	. ⋯ .	.
m	a_{m1}	a_{m2}	$a_{m3} \cdots a_{mn}$	b_m
Aufwand an lebendiger Arbeit je Erzeugnis	C_1	C_2	C_3 C_n	

Die Koeffizienten a_{ik} bedeuten jetzt die Kosten, die das Produktionsmittel i bei der Produktion des Erzeugnisses k verursacht. Bezeichnen wir das Produktionsniveau mit $Q_1 Q_2, \ldots Q_n$, dann muß offenbar

$$a_{11} \cdot Q_1 + a_{12} \cdot Q_2 \cdots a_{1n} \cdot Q_n \geq b_1 \tag{5.24}$$

und

$$a_{m1} Q_1 + a_{m2} Q_2 \cdots a_{mn} Q_n \geq b_n$$

sein, d. h., die Produktion eines jeden Erzeugnisses Q_k ist durch die maximale Kapazität eines jeden Produktionsmittels a_i beschränkt, wobei b_i die jeweilige Kapazität, ausgedrückt in Kosten, bedeutet. (Vgl. zur Methode z. B. Korda, „Linearprogrammierung – Wesen und Methode“, in: „Linearprogrammierung im Transportwesen“, Verlag für Verkehrswesen, Berlin 1961, S. 22. In der Schrift ist auch ein Literaturverzeichnis zur Linearprogrammierung enthalten, S. 12.)

Wir erhalten ein System von m linearen Gleichung mit n Unbekannten:

$$\begin{aligned} a_{11} Q_1 + a_{12} \cdot Q_2 + \cdots a_{1n} Q_n &\geq b_1 \\ a_{21} Q_1 + a_{22} \cdot Q_2 + \cdots a_{2n} Q_n &\geq b_2 \\ &\vdots \\ a_{m1} Q_1 + a_{m2} Q_2 + \cdots a_{mn} Q_n &\geq b_m . \end{aligned} \tag{5.25}$$

Aus allen nur möglichen Lösungen dieses Systems sollen diejenigen ermittelt werden, bei denen die lineare Funktion

$$c_1 Q_1 + c_2 Q_2 + \cdots C_n Q_n = \min. \tag{5.26}$$

zum Minimum wird. Diese Funktion wird auch als Ziel- oder Zweckfunktion bezeichnet:

$$\Sigma c_k \cdot Q_k = \min . \tag{5.27}$$

Um das Problem in die Form der Linearprogrammierung zu kleiden, sind somit 3 Elemente notwendig:

1. $c_1 Q_1 + c_2 Q_2 + \cdots c_n \, Q_n = \Sigma \, C_k \cdot Q_k = \min$,
2. $a_{i1} Q_1 + a_{12} Q_2 + \cdots a_{in} \, Q_n = \Sigma \, a_{ik} \, Q_k \geq b_i$,
3. $Q_k \geq 0$ für $k = 1, 2 \cdots n$.

Die Aufgabe besteht darin, die m Gleichungen mit n Unbekannten in der Weise zu lösen, daß die Zielfunktion 1. zum Minimum wird, wobei die Beschränkungen durch 2. und 3. gegeben sind. Außerdem gilt als Nebenbedingung, daß die Variablen keine negativen Werte annehmen dürfen. Zur Lösung solcher Systeme wurde die sogenannte Simplex-Methode ausgearbeitet, die die Auflösung der Gleichungen mechanisiert und alle Rechenvorgänge auf Multiplikationen, Divisionen, Additionen und Subtraktionen zurückführt. Auf die Technik der Linearprogrammierung kann in unserem Zusammenhang nicht eingegangen werden.[102] Jedoch soll nachdrücklich darauf hingewiesen werden, daß diese keineswegs nur auf betriebswirtschaftliche Probleme angewendet werden kann, sondern auch auf volkswirtschaftliche Probleme. Es ist theoretisch gleichgültig, wie groß die Anzahl der Prozesse und Produktionsmittel ist, für welche mit der linearen Programmierung eine optimale Lösung gefunden werden soll. Eine solche optimale Lösung existiert stets, wenn die Aufgabe und der Ansatz richtig formuliert wurden, und kann nach einer endlichen Zahl von Rechengängen gefunden werden. Doch wächst die Zahl der Rechengänge mit der Zahl der Prozesse und Produktionsmittel rasch an. Wenn die Rechenkapazität gegeben ist, kann die Linearprogrammierung um so feiner sein, je geringer die Datenveränderungen sind; umgekehrt muß die Matrix eingeschränkt werden, wenn sich große Datenveränderungen ergeben, wobei hinzu kommt, daß die Erfassung der volkswirtschaftlichen Prozesse natürlich um so gröber wird, je kleiner die Matrix ist. Letzten Endes entscheidet also die Rechentechnik, die zur Verfügung steht, darüber, welche Prozesse und Produktionsmittel man in die Linearprogrammierung einbeziehen kann, um optimale Lösungen für die betriebliche und volkswirtschaftliche Produktion zu finden.

Zur prinzipiellen Seite der linearen Programmierung soll noch einmal W. Nemtschinow zitiert werden. Nemtschinow schreibt in seinem bereits genannten Artikel „Die Anwendung mathematischer Methoden in der Wirtschaftsforschung und Planung“, daß in der Sowjetunion volkswirtschaftliche Abrechnungs- und Planungsbilanzen schon seit 35 Jahren aufgestellt werden und daß große Erfahrungen in der Bilanzierung gesammelt werden konnten. „Die sowjetischen Mathematiker und Ökonomen haben jedoch bislang noch kein allgemein anerkanntes ökonomisch-mathematisches Modell der sozialistischen erweiterten Reproduktion erarbeitet, das auf einem exakt bestimmten System mathematischer

Gleichungen und Ungleichungen beruht und es ermöglicht, verschiedene Extremaufgaben zur Ermittlung des Optimums zu lösen. Ein solches Modell muß auf den fundamentalen wissenschaftlichen Grundlagen der politischen Ökonomie des Sozialismus beruhen und dabei die Lösung der Extremwert-Doppelaufgabe gewährleisten, nämlich bei einem Minimum an gesellschaftlichem Arbeitsaufwand einen unter den gegebenen Bedingungen höchstmöglichen Stand der materiellen Versorgung der Mitglieder der Gesellschaft zu sichern."[103] Nemtschinow fügt hinzu, daß in einem solchen Bilanzmodell die lösenden Multiplikatoren die Größen des Aufwandes an gesellschaftlich notwendiger Arbeit in Arbeitszeiteinheiten und nicht die vom Wert abweichenden Preise sind. Der gesellschaftlich notwendige Arbeitsaufwand für das gesamte gesellschaftliche Endprodukt muß dem Modell „als Minimum zugrunde gelegt werden ..."[104] „Die modernen mathematischen Methoden gestatten es, ein solches Modell zur Bestimmung des gesellschaftlich notwendigen Arbeitsaufwandes (als vollen Aufwands an Arbeitszeit) im optimalen Volkswirtschaftsplan zu bilden, das die Lösung der erwähnten Doppelaufgabe gewährleistet."[105]

Die von W. Nemtschinow erwähnte Extremwert-Doppelaufgabe ist die oben formulierte Bestimmung von

$$v_t = \frac{a_{tl}}{a_t}$$

an Stelle von

$$v_{sk} = \frac{Aw'}{sk'}$$

im volkswirtschaftlichen Maßstab. Das ist zweifellos eine Aufgabe der Grundlagenforschung auf dem Gebiete der politischen Ökonomie des Sozialismus. Doch muß vorher die Aufgabe der Bestimmung des optimalen Verhältnisses zwischen Entwicklung von Arbeitsproduktivität und Selbstkosten gelöst werden.

Es bleibt die Frage nach dem günstigsten Verhältnis der Entwicklung der Arbeitsproduktivität und der Senkung der Selbstkosten. Wenn wir die Senkung der Selbstkosten an der Senkung des Aufwandes an lebendiger Arbeit messen, d. h.

$$\frac{Aw'}{sk'},$$

dann ergibt sich offenbar bei maximaler Senkung der Selbstkosten bei einem gegebenen Steigerungsgrad der Arbeitsproduktivität als maximaler Wert:

$$\frac{Aw'}{sk'} = 1\,.$$

Je kleiner v als 1 ist, um so ungünstiger ist das Verhältnis der Senkung der Selbstkosten zur Steigerung der Arbeitsproduktivität. Es muß durch empirische Untersuchungen entschieden werden, wo bei dem jeweilig erreichten technisch-organisatorischen Niveau der Produktion das optimale Verhältnis liegt.

Das führt aber bereits zu weiteren Überlegungen.

Es sind noch einige abschließende Bemerkungen zum Begriff des technisch-organisatorischen Niveaus erforderlich.

Der Begriff des technisch-organisatorischen Niveaus bringt sowohl den technischen Fortschritt zum Ausdruck, der stets mit intensiver erweiterter Reproduktion verbunden ist, als auch die verbesserte Ausnutzung der vorhandenen Technik. Ein wachsender Index *Tvi'* führt in der Regel auch zu einer Erhöhung der Produktion je Einheit lebendiger Arbeit, aber er führt nicht immer zu einer Senkung des Gesamtarbeitsaufwandes, wenn die Ausnutzung der neuen Technik ungenügend ist. Wachstum des Index *Tvi'* zeigt an, daß eine Steigerung der Arbeitsproduktivität mit Investitionen verbunden ist. Die Arbeitsproduktivität kann aber auch steigen, ohne daß investiert wird, wenn die vorhandene Technik besser ausgenutzt wird. In diesem Fall wächst der Nutzeffekt der gesamten Arbeit (der Index e_t'), ohne daß die Produktionsmittelintensität wächst.

Kennziffer

e_t'	e_{tl}'	Tvi
wächst bleibt gleich sinkt	wächst	wächst
wächst bleibt gleich sinkt	wächst	bleibt gleich oder sinkt

Wenn wir ausgehen von

$$\frac{Q'}{Tl'} = \frac{Q'}{Tv'} \cdot \frac{Tv'}{Tl'},$$

können wir somit unterscheiden:

1. *technischer Fortschritt ohne Rationalisierung:*

$$\left.\begin{array}{l} \frac{Tv'}{Tl'} \text{ steigt} \\ \frac{Q'}{Tv'} \text{ sinkt} \end{array}\right\} \begin{array}{l} \text{die Arbeitsproduktivität steigt,} \\ \text{die Selbstkosten sinken ungenügend.} \end{array}$$

2. *Rationalisierung ohne technischen Fortschritt:*

$$\left.\begin{array}{l} \frac{Tv'}{Tl'} \text{ bleibt gleich oder sinkt} \\ \frac{Q'}{Tv'} \text{ steigt} \end{array}\right\} \begin{array}{l} \text{die Arbeitsproduktivität steigt,} \\ \text{die Selbstkosten werden optimal.} \end{array}$$

3. *technischer Fortschritt und Rationalisierung:*

$$\left.\begin{array}{l} \frac{Tv'}{Tl'} \text{ steigt} \\ \frac{Q'}{Tv'} \text{ steigt} \end{array}\right\} \begin{array}{l} \text{die Arbeitsproduktivität steigt,} \\ \text{und die Selbstkosten sinken} \end{array}$$

Der 3. Fall ist natürlich der für die Praxis interessanteste Fall, obwohl die Entwicklung wahrscheinlich – das müßte durch empirische Analysen geprüft werden – aus Schritten besteht, die aus einer Aufeinanderfolge von Fall 1 und Fall 2 bestehen. Technischer Fortschritt und Rationalisierung werden insbesondere dann zusammentreffen, wenn durch wissenschaftlich-technischen Fortschritt ein neues, höheres technisch-organisatorisches Niveau der Produktion erreicht wird. In diesem Fall wird eine sprunghafte Steigerung der Arbeitsproduktivität und eine sprunghafte Senkung der Selbstkosten erreicht.
In der folgenden *Übersicht* werden die Zusammenhänge zwischen technischem Fortschritt und Rationalisierung bzw. zwischen Steigerung der Arbeitsproduktivität und Senkung der Selbstkosten mit und ohne Investitionen schematisch dargestellt.

Ökonomie der gesellschaftlichen Arbeit

<table>
<tr><td>extensive erweiterte Reproduktion
= Eingliederung zusätzlicher Arbeitskräfte mit herkömmlicher Technik (Erweiterungsinvestitionen)</td><td colspan="2">intensive Reproduktion
= Ausstattung vorhandener Arbeitskräfte mit neuer Technik (Intensivierungsinvestitionen)</td></tr>
<tr><td></td><td>a) leistungsfähigere Technik
(intensive einfache Reproduktion und moralischer Verschleiß)</td><td>b) neue Technik
(intensive erweiterte Reproduktion)</td></tr>
<tr><td>$\frac{T v_n}{T l_n} = \frac{T v_0}{T l_0}$</td><td>$\frac{T v_n}{T l_n} > \frac{T v_0}{T l_0}$</td><td>$\frac{T v_n}{T l_n} > \frac{T v_0}{T l_0}$</td></tr>
<tr><td>$\frac{Q_n}{T v_n} > \frac{Q_0}{T v_0}$</td><td>$\frac{Q_n}{T v_n} = \frac{Q_0}{T v_0}$</td><td>$\frac{Q_n}{T v_n} > \frac{Q_0}{T v_0}$</td></tr>
</table>

<table>
<tr><td>Rationalisierung
Steigerung der Arbeitsproduktivität
und
Senkung der Selbstkosten</td><td>ohne
Investitionen</td><td>technischer Fortschritt
Steigerung der Arbeitsproduktivität
und
Senkung der Selbstkosten</td><td>mit
Investitionen</td></tr>
</table>

Bei steigender Arbeitsproduktivität durch technischen Fortschritt werden die Kosten für Arbeitsmittel variabel. Die Selbstkosten sinken, wenn Kosten für Arbeitsgegenstände, Lohn- und Gemeinkosten konstant bleiben. Der technische Fortschritt ist das wichtigste Mittel, das zu einem Sinken der Selbstkosten auf ein Minimum führt, aber er kann seine ganze Effektivität immer nur dann entfalten, wenn er von entsprechenden Rationalisierungsmaßnahmen begleitet ist. Ist das nicht der Fall, dann führt das dazu, daß jeweils bei gegebenem technisch-organisatorischem Niveau die Stückkosten bei einem bestimmten Niveau der Arbeitsproduktivität ein Minimum haben, um bei einer weiteren Erhöhung der Arbeitsproduktivität anzusteigen. Uns interessiert aber nicht so sehr die Entwicklung der Stückkosten bei unterschiedlicher Ausnutzung der Produktionskapazitäten der Betriebe, sondern die Entwicklung der Stückkosten bei steigender Arbeitsproduktivität durch technischen Fortschritt, da dies der *Normalfall unter sozialistischen Bedingungen ist*. Zwischen den Schwankungen der Arbeitsproduktivität und der Stückkosten durch die Realisierung verschiedener alternativer Produktionsmengen bei gegebenem technisch-organisatorischem Niveau und der Erreichung eines höheren Niveaus der Arbeitsproduktivität und eines niedrigeren Niveaus der Stückkosten durch technischen Fortschritt, der mit Rationalisierung verbunden ist, bestehen nur vermittelte Beziehungen. Mit jedem höheren Niveau der Arbeitsproduktivität erhöhen sich auch die Gesamtkosten – die Kosten der Betriebsbereitschaft werden durch technischen Fortschritt variabel –, aber die Selbstkosten je produzierte Einheit sinken, wenn durch entsprechende organisatorische Maßnahmen auch die Effektivität der vergegenständlichten Arbeit wächst.

Der Zusammenhang zwischen der Entwicklung der Arbeitsproduktivität und der der Selbstkosten spielt also nicht nur eine Rolle bei gegebenem technisch-organisatorischem Niveau und kommt hier in den angeführten typischen Kurven zum Ausdruck, sondern vor allem und in erster Linie, wenn es darum geht, von einem optimalen Verhältnis von Arbeitsproduktivität und Selbstkosten zu einem anderen zu kommen, d. h. konkret: von einem Stückkostenminimum zu einem niedrigeren Stückkostenminimum. Hierbei handelt es sich nicht mehr um die maximale Ausnutzung aller technischen und organisatorischen Möglichkeiten eines erreichten Entwicklungsstandes, sondern um die Erreichung eines neuen, höheren Entwicklungsstandes. Während es sich bei der Ausschöpfung aller objektiven Möglichkeiten eines erreichten technisch-organisatorischen Niveaus vor allem um die optimale Ausnutzung der vorhandenen Produktionskapazitäten handelt, geht es bei der Erreichung eines neuen Niveaus um die Schaffung neuer Produktionskapazitäten auf höherem technisch-organisatorischem Niveau.

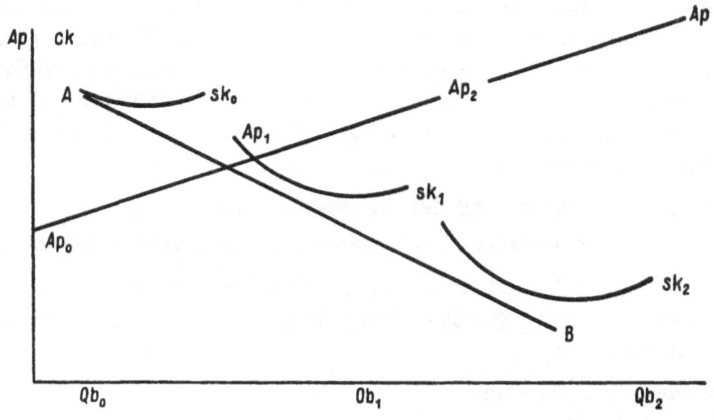

Abb. 12

Die Grafik zeigt die Entwicklung der Stückkostenkurve eines Betriebes, die durch die ständige Steigerung der Arbeitsproduktivität von Niveau zu Niveau sinkt. Dem Minimum der Stückkosten Qb_0 entspricht eine Arbeitsproduktivität Ap_0, dem Minimum von Qb_2 eine von Ap_2. Innerhalb eines jeden Niveaus haben wir den bereits dargestellten Schwankungsbereich von Arbeitsproduktivität und Stückkosten. Die Optima $Q'b_0$, Qb_1 und Qb_2 ergeben sich jeweils aus einem erhöhten Niveau der Arbeitsproduktivität, das zu einem gesenkten Niveau der Stückkosten führt.

3. Faktorenanalyse von Arbeitsproduktivität und Selbstkosten

Die Messung des Nutzeffektes der gesellschaftlichen Arbeit muß sich sowohl auf die Messung der Arbeitsproduktivität als auch auf die der Selbstkosten an Stelle des Wertes erstrecken. Für die Senkung der Selbstkosten ist die Steigerung der Arbeitsproduktivität Hauptquelle. Die Planung der Entwicklung des Nutzeffektes der gesellschaftlichen Arbeit muß sich auf die Planung der Entwicklung der Arbeitsproduktivität und der Selbstkosten sowie auf die Festlegung der Wechselbeziehungen zwischen dem Steigerungstempo der Arbeitsproduktivität und dem Tempo der Senkung der Selbstkosten erstrecken.

Zur Planung des Nutzeffektes der gesellschaftlichen Arbeit ist erforderlich:

1. *die Festlegung des Tempos* der Steigerung der Arbeitsproduktivität und der Senkung der Selbstkosten und *des zu erreichenden Niveaus* in der Planperiode und
2. *die Analyse der Faktoren,* die die Steigerung der Arbeitsproduktivität und die Senkung der Selbstkosten gewährleisten.

Das Hauptproblem der Faktorenanalyse ist die Frage, welche Faktoren die Entwicklung von Arbeitsproduktivität und Selbstkosten *ständig* beeinflussen und wie diese Faktoren in Kennziffern so zum Ausdruck gebracht werden können, daß ihre Wirkung möglichst isoliert voneinander erfaßt werden kann.

Es geht konkret also darum, an Hand von Kennziffern der Entwicklung des Aufwandes an lebendiger Arbeit und der Selbstkosten die Einsparungen an lebendiger Arbeit und an Selbstkosten auszuweisen, die durch eine Steigerung der Arbeitsproduktivität erzielt worden sind. Das wird erleichtert, wenn wir die Faktoren der Steigerung der Arbeitsproduktivität und der Senkung der Selbstkosten zu zwei Gruppen zusammenfassen:

1. Faktoren der Ausnutzung der Arbeitszeit und
2. Faktoren des technischen Fortschritts und der Ausnutzung der Technik.

Die Frage, die die Faktorenanalyse zu beantworten hat, lautet somit konkret: Wie hoch sind bei einem gegebenen Steigerungsgrad der Arbeitsproduktivität die erzielten Einsparungen

1. an lebendiger Arbeit und
2. an Selbstkosten?

Dabei muß die Einsparung an Kosten nach Lohnkosten und Kosten für den Produktionsverbrauch getrennt erfaßt werden. Beide Grundfaktoren führen zu einer Einsparung an lebendiger Arbeit und an vergegenständlichter Arbeit bzw. zu einer Einsparung an Lohnkosten und an Kosten des Produktionsverbrauches. Jedoch führt der erste Grundfaktor vorwiegend zu einer Einsparung an lebendiger Arbeit bzw. an Lohnkosten, der zweite Grundfaktor vorwiegend zu einer Einsparung an vergegenständlichter Arbeit bzw. Kosten des Produktionsverbrauches. Natürlich führt in der Regel eine bessere Ausnutzung der Arbeitszeit auch zu einer Einsparung an vergegenständlichter Arbeitszeit bzw. an Kosten des Produktionsverbrauches, ebenso wie umgekehrt eine bessere Ausnutzung der Technik und des technischen Fortschritts auch zu einer Einsparung an lebendiger Arbeit bzw. an Lohnkosten führt, aber man kann die beiden Grundfaktoren doch danach unterscheiden, in welcher Richtung sie vorwiegend wirken.

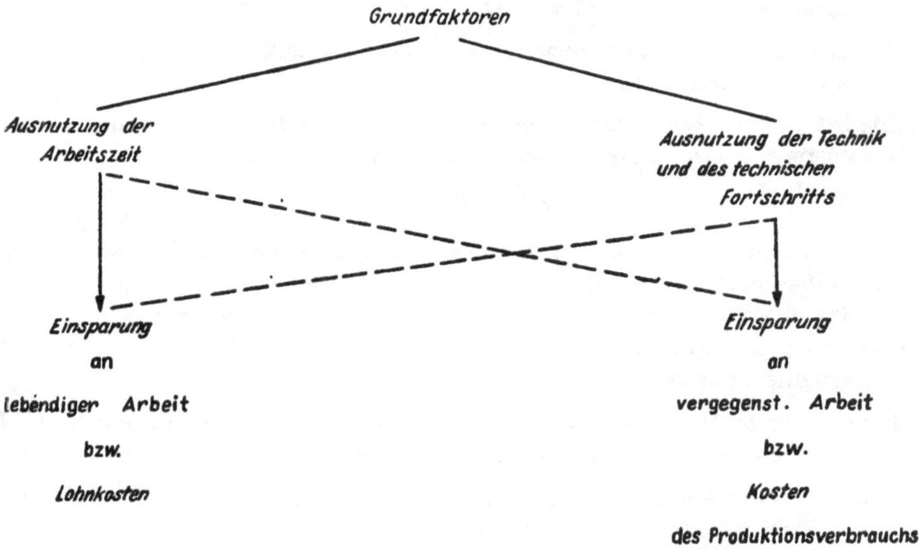

Abb. 13

a) Ausnutzung der Arbeitszeit

Wollen wir die Ausnutzung der Arbeitszeit als Faktor der Arbeitsproduktivität erfassen, so müssen wir davon ausgehen, daß der Grundindex der Arbeitsproduktivität der Index der Arbeitsproduktivität für das industrielle Personal als dem produktiven Gesamtarbeiter auf der Grundlage der nominellen Arbeitszeit ist. Die Zahl der vorhandenen Arbeitskräfte und die nominelle, d. h. gesetzlich mögliche Arbeitszeit ergeben das sogenannte Arbeitsvolumen.

Das Arbeitsvolumen geht als nominelle Arbeitszeit der produktiven Arbeiter (= TN) in den Index der Arbeitsproduktivität ein, und die Ausnutzung der nominellen Arbeitszeit, d. h. des gegebenen Volumens an lebendiger Arbeit, seine Verwandlung in den tatsächlichen Arbeitsaufwand des Betriebes, wird damit zu einem Faktor der Arbeitsproduktivität. Mit der Ausnutzung der nominellen Arbeitszeit steigt oder sinkt die Arbeitsproduktivität. Die tatsächlich im Betrieb geleistete, die betriebliche Arbeitszeit (= T) ist immer kleiner als nominelle Arbeitszeit (= TN), die sich bei gegebener Zahl von Arbeitskräften auf Grund der gesetzlich festgelegten Länge der täglichen Arbeitszeit und der Zahl der gesetzlichen Feiertage sowie des gesetzlich festgelegten Urlaubs ergibt. Andererseits ist die betriebliche Arbeitszeit wieder größer als die tatsächlich ausgenutzte Arbeitszeit (= TA), weil diese durch Arbeitszeitverluste der verschiedensten Art vermindert wird, wie

1. Verluste durch Stillstands- und Wartezeiten infolge Stockungen im Produktionsfluß durch Material- und Maschinenausfälle sowie Sitzungen und Versammlungen aller Art während der Arbeitszeit und
2. Verluste durch Fehlleistungen, wie Ausschußproduktion, Nacharbeiten aus Garantieleistungen u. ä.

Die betriebliche Arbeitszeit ist also einerseits kleiner als die nominelle Arbeitszeit, andererseits größer als die ausgenutzte Arbeitszeit, d. h.

$$TN > T > TA .$$

Zwischen dem höchstmöglichen Arbeitsaufwand und dem betrieblichen Arbeitsaufwand liegt noch die bezahlte Arbeitszeit, die sich aus der Bezahlung gesetzlich geregelter Arbeitszeitausfälle ergibt. Wir sehen von dieser Kategorie hier ab und analysieren nur den Einfluß der Veränderungen der Größen TN, T und TA auf die Arbeitsproduktivität, d. h. den Einfluß

1. der besseren Ausnutzung der nominellen Arbeitszeit durch Erhöhung der Zahl der Arbeitskräfte oder Arbeitsstunden in einer gegebenen Zeitperiode und
2. der besseren Ausnutzung der betrieblichen Arbeitszeit durch Verminderung der Verlustzeiten und der Fehlzeiten.

Das können wir, indem wir Indizes berechnen und die Einsparungen ermitteln unter Berücksichtigung der verschiedenen Kategorien an Arbeitszeit.

Wir verwenden für die Berechnung der Indizes der Arbeitszeitkategorien eine Annäherungsformel, die sich wie folgt ergibt: Gegeben ist in der Regel der Index der Arbeitsproduktivität für die betriebliche Arbeitszeit:

$$Ap'_T = \frac{\Sigma q_n\, tl_0}{\Sigma q_0\, tl_0} : \frac{Tl_n}{Tl_0} = \frac{\Sigma q_n\, tl_0}{\Sigma q_n\, tl_n} .$$

Um den Index der Arbeitsproduktivität für die nominelle Arbeitszeit und für die tatsächlich ausgenutzte Arbeitszeit zu erhalten, multiplizieren wir den Index Ap'_T mit einem Index, der die Entwicklung des Verhältnisses der betrieblichen Arbeitszeit zur nominellen bzw. tatsächlich ausgenutzten Arbeitszeit wiedergibt:

$$A p'_{TN} = \frac{\Sigma q_n\, tl_0}{\Sigma q_n\, tl_n} \cdot \frac{\dfrac{\Sigma q_n\, tl}{TlN_n}}{\dfrac{\Sigma q_0\, tl_0}{TlN_0}} = \frac{\Sigma q_n\, tl_0}{\Sigma q_0\, tl_0} : \frac{TlN_n}{TlN_0}.$$

$$A p'_{TA} = \frac{\Sigma q_n\, tl_0}{\Sigma q_n\, tl_n} \cdot \frac{\dfrac{\Sigma q_n\, tl_n}{TlN_n}}{\dfrac{\Sigma q_0\, tl_0}{Tl A_0}} = \frac{\Sigma q_n\, tl_0}{\Sigma q_0\, tl_0} : \frac{TlA_n}{TlA_0}.$$

Wir haben somit:

$$A p'_{TN} = \frac{\Sigma q_n\, tl_0}{\Sigma q_0\, tl_0} : \frac{TN_n}{TN_0}, \tag{5.28}$$

$$A p'_T = \frac{\Sigma q_n\, tl_0}{\Sigma q_0\, tl_0} : \frac{T_n}{T_0} = \frac{\Sigma q_n\, tl_0}{\Sigma q_0\, tl_0}, \tag{5.29}$$

$$A p'_{TA} = \frac{\Sigma q_n\, tl_0}{\Sigma q_0\, tl_0} : \frac{TA_n}{TA_0}, \tag{5.30}$$

$$D_{TN} = TN_n \cdot A p'_{TN} - TN_n, \tag{5.31}$$

$$D_T = T_n \cdot A p'_T - T_n, \tag{5.32}$$

$$D_{TA} = TA_n \cdot A p'_{TA} - TA_n. \tag{5.33}$$

Der Index $A p'_{TA}$ bringt die Wirkung aller Faktoren zum Ausdruck, die nach Ausschaltung der Wirkung der besseren Ausnutzung der Arbeitszeit auf die Steigerung der Arbeitsproduktivität noch übrigbleiben und die wir als den zweiten Grundfaktor bezeichneten. Jedoch enthält ein solcher Index noch Einflüsse, die auf solche technisch-organisatorische Faktoren zurückzuführen sind, die sich auf eine Veränderung in der Zusammensetzung der Arbeiterkategorien auswirken. Die Ausschaltung dieser Faktoren kann am besten dadurch geschehen, daß wir Indizes der Arbeitsproduktivität und der Selbstkosten nicht nur für die Kategorien der Arbeitszeit, sondern auch für Beschäftigungskategorien berechnen:

1. Produktionsgrundarbeiter *(PGA)*,
2. Produktionsarbeiter *(PA)*,
3. industrielles Personal *(JP)*.

Diese Indizes für die Beschäftigtenkategorien können ebenfalls nach der bereits angegebenen Annäherungsformel berechnet werden:

$$A p'_{PGA} = \frac{\Sigma q_n\, tl_0}{\Sigma q_0\, tl_0} : \frac{TPGA_n}{TPGA_0} = \frac{\Sigma q_n\, tl_0}{\Sigma q_n\, tl_n}, \tag{5.34}$$

$$A p'_{PA} = \frac{\Sigma q_n\, tl_0}{\Sigma q_n\, tl_n} \cdot \frac{\dfrac{\Sigma q_n\, t_n}{TPA_n}}{\dfrac{\Sigma q_0\, t_0}{TPA_0}} = \frac{\Sigma q_n\, tl_0}{\Sigma q_0\, tl_0} : \frac{TPA_n}{TPA_0}. \tag{5.35}$$

$$Ap'_{JP} = \frac{\Sigma q_n t_0}{\Sigma q_n t_n} \cdot \frac{\dfrac{\Sigma q_n t_n}{TJP_n}}{\dfrac{\Sigma q_0 t_0}{TJP_0}} = \frac{\Sigma q_n t_0}{\Sigma q_0 t_0} : \frac{TJP_n}{TJP_0}. \tag{5.36}$$

Wir haben somit

$$Ap'_{PGA} = \frac{\Sigma q_n t_0}{\Sigma q_0 t_0} : \frac{T(PGA)_n}{T(PGA)_0}, \tag{5.37}$$

$$Ap'_{PA} = \frac{\Sigma q_n t_0}{\Sigma q_0 t_0} : \frac{T(PA)_n}{T(PA)_0}, \tag{5.38}$$

$$Ap'_{JP} = \frac{\Sigma q_n t_0}{\Sigma q_0 t_0} : \frac{T(JP)_n}{T(JP)_0}. \tag{5.39}$$

Jede Verbesserung in der Ausnutzung der Arbeitszeit muß auch zu einer Senkung der Lohnkosten führen:

1. soweit es sich um die Ausnutzung bezahlter Arbeitszeit handelt und
2. soweit die durch bessere Ausnutzung bezahlter Arbeitszeit bewirkte Steigerung der Arbeitsproduktivität nicht durch eine Erhöhung des Durchschnittslohnes kompensiert wird.

Innerhalb dieser Bedingungen sind alle Faktoren, die durch bessere Ausnutzung der Arbeitszeit zu einer Steigerung der Arbeitsproduktivität führen, auch Faktoren der Senkung der Selbstkosten.

Senkung	
des Aufwandes an lebendiger Arbeit	*der Lohnkosten*
$D_{TN} - D_T$	$Sl_{TN} - Sl_T$,
$D_T - D_{TA}$	$Sl_T - Sl_{TA}$,
$= D_{TN} - D_{TA}$	$= Sl_{TN} - Sl_{TA}$.

Jede Veränderung in der Arbeitsproduktivität, die zu einer Senkung des Aufwandes an lebendiger Arbeit führt und die sich in den Indizes niederschlägt, die für die drei Beschäftigtenkategorien berechnet werden, muß auch zu einer entsprechenden Senkung der Lohnkosten führen.

$$lk'_{PGA} = \frac{L(PGA)_n T_0}{L(PGA)_0 q_n t_0}, \tag{5.40}$$

$$lk'_{PA} = \frac{L(PA)_n T_0}{L(PA)_0 q_n t_0}, \tag{5.41}$$

$$lk'_{JP} = \frac{L(JP)_n T_0}{L(JP)_0 q_n t_0}. \tag{5.42}$$

Wir erhalten somit für die Analyse beider Grundfaktoren folgende Indizes der Arbeitsproduktivität bzw. der Lohnkosten:

Beschäftigten-Kategorien	*Arbeitszeitkategorien* TN	T	TA
PGA	$A'p_{TN}^{PGA}$	$A'p_{T}^{PGA}$	$A'p_{TA}^{PGA}$
PA	$A'p_{TN}^{PA}$	$A'p_{T}^{PA}$	$A'p_{TA}^{PA}$
JP	$A'p_{TN}^{JP}$	$A'p_{T}^{JP}$	$A'p_{TA}^{JP}$

b) Ausnutzung der Technik und des technischen Fortschritts

Während im Index

$$Ap'_{JP-TN}$$

beide Grundfaktoren einwirken, wirkt auf den Index

$$Ap'_{PGA-TA}$$

nur noch der zweite Grundfaktor ein.

Die Einsparungen

$$D_{JP-TN} - D_{PGA-TA}$$

werden durch die bessere Ausnutzung der Arbeitszeit bewirkt, ebenso wie die Einsparungen an Lohnkosten

$$Sl_{JP-TN} - Sl_{PGA-TA}.$$

Die Steigerung der Arbeitsproduktivität Ap'_{PJA-TA} und die dadurch bewirkte Senkung der Selbstkosten wird durch den zweiten Grundfaktor bewirkt. Dieser Index gibt Aufschluß über das Wirken folgender Faktoren:

1. Verbesserung der Arbeitsmittel durch technischen Fortschritt und Verbesserung ihrer Ausnutzung durch Verbesserung der Technologie,
2. Verbesserung der Arbeitsgegenstände durch technischen Fortschritt und Verbesserung ihrer Ausnutzung durch Verbesserung der Technologie,
3. Vervollkommnung der Erzeugnisse durch verbesserte Konstruktion usw.,
4. Vervollkommnung der Organisation der Produktion und der Arbeit in den Haupt- und Hilfsbetrieben.

Die Steigerung des Index Ap'_{PGA-TA} führt zu einer Selbstkostensenkung, die sich aus einer Senkung der Lohnkosten und einer Senkung der Kosten des Produktionsverbrauchs zusammensetzt. Jedoch ist die Einsparung an lebendiger

Arbeit und die Senkung der Lohnkosten jetzt vorwiegend durch bessere Ausnutzung der Technik und des technischen Fortschritts bedingt. Wenn somit die beiden Grundfaktoren auch stets zusammenwirken, so besteht doch die Möglichkeit, ihre Wirkung nach der Senkung des Aufwandes an lebendiger Arbeit und der Senkung der Selbstkosten annähernd zu isolieren. Diese prinzipielle Möglichkeit wird in der Praxis allerdings bei dem heutigen Stand unseres betrieblichen Rechnungswesens dadurch sehr erschwert, daß die Selbstkosten in der Regel nur für das industrielle Personal bekannt sind und daß wir daher für die Produktionsgrundarbeiter und für die Produktionsarbeiter nur mit den Lohnkosten rechnen können. Dazu kommt als weitere Erschwernis, daß die Lohnkosten in der Regel nur für die betriebliche Arbeitszeit als bezahlte Arbeitszeit vorliegen. Da uns nur die prinzipielle Seite interessiert, können wir von diesen Umständen hier absehen.

Die durch Steigerung der Arbeitsproduktivität bewirkte Senkung der Selbstkosten führt zu einer Kosteneinsparung, die wir darstellen können als

$$s = \left(t_0 l_0 - \frac{t_0}{A p'} \cdot l_n\right) + \left(p m_0 - \frac{p m_0}{P'}\right) \qquad (5.43)$$

$$\left(P' = \frac{Q'}{P m'}\right).$$

Dieser Ausdruck zeigt die Abhängigkeit der Lohnkosten von der Steigerung der Arbeitsproduktivität und der Entwicklung des Durchschnittslohnes sowie die Abhängigkeit der Kosten des Produktionsverbrauches von der Entwicklung des Produktionskoeffizienten. Wir knüpfen jedoch, um die Kosteneinsparungen zu ermitteln, an die oben entwickelte Formel an:

$$S = \Sigma q_n s k_0 - \Sigma q_n s k_n . \qquad (5.44)$$

Die Gesamteinsparung an Selbstkosten ergibt sich aus der Einsparung an Lohnkosten und aus der Einsparung an Kosten für den Produktionsverbrauch, d. h.

$$S = (\Sigma q_n l k_0 - \Sigma q_n l k_n) + (\Sigma q_n p m k_0 - \Sigma q_n p m k_n) . \qquad (5.45)$$

Die Kosten für den Produktionsverbrauch setzen sich aus den Kosten für den Verbrauch von Arbeitsmitteln und Arbeitsgegenständen zusammen. Ihre Entwicklung hängt nicht wie die der Lohnkosten unmittelbar von der Entwicklung der Arbeitsproduktivität ab. Wir können annehmen, daß sich die Kosten für die Arbeitsgegenstände in der Regel proportional mit der Produktion verändern und daß sie sinken, wenn infolge technisch-organisatorischer Maßnahmen Material oder Hilfs- und Betriebsstoffe eingespart werden. Die Kosten für die Arbeitsmittel wachsen dagegen in der Regel – mit Ausnahme des Falles der Steigerung der Arbeitsproduktivität ohne Investitionen – mit steigender Arbeitsproduktivität. Insgesamt werden die Kosten des Produktionsverbrauchs daher mit steigender Arbeitsproduktivität je Produktionseinheit relativ wachsen, und zwar im Verhältnis zur Entwicklung des Produktionskoeffizienten $P' = \frac{Q'}{P m'}$. Wir haben somit, wenn wir die Kosten des Produktionsverbrauches je Produktionseinheit mit pmk bezeichnen:

$$pmk_n = \frac{pmk_0}{P'} \tag{5.46}$$

und

$$pmk' = \frac{\frac{pmk_0}{P'}}{pmk_0}. \tag{5.47}$$

Zur Illustrierung diene folgendes Beispiel:

$$pmk_n = \frac{pmk_0}{P'} = \frac{1}{0.88} = 1{,}14$$

$$pmk' = \frac{\frac{pmk_0}{P'}}{pmk_0} = \frac{\frac{1}{0.88}}{1} = 1{,}14\,.$$

Natürlich ist die in lk und pmk zum Ausdruck kommende Entwicklung der Lohnkosten und der Kosten des Produktionsverbrauches nicht von gleicher Qualität. Die Erhöhung des Durchschnittslohnes ist bei der herrschenden Praxis in den sozialistischen Ländern nicht nur ein Stimulus für die schnelle und planmäßige Steigerung der Arbeitsproduktivität und der Senkung der Selbstkosten, sondern auch der Ausdruck für den wachsenden Anteil der Werktätigen am Arbeitsprodukt auf Grund des sozialistischen Prinzips der Verteilung nach der Leistung, während die Erhöhung des Produktionsverbrauchs als Ausdruck des technischen Fortschritts ausschließlich Voraussetzung für die Steigerung der Arbeitsproduktivität und Senkung der Selbstkosten ist. Marx bezeichnete es als „absolutes Gesetz“, daß das Gesamtquantum der in einem Gebrauchswert vergegenständlichten Arbeit sich vermindert, wenn die Produktivität der Arbeit sich erhöht, wobei die Zunahme des Anteils der vergegenständlichten Arbeit durch die Abnahme des Anteils der lebendigen Arbeit mehr als aufgewogen werden muß.[105a] Die Tatsache, daß bei der Steigerung der Arbeitsproduktivität die vergegenständlichte Arbeit im Verhältnis zur lebendigen Arbeit wachsen muß, bezeichnete Marx einmal als „tautologischen Satz“, denn „was heißt wachsende Produktivkraft der Arbeit anders, als daß weniger unmittelbare Arbeit erheischt ist, um ein größeres Produkt zu schaffen und daß also der gesellschaftliche Reichtum sich mehr und mehr ausdrückt in den von der Arbeit selbst geschaffenen Bedingungen der Arbeit . . .“[106] Das gilt grundsätzlich auch unter den Bedingungen der sozialistischen Produktion, aber es wird notwendig sein, durch empirische Untersuchungen in unseren Betrieben zu ermitteln, in welchem Grade das Sinken des Wertes bei der Automatisierung der Produktion von der Steigerung der Arbeitsproduktivität konkret abweicht. Jedoch wird man annehmen dürfen, daß auch unter diesen Bedingungen die Steigerung der Arbeitsproduktivität größer ist als die dadurch bewirkte Senkung des Wertes je Produkt, weil auch weiter mit sinkendem Wert je Produkt der Wertanteil der verbrauchten Produktionsmittel relativ zunimmt.

Was die Entwicklung der Kosten des Produktionsverbrauches anbetrifft, so müssen wir zwischen der Entwicklung des Verbrauches an Arbeitsmitteln und der Entwicklung des Verbrauches an Arbeitsgegenständen unterscheiden. Der Anteil der verbrauchten Arbeitsmittel an den Selbstkosten wird auch in Zukunft wachsen, und zwar kann man annehmen: in beschleunigtem Tempo. Durch die komplexe Mechanisierung und Automatisierung der Produktionsprozesse wächst das Verhältnis von Arbeitsmitteln zur lebendigen Arbeit immer stärker zugunsten der Arbeitsmittel. Selbst wenn wir vom moralischen Verschleiß der Arbeitsmittel absehen und annehmen, daß der physische Verschleiß unverändert bleibt, muß der Anteil der Abschreibungsquote in den Selbstkosten also wachsen. Während die Kosten für Arbeitsmittel je Erzeugnis anteilmäßig wachsen, wenn auch langsamer als die Arbeitsproduktivität, darf man annehmen, daß die Kosten für die Arbeitsgegenstände je Erzeugnis anteilmäßig sinken wie die Arbeitsproduktivität steigt. Die Kosten für den Produktionsverbrauch je Erzeugnis sinken also mit steigender Arbeitsproduktivität absolut, wachsen aber relativ. Wenn sie im gleichen Verhältnis wachsen wie die Arbeitsproduktivität steigt, so bleiben die Kosten für den Produktionsverbrauch je Erzeugnis unverändert.

VI. DER ZUSAMMENHANG ZWISCHEN ARBEITSPRODUKTIVITÄT, BRUTTO- UND NETTOPRODUKT

1. Arbeitsproduktivität und Bruttoprodukt

Das gesellschaftliche Bruttoprodukt wird als Summe der produzierten Gebrauchswerte (Produktionsmittel und Konsumtionsmittel) sowohl hinsichtlich seiner Höhe als auch seiner Veränderung durch zwei Grundfaktoren bestimmt:

1. durch den Aufwand an lebendiger Arbeit: Zahl der beschäftigten Arbeitskräfte, Arbeitszeit und Arbeitsintensität,
2. durch die Arbeitsproduktivität.

$$Q = (Ak \cdot Az \cdot Ai) \cdot Ap \qquad (6.1)$$
$$= Tl \cdot Ap .$$

(Außer den bekannten Symbolen bedeuten: Ak = Zahl der beschäftigten Arbeitskräfte, Az = durchschnittliche Arbeitszeit je Arbeitskraft, Ai = durchschnittliche Arbeitsintensität, Ap = Arbeitsproduktivität).

Das Niveau und die Entwicklung der Arbeitsproduktivität ist eine Funktion des Niveaus und der Entwicklung des technischen Fortschritts und der Organisation der gesellschaftlichen Produktion. Wenn wir beide Faktoren als technisch-organisatorisches Niveau zusammenfassen und — wie bekannt — das technische Niveau durch die Kennziffer $\frac{Tv}{Tl}$, das organisatorische Niveau durch die Kennziffer $\frac{Q}{Tv}$ ausdrücken, so können wir die Arbeitsproduktivität in zwei Faktoren aufspalten:

$$Ap = \frac{Q}{Tl} = \frac{Q}{Tv} \cdot \frac{Tv}{Tl} \qquad (6.2)$$
$$= e_{tv} \cdot Tvi .$$

Die Kennziffer $\frac{Tv}{Tl}$ drückt die von Niveau und Dynamik der Technik abhängige Ausrüstung der lebendigen Arbeit mit Produktionsmitteln aus, d. h. die mit technischem Fortschritt ständig zunehmende Ausrüstung der lebendigen Arbeit mit vergegenständlichter Arbeit in Gestalt von Anlagen, Maschinen, Werkzeugen usw. Sie spiegelt somit die intensive erweiterte Reproduktion oder die Steigerung der Arbeitsproduktivität und Senkung der Selbstkosten vermittels Investitionen wider.

In der Deutschen Demokratischen Republik waren die Gesamtinvestitionen 1960 fast doppelt so groß wie die des Jahres 1955; in diesem einen Jahr wurde mehr investiert als in den Jahren 1951—1953 zusammen.

Index der Gesamtinvestitionen

Jahr	1950 = 100	1955 = 100
1955	225	100
1956	281	125,0
1957	301	134,4
1958	346	153,7
1959	401	178,3
1960	428	190,6

Quelle: Statistische Praxis, Jg. 1961, Heft 11, S. 285

Im Verlauf des Siebenjahrplanes werden die Investitionen weiter planmäßig erhöht. Deshalb wird es immer notwendiger, die Analyse der Investitionen zu verbessern.

Über die Bedeutung der Kennziffer $\frac{Q}{Tv}$ wurde bereits gesprochen. Wird Tv als *Summe der produktiven Fonds* (Grundfonds und Umlaufmittelfonds, Arbeitsmittel und Arbeitsgegenstände) definiert, so ist $\frac{Q}{Tv}$ eine Kennziffer, die sich besonders für Analysen langfristiger Entwicklungen eignet. Wird Tv als *verbrauchte vergegenständlichte Arbeit* definiert, so ist sie als reziproker Wert der Kosten des Produktionsverbrauchs je Produktionseinheit für Analysen kurzfristiger Entwicklungen geeignet. Während sie in der ersten Form die Effektivität der in den produktiven Fonds insgesamt *investierten* vergegenständlichten Arbeit ausdrückt, zeigt die Kennziffer in der zweiten Form die je Produktionseinheit *verbrauchte* vergegenständlichte Arbeit. In der bürgerlichen Ökonomie wird die Kennziffer $\frac{Q}{Tv}$ als „Kapitalkoeffizient" bezeichnet und als „Kapitalproduktivität" interpretiert. Vom Standpunkt der Arbeitswerttheorie sind beide Formen jedoch Kennziffern der Effektivität der vergegenständlichten Arbeit und analytischer Ausdruck für die organisatorische Komponente des technisch-organisatorischen Niveaus. Sinkende Effektivität der vergegenständlichten Arbeit mindert den Effekt des technischen Fortschritts auf die Entwicklung der Arbeitsproduktivität, wie umgekehrt steigende Effektivität der vergegenständlichten Arbeit ihn erhöht.

Die Übersicht 1 gibt die Entwicklung der Arbeitsproduktivität in der Deutschen Demokratischen Republik in Abhängigkeit von den beiden Komponenten des technisch-organisatorischen Niveaus wieder.

Die Kennziffer Tvi hatte in den Jahren 1950–1960 einen durchschnittlichen Zuwachs von 8,3% zu verzeichnen, während die Kennziffer $\frac{Q}{Tv}$ um 1,1% im Durchschnitt sank. Das bedeutet, daß der Effekt des technischen Fortschritts auf die Entwicklung der Arbeitsproduktivität laufend durch eine sinkende Effektivität der vergegenständlichten Arbeit gemindert wurde.

Übersicht 1

Entwicklung der Arbeitsproduktivität und der Kennziffern des technisch-organisatorischen Niveaus in der DDR von 1950 bis 1961

Jahr	in 1000 DM			in Prozent v. 1950		
	$\frac{Tv}{Tl}$ ·	$\frac{Q}{Tv}$ =	$\frac{Q}{Tl}$	$\frac{Tv}{Tl}$ ·	$\frac{Q}{Tv}$ =	$\frac{Q}{Tl}$
1950	3,95	2,46	9,7	100	100	100
1951	4,40	2,50	11,0	111,5	101,5	113
1952	4,96	2,46	12,2	126	100	126
1953	5,60	2,32	13,0	142	94	134
1954	5,70	2,34	13,4	144	95	139
1955	6,20	2,36	14,6	157	96	151
1956	6,50	2,32	15,2	165	95	157
1957	6,80	2,32	15,8	172	94	163
1958	7,70	2,29	17,7	197	93	183
1959	8,80	2,22	19,6	223	91	202
1960	9,40	2,18	20,5	238	89	211
1961	10,00	2,16	21,6	253	88	223

Quelle: Statistisches Jahrbuch der DDR 1960/61, Deutscher Zentralverlag, Berlin 1961, S. 180ff. und S. 187ff.

Wir können, wenn wir den durchschnittlichen Zuwachs bzw. die durchschnittliche Verminderung beider Kennziffern des technisch-organisatorischen Niveaus mit z bezeichnen, das jeweilige Niveau wie folgt berechnen:

$$\begin{aligned} Ap &= Tvi' \cdot e'_{tv} \\ &= Tvi_0 \cdot (1+z)^t \cdot e_{tv_0} \cdot (1-z)^t. \end{aligned} \tag{6.2.1}$$

Wenn wir auf der Basis von 1950 die Arbeitsproduktivität für 1960 berechnen, erhalten wir

$$\begin{aligned} &[3{,}95 \cdot (1+0{,}083)^{11}] \cdot [2{,}46 \cdot (1-0{,}011)^{11}] \\ &= [3{,}95 \cdot 2{,}4] \cdot [2{,}46 - 0{,}88] \\ &= 9{,}45 \cdot 2{,}17 = 20{,}5\,. \end{aligned}$$

Die Entwicklung der Kennziffer der organisatorischen Komponente des technisch-organisatorischen Niveaus zeigt, daß hier Reserven für die Steigerung der Arbeitsproduktivität stecken, die durch Verbesserung der Organisation der Produktion und der Arbeit sowie durch Rationalisierungsmaßnahmen freigesetzt werden müssen. Nehmen wir an, die Kennziffer des Nutzeffektes der vergegenständlichten Arbeit wäre auf ihrem höchsten Stand im Jahre 1951 verblieben, so hätten wir bei einem durchschnittlichen Zuwachs der Kennziffer des technischen Fortschritts im Jahre 1960 ein Niveau der Arbeitsproduktivität von 23,50 und einen Stand des Index von 242 gehabt. Mit anderen Worten, wir nutzen die großen Möglichkeiten der sozialistischen Produktionsverhältnisse, wie sie z. B.

in den Ausgaben des Staates für Forschung und Entwicklung zum Ausdruck kommen, ungenügend aus.

In der Deutschen Demokratischen Republik waren die Ausgaben für Forschung und Entwicklung im Jahre 1960 mehr als achtmal so hoch wie im Jahre 1951 und fast doppelt so hoch wie 1955.

Index der Ausgaben für Forschung und Entwicklung

Jahr	1951 = 100	1955 = 100
1955	414	100
1956	461	111,3
1957	486	117,3
1958	607	146,6
1959	697	168,4
1960	811	195,9

Quelle: Statistische Praxis, Jg. 1961, Heft 11, S. 286.

Das sprunghafte Ansteigen der Ausgaben für diese Zwecke veranschaulicht – wenn auch unvollkommen – die Zunahme des Umfangs der Forschungs- und Entwicklungsarbeiten.

Wir haben den Ausdruck

$$\frac{Q}{Tl} = Tvi \cdot e_{tv}$$

als globale oder — besser – komplexe Kennziffer zur Charakterisierung volkswirtschaftlicher Zusammenhänge verwendet. Dabei werden die die einzelnen Betriebe, Zweige oder Bereiche der Volkswirtschaft charakterisierenden Unterschiede nivelliert. In der verwendeten Form eignen sich die Kennziffern wohl vorwiegend für analytische Zwecke, sie können aber, gerade weil sie dadurch Regelmäßigkeiten und Entwicklungstendenzen aufdecken, auch wichtige Hinweise für die volkswirtschaftliche Planung geben. Natürlich wird man Plankennziffern für die Volkswirtschaft durch aggregatmäßige Zusammenfassung von Teilkennziffern bilden. Aber auch für die Analyse ist immer zu beachten, daß das interne Verhältnis der heterogenen Gruppenanteile und damit auch das Gewicht der in den Gesamtkoeffizienten eingehenden Einzelkoeffizienten sich verändert. Die heterogene Aggregation kann somit allein auf Grund der sich ändernden Gruppenzusammensetzung zu einer Veränderung des Gesamtkoeffizienten führen und andere Veränderungen überlagern. Man kann daher auch – soweit das statistische Material das zuläßt – Kennziffern mit fester Struktur berechnen, etwa:

$$\frac{\dfrac{\Sigma q_n\, tl_0}{\Sigma q_0\, tl_0}}{\dfrac{\Sigma q_n\, tl_n}{\Sigma q_0\, tl_0}} = \frac{\dfrac{\Sigma q_n\, tv_0}{\Sigma q_0\, tv_0}}{\dfrac{\Sigma q_n\, tl_n}{\Sigma q_0\, tl_0}} \cdot \frac{\dfrac{\Sigma q_n\, tl_0}{\Sigma q_n\, tl_0}}{\dfrac{\Sigma q_n\, tv_n}{\Sigma q_0\, tv_0}}\,.$$

Auch Niveau und Dynamik des Nettoprodukts sind von den beiden Grundfaktoren abhängig, die Niveau und Dynamik des Bruttoprodukts bestimmen. Jedoch wächst das Nettoprodukt langsamer als das Bruttoprodukt, da, durch den technischen Fortschritt bedingt, der Anteil des Produktionsverbrauchs am Wert bzw. an den Selbstkosten wächst. Um vom Index der Bruttoproduktion zum Index der Nettoproduktion zu kommen, müssen wir den Index der Bruttoproduktion daher mit dem Koeffizienten aus der Entwicklung des Verhältnisses von Nettoproduktion zu Bruttoproduktion multiplizieren:

$$\begin{aligned} N &= Q \cdot \frac{N}{Q} \\ &= \frac{Pm}{Tl} \cdot \frac{Q}{Pm} \cdot Tl \cdot \frac{N}{Q} \\ &= Tl \cdot Ap \cdot \frac{N'}{Q'} . \end{aligned} \tag{6.3}$$

Somit ist die Entwicklung des Nettoprodukts von drei Faktoren abhängig:

1. von der Entwicklung der Arbeitsproduktivität,
2. von der Entwicklung der Beschäftigung,
3. von der Entwicklung des Produktionsverbrauches.

Die Entwicklung des Nettoprodukts wird vom Index des Nettoprodukts zum Ausdruck gebracht:

$$N' = \frac{N_n}{N_0} \tag{6.3.1}$$

$$Nn = N_0 (1 + z) . \tag{6.3.2}$$

Dabei ist

$$z = N' - 1 .$$

Das Nettoprodukt ist einerseits die Summe des während eines Jahres von den Werktätigen in den einzelnen Zweigen und Betrieben der materiellen Produktion produzierten Wertprodukts und andererseits die Masse der Gebrauchswerte bzw. der Teil des Bruttoprodukts, in dem sich der neu produzierte Wert verkörpert und der sich nach Ersatz der verbrauchten Produktionsmittel und Abzug ihres Wertes ergibt. Es besteht aus dem Produkt der Arbeit für sich und dem Produkt der Arbeit für die Gesellschaft.

Der Wert der verbrauchten Produktionsmittel war schon vorher in der Gesellschaft vorhanden und wurde nur reproduziert. Das Produkt für die Gesellschaft dagegen ist ein neu entstandener Überschuß der sozialistischen Betriebe in der Produktion. Dieser Überschuß existiert stofflich in der Form von Produktionsmitteln und Konsumtionsmitteln sowie wertmäßig als Differenz zwischen dem Wert der Produkte und ihren Selbstkosten. Der Wert der verbrauchten Produktionsmittel plus dem Wert des Produkts der Arbeit für sich bilden die Selbstkosten der Produktion für die Gesellschaft, die Selbstkosten der Produktion plus dem

Reineinkommen bilden die Produktionskosten der Gesellschaft, die gleich dem Wert des Bruttoprodukts der Gesellschaft sind.

Für die Analyse und für die Planung der Entwicklung der materiellen Produktion ist der quantitative Zusammenhang zwischen dem Zuwachs der Bruttoproduktion und der Nettoproduktion und der Effektivität der Akkumulation und der Rate der Akkumulation von besonderem Interesse. Wenn wir den Zuwachs der Bruttoproduktion mit ΔQ, den Zuwachs der Nettoproduktion mit ΔN, die Effektivität der Akkumulation mit E_Q bzw. E_N und die Rate der Akkumulation mit A' bezeichnen, ist

$$\frac{\Delta Q}{Q} = \frac{\Delta Q}{A} \cdot \frac{A}{N} \cdot \frac{N}{Q} = E_Q \cdot A' \cdot \frac{N}{Q} \tag{6.4}$$

$$\frac{\Delta N}{N} = \frac{\Delta N}{A} \cdot \frac{A}{N} = E_N \cdot A' . \tag{6.5}$$

Bei gegebener Rate der Akkumulation hängt die Entwicklung der Nettoproduktion von der Effektivität der Akkumulation und die Entwicklung der Bruttoproduktion außerdem noch von der Entwicklung des Verhältnisses von Netto- zu Bruttoproduktion ab.

Die folgende Übersicht zeigt die Entwicklung der Kennziffern in der Deutschen Demokratischen Republik.

Übersicht 2

Entwicklung der Bruttoproduktion und der Nettoproduktion in der DDR 1950–1961

Jahr	$\frac{\Delta Q}{A}$	·	$\frac{A}{N}$	·	$\frac{N}{Q}$	=	$\frac{\Delta Q}{Q}$	$\frac{\Delta N}{A}$	·	$\frac{A}{N}$	=	$\frac{\Delta N}{N}$
1950	–		–		0,58		–	–		–		–
1951	3,15		9,2		0,60		17,4	1,94		9,2		17,9
1952	2,41		9,3		0,59		13,2	1,34		9,3		12,4
1953	1,30		11,9		0,57		8,9	0,44		11,9		5,25
1954	1,22		11,4		0,57		7,9	0,71		11,4		8,10
1955	0,85		14,3		0,58		7,05	0,56		14,3		8,0
1956	0,53		18,6		0,56		5,4	0,22		18,6		4,10
1957	0,85		13,3		0,57		6,4	0,49		13,3		6,5
1958	1,20		16,2		0,56		10,9	0,61		16,2		9,8
1959	1,09		16,5		0,55		9,8	0,47		16,5		7,85
1960	0,59		17,5		0,54		5,6	0,25		17,5		4,36
1961	0,8		18,0		0,54		7,8	0,4		18,0		7,2

Quelle: Statistisches Jahrbuch der DDR 1960/61, Deutscher Zentralverlag, Berlin 1961, S. 180ff.

Der durchschnittliche Zuwachs des Bruttoprodukts betrug von 1950–1960 = 9,26%, der durchschnittliche Zuwachs des Nettoprodukts 8,2%. Während die Rate der Akkumulation im ganzen gestiegen ist, ging die Effektivität der Akkumulation sowohl in bezug auf das Bruttoprodukt als auch auf das Nettoprodukt zurück. Gehen wir von der mittleren Effektivität der Akkumulation aus, die in den Jahren 1950–1960 erreicht worden ist, so würde sich bei einer Rate der Akkumulation von 17,5% als Zuwachs der Bruttoproduktion und der Nettoproduktion für 1960 ergeben:

$$\frac{\Delta Q}{Q} = 1{,}10 \cdot 17{,}5 \cdot 0{,}54 = 10{,}5\,,$$

$$\frac{\Delta N}{N} = 0{,}52 \cdot 17{,}5 = 9{,}1\,.$$

Die Bruttoproduktion hätte somit 1960 um 10,5% statt um 5,6% wachsen müssen, wenn bei einer Rate der Akkumulation von 17,5% die Effektivität der Akkumulation der im Durchschnitt der Jahre 1950–1960 erreichten entsprochen hätte. Wir können auch die Abhängigkeit des Zuwachses der Bruttoproduktion von der Entwicklung des Verhältnisses von Arbeitsproduktivität und Selbstkosten aufzeigen. Wenn wir in

$$\frac{\Delta Q}{Q} = \frac{\Delta Q}{A} \cdot \frac{A}{N} \cdot \frac{N}{Q}$$

rechts für Q

$$Q = \frac{Tl}{sk \cdot v'}$$

einsetzen, so erhalten wir

$$\frac{\Delta Q}{Q} = \frac{\Delta Q}{A} \cdot \frac{A}{N} \cdot \frac{N}{Tl} \cdot sk \cdot v\,.$$

Während das Sinken der Kennziffer $\frac{N}{Q}$ gesetzmäßig ist und die mit dem technischen Fortschritt verbundene Zunahme des Produktionsverbrauchs zum Ausdruck bringt, gibt es natürlich keine Gesetzmäßigkeit, die eine Abnahme der Effektivität der Akkumulation bedingt. Die entscheidenden Ursachen für die sinkende Tendenz in der Effektivität der Akkumulation sind einerseits das sich verschlechternde Verhältnis der tatsächlich durchgeführten Investitionen bei der gegebenen Akkumulation, d. h.

$$\frac{J}{A} \cdot \frac{A}{N} = \frac{J}{N}\,,$$

und andererseits die sinkende Tendenz der Effektivität der vergegenständlichten Arbeit. Wenn wir statt 6.4 und 6.5

$$\frac{\Delta Q}{Q} = \frac{\Delta Q}{J} \cdot \frac{J}{A} \cdot \frac{A}{N} \cdot \frac{N}{Q}\,, \tag{6.4.1}$$

$$\frac{\Delta N}{N} = \frac{\Delta N}{J} \cdot \frac{J}{A} \cdot \frac{A}{N} \tag{6.5.1}$$

schreiben, können wir den ersten Komplex zum Ausdruck bringen. Für die kennziffernmäßige Widerspiegelung des zweiten Komplexes müssen weitere Untersuchungen durchgeführt werden.

Es braucht hier nicht wiederholt zu werden, was zur Frage komplexer Kennziffern und der Aggregation oben schon gesagt wurde. Auch die in diesem Abschnitt angeführten Kennziffern sind zunächst nur für die Analyse und nur mit Vorbehalten auch für die Planung zu verwenden.

3. *Nettoprodukt und Reproduktion*[107]

Das Nettoprodukt ist *wertmäßig* der neu produzierte Wert, das Wertprodukt, und umfaßt *stofflich* sämtliche in der Abteilung II produzierten Konsumtionsmittel und den Teil der in der Abteilung I produzierten Produktionsmittel, der der erweiterten Reproduktion dient. Es ist somit einerseits die Summe der Wertprodukte und andererseits die Summe der Gebrauchswerte, in der sich der neu produzierte Wert vergegenständlicht.

Das Nettoprodukt steht für die Konsumtion und Akkumulation der Gesellschaft zur Verfügung. Daher zerfällt es in zwei große Fonds: in den Konsumtionsfonds und den Akkumulationsfonds. Doch stellt sich das Nettoprodukt als Ergebnis der gesellschaftlichen Produktion nicht unmittelbar in diesen beiden Fonds dar, sondern nimmt seine Gestalt erst nach einer Umverteilung an, die auf objektiven ökonomischen Gesetzen beruht. In seiner unmittelbaren Gestalt zerfällt das Nettoprodukt zunächst in das Produkt der Arbeit für sich, das Lohneinkommen, und das Produkt der Arbeit für die Gesellschaft, das Reineinkommen.

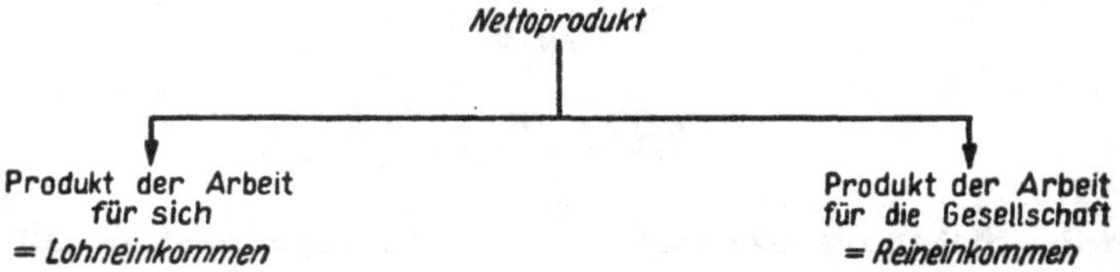

Abb. 14

$$N = L + R\,. \tag{6.6}$$

Da die unmittelbaren Formen des Nettoprodukts beide in ihrer Höhe abhängig voneinander sind, ist damit auch die Höhe der beiden gesellschaftlichen Fonds bestimmt, die sich durch Umverteilung aus dem gesellschaftlichen Nettoprodukt ergeben.

Wenn wir alle aus dem Nettoprodukt fließenden Verwendungen für die individuelle und gesellschaftliche Konsumtion als Konsumtionsfonds und alle aus dem Nettoprodukt fließenden Verwendungen für die erweiterte Reproduktion als Akkumulationsfonds zusammenfassen, so ist

$$N = K + A\,. \tag{6.7}$$

Das Nettoprodukt begrenzt durch seine absolute Höhe sowohl die absolute Höhe des Lohneinkommens und des Reineinkommens als auch ihre relative Größe. Es ist klar, daß die Summe des Lohneinkommens und des Reineinkommens nicht größer sein kann als das Nettoprodukt und daß bei gegebener Größe des Nettoprodukts der eine Teil nur auf Kosten des anderen Teils erhöht werden kann.

Das gilt sowohl für das wertmäßige als auch für das stoffliche Nettoprodukt, sowohl für den Wert des Nettoprodukts als auch für die Menge an Gebrauchswerten, die die stofflichen Träger seines Wertes sind. Eine wertmäßige und mengenmäßige (oder reale) Erhöhung des Lohneinkommens kann bei gegebenem Nettoprodukt nur durch eine Verminderung des Reineinkommens vor sich gehen, und eine gleichzeitige wertmäßige und reale Erhöhung sowohl des Lohneinkommens als auch des Reineinkommens kann nur stattfinden, wenn das Nettoprodukt erhöht wird. Bei einer Erhöhung des Nettoprodukts kann die Erhöhung des Lohneinkommens und des Reineinkommens so vor sich gehen, daß ihr Verhältnis zueinander unverändert bleibt, d. h., daß beide um den gleichen Prozentsatz wachsen, wie sich das Nettoprodukt erhöht. Die Regel wird aber sein, daß das Lohneinkommen langsamer wächst als das Reineinkommen. Uns interessiert im folgenden ausschließlich die Entwicklung des stofflichen Nettoprodukts, d. h. seine mengenmäßige, nicht seine wertmäßige Entwicklung.

Die Entwicklung von Konsumtionsfonds und Akkumulationsfonds kommt zum Ausdruck in den Indizes

$$K_n = K_0 (1 + z_k) , \tag{6.8}$$

$$A_n = A_0 (1 + z_A) . \tag{6.9}$$

Dabei ist

$$z_k = K' - 1 , \tag{6.10}$$

$$z_A = A' - 1 . \tag{6.11}$$

Die Entwicklung des Nettoprodukts kommt somit zum Ausdruck in

$$\begin{aligned} N_n &= K_0 (1 + z_k) + A_0 (1 + z_A) \\ &= N_0 = (1 + z_N) \\ &= K_0 + \Delta K + A_0 + \Delta A \\ &= N_0 + \Delta N . \end{aligned} \tag{6.12}$$

Wir bezeichnen das Verhältnis von Reineinkommen zu Lohneinkommen als Rate des Reineinkommens:

$$m = \frac{R}{L} \tag{6.13}$$

und bestimmen das Nettoprodukt vermittels der Rate des Reineinkommens:

$$N = L (1 + m) . \tag{6.14}$$

Wenn wir bezeichnen

$$(1 + m) = d , \tag{6.15}$$

erhalten wir aus 6.14 als Formel zur Bestimmung des Nettoprodukts

$$N = L \cdot d . \tag{6.16}$$

Somit ist

$$d = (1 + m) = \frac{N}{L} . \tag{6.17}$$

D. h. d ist die Rate des Nettoprodukts und stets um 1 größer als die Rate des Reineinkommens m:

$$d = \frac{N}{L} = 1 + m = 1 + \frac{R}{L} . \tag{6.18}$$

Wir bezeichnen ferner das Verhältnis von Konsumtionsfonds zum Nettoprodukt als Konsumtionsquote:

$$k = \frac{K}{N} \tag{6.19}$$

und das Verhältnis von Akkumulationsfonds zum Nettoprodukt als Akkumulationsquote:

$$a = \frac{A}{N}. \tag{6.20}$$

Daraus ergibt sich, daß

$$K = (1 - a)\,N \tag{6.21}$$

und

$$A = (1 - k)\,N \tag{6.22}$$

ist. Daraus folgt:

$$\frac{K}{N} = (1 - a) \tag{6.23}$$

und

$$\frac{A}{N} = (1 - k). \tag{6.24}$$

Aus 6.21 und 6.14 folgt schließlich:

$$K = (1 - a)\,(1 + m)\,L, \tag{6.25}$$

d. h.

$$\frac{K}{L} = (1 - a)\,(1 + m) \tag{6.26}$$

$$= (1 - a)\,d.$$

Unter Berücksichtigung von 6.19 und 6.14 ist

$$K = k \cdot N \tag{6.27}$$

$$= k\,(1 + m)\,L$$

$$= k \cdot d \cdot L.$$

Aus 6.27 und 6.17 folgt:

$$\frac{K}{L} = k\,(1 + m) \tag{6.28}$$

$$= k \cdot d$$

$$= (1 - a)\,d$$

$$= w.$$

Während $k = \frac{K}{N}$ als Konsumtionsquote den Anteil der Konsumtion am Nettoprodukt angibt, zeigt w das Verhältnis der Konsumtion zu den ursprünglichen Lohneinkommen.

Wir haben somit zwei Möglichkeiten, die Rate des Reineinkommens zu berechnen. Einmal gehen wir von w aus:

$$m = \frac{w}{k} - 1, \tag{6.29}$$

das andere Mal von

$$\frac{K}{L} = (1 - a)(1 + m), \tag{6.30}$$

indem wir diese Gleichung nach m auflösen:

$$w = \frac{\frac{K}{L}}{(1-a)} - 1 \tag{6.31}$$

$$= \frac{w}{(1-a)} - 1 .$$

Wir haben damit die beiden Faktoren, die die Rate des Reineinkommens letztlich bestimmen müssen, in einer Formel zum Ausdruck gebracht, nämlich

1. die Konsumtionsquote und
2. den Teil des Nettoprodukts, der für die Akkumulation notwendig ist:

$$m = \frac{w}{k} - 1 = \frac{w}{(1-a)} - 1 .$$

Anders gesagt, wir können feststellen, daß die Reineinkommensrate ausreichen muß, um einerseits die erforderliche Akkumulationsquote zu gewährleisten und andererseits eine entsprechende Konsumtionsquote. Wenn die Entwicklung des Nettoprodukts zum Ausdruck kommt in

$$N' = Ap' \cdot Tl' \cdot \frac{N'}{Q}, \tag{6.32}$$

so schließt diese Gleichung eine Entwicklung der Reineinkommensrate ein, die durch Akkumulationsquote und Konsumtionsquote bestimmt wird.

a) Einfache Reproduktion

Es entsteht die Frage, wie sich das Verhältnis von Reineinkommen und Konsumtions- und Akkumulationsquote zueinander entwickelt. Wir betrachten zunächst die einfache Reproduktion, wo Lohn- und Reineinkommen ganz in die individuelle und gesellschaftliche Konsumtion eingehen, ohne daß Akkumulation stattfindet. In diesem Falle ist das Produkt der Abteilung II der gesellschaftlichen Produktion gleich dem Nettoprodukt der Gesellschaft. Die Bedingungen der einfachen Reproduktion sind somit:

$$a = \frac{A}{N} = 0, \tag{6.33}$$

$$K = N, \tag{6.34}$$

$$k = \frac{K}{N} = 1, \tag{6.35}$$

$$w = \frac{K}{L} = \frac{N}{L} = 1. \tag{6.36}$$

Da nach 6.28

$$w = k \cdot d = k(1 + m)$$

ist, folgt aus 6.36, daß bei einfacher Reproduktion ist

$$d = \frac{w}{k} = \frac{w}{1} = w. \tag{6.37}$$

Mit anderen Worten, bei einfacher Reproduktion ist

$$d = \frac{N}{L} = 1 + m = \frac{K}{L}. \tag{6.38}$$

Daraus aber ergibt sich als Rate des Reineinkommens bei einfacher Reproduktion

$$m = \frac{K}{L} - 1 = 0, \tag{6.39}$$

d. h. die Rate des Reineinkommens muß mindestens

$$\begin{aligned} m_{\min} &= \frac{d_{\min}}{k} - 1 \\ &= d_{\min} - 1 = 0 \end{aligned} \tag{6.40}$$

sein. Unter $d_{\min}$ darf die Rate des Reineinkommens nicht sinken, wenn nicht die Konsumtion eingeschränkt werden soll und sie muß bei erweiterter Reproduktion $m > \frac{d_{\min}}{k} - 1$ sein.

Natürlich ist die einfache Reproduktion, gesellschaftlich gesehen, ein theoretischer Fall.

b) Erweiterte Reproduktion

Soll erweiterte Reproduktion möglich sein, so muß die Abteilung I der gesellschaftlichen Produktion ein Produkt erzeugen, das nicht nur die verbrauchten Produktionsmittel ersetzt, sondern auch die für die Erweiterung der Produktion erforderlichen Produktionsmittel liefert. Die Abteilung II der gesellschaftlichen Produktion muß ein Produkt erzeugen, das wertmäßig und stofflich die individuellen und gesellschaftlichen Bedürfnisse der Werktätigen befriedigt. Daraus folgt, daß das Wertprodukt der Abteilung I größer sein muß als der Wert der in der Abteilung II verbrauchten Produktionsmittel.

Im Gegensatz zur einfachen Reproduktion, wo Lohn und Reineinkommen der Gesellschaft ganz in die individuelle und gesellschaftliche Konsumtion eingehen, so daß das Produkt der Abteilung II der gesellschaftlichen Produktion gleich dem Lohn und dem Reineinkommen der Gesellschaft ist, geht bei erweiterter Reproduktion nur ein Teil des Reineinkommens in die individuelle und gesellschaftliche Konsumtion ein, weil ein Teil für die Akkumulation verwendet werden muß. Das Produkt der Abteilung II ist daher nur gleich dem Lohn plus einem Teil des Reineinkommens der Gesellschaft.

Es gibt verschiedene Varianten der erweiterten Reproduktion von der

1. maximal erweiterten Reproduktion bis zur
2. optimal erweiterten Reproduktion.

α) Maximal erweiterte Reproduktion

Bei einfacher Reproduktion geht zwar das gesamte gesellschaftliche Reineinkommen in die Konsumtion ein, aber die Konsumtion bleibt unverändert, da auch das Nettoprodukt nicht wächst. Das Nettoprodukt kann nur wachsen, wenn erweiterte Reproduktion auf der Grundlage der Akkumulation von Reineinkommen stattfindet. Auch bei maximal erweiterter Reproduktion bleibt die Konsumtion unverändert, aber jetzt wird das gesamte Reineinkommen für die Akkumulation verwendet, um ein maximales Wachstum des Nettoprodukts zu erreichen. Das Merkmal maximaler erweiterter Reproduktion ist somit:

$$K_n = K_0 (1 + o) , \tag{6.41.1}$$

$$A_n = A_0 (1 + z_n) . \tag{6.42.2}$$

Bleibt die Konsumtion unverändert, dann wachsen offensichtlich Nettoprodukt und Akkumulation um den gleichen Betrag, wenn auch nicht im selben Verhältnis. Nach 6.12 ist

$$N_0 (1 + z_N) = K_0 (1 + z_K) + A_0 (1 + z_A) ,$$

$$N_0 + \Delta N = K_0 + \Delta K + A_0 + \Delta A .$$

Daraus folgt für die maximal erweiterte Reproduktion:

$$\Delta N = \Delta A . \tag{6.42}$$

Je größer der Anteil des Nettoprodukts für die Akkumulation, somit für das Wachstum der Bruttoproduktion und damit auch für das Wachstum der Nettoproduktion, um so weniger bleibt für die Konsumtion. Die äußerste Grenze der Erweiterung der Produktion ist somit die notwendige Konsumtion, die nicht gesenkt werden darf.

Wenn wir den durch die Akkumulation A bewirkten Zuwachs des Nettoprodukts N als Effektivität der Akkumulation bezeichnen und ihn mit der Akkumulationsquote multiplizieren, erhalten wir den Ausdruck für den Zuwachs des Nettoprodukts:

$$\frac{\Delta N}{A} \cdot \frac{A}{N} = E \cdot a = \frac{\Delta N}{N} . \tag{6.43}$$

Dabei ist die Effektivität der Akkumulation

$$E = \frac{\Delta N}{A} = \frac{\Delta N}{a \cdot N} . \tag{6.44}$$

Wir erhalten damit einen Ausdruck für die Abhängigkeit der Entwicklung des Nettoprodukts von der Effektivität und der Quote der Akkumulation.

Dieser Ausdruck besagt, daß das Nettoprodukt um so rascher wächst,

1. je höher der Anteil der Akkumulation am Nettoprodukt und
2. je größer die Effektivität der Akkumulation ist.

β) Optimal erweiterte Reproduktion

Während bei einfacher Reproduktion die Akkumulation gleich Null ist, bleibt bei maximal erweiterter Reproduktion die Konsumtion unverändert. Natürlich ist weder das eine noch das andere möglich, wenn die Wirtschaft wachsen soll. Das leuchtet für den Fall der einfachen Reproduktion ohne weiteres ein, aber auch bei maximal erweiterter Reproduktion ist ein maximaler Zuwachs des Nettoprodukts – wenn überhaupt – nur zeitweilig zu erreichen.

Wenn erweiterte Reproduktion nicht nur zusätzlich Arbeitskräfte mit herkömmlicher Technik ausstattet, also nicht nur extensive erweiterte Reproduktion ist, sondern wenn sie vorhandene Arbeitskräfte mit neuer Technik ausstattet, somit intensive erweiterte Reproduktion ist, führt sie zu einer Erhöhung der Produktionsmittelintensität:

$$Tvi = \frac{Tv}{Tl}.$$

Die Kennziffer der Produktionsmittelintensität ist Ausdruck des technischen Fortschritts als Hauptfaktor der Steigerung der Arbeitsproduktivität. Der technische Fortschritt führt aber nur dann zu einer Steigerung der Arbeitsproduktivität, wenn auch der Nutzeffekt der Produktionsmittel steigt, denn es ist nach 2.2

$$Ap = \frac{Q}{Tl} = \frac{Tv}{Tl} \cdot \frac{Q}{Tv}.$$

Die Effektivität der Akkumulation hängt also außer von der Produktionsmittelintensität, als Ausdruck für den technischen Fortschritt, vom Nutzeffekt der Produktionsmittel ab, einem Ausdruck für die rationelle Organisation von Produktion und Arbeit. Sie ist somit auch von gesellschaftlichen Faktoren abhängig und vor allem auch vom materiellen und kulturellen Niveau der Werktätigen. Mit wachsendem Nettoprodukt durch Akkumulation von Reineinkommen muß immer eine Zunahme der Konsumtion verbunden sein, wenn die Effektivität der Investitionen hoch sein soll. Somit kann ein maximaler Zuwachs des Nettoprodukts nur erreicht werden, wenn mit einer Akkumulationsrate, die niedriger ist als die maximale, ein solcher Zuwachs der Konsumtion verbunden wird, bei der die Effektivität der Akkumulation maximal wird. Nur das ist offenbar eine optimal erweiterte Reproduktion.

Wir definieren somit die optimal erweiterte Reproduktion als eine solche, bei der ein maximaler Zuwachs des Nettoproduktes durch eine optimale Kombination des Zuwachses von Akkumulation und Verbrauch erzielt wird.

Bei optimal erweiterter Reproduktion ist somit die Akkumulationsrate immer kleiner als bei maximal erweiterter Reproduktion, muß aber auch immer größer als die Zuwachsrate des Verbrauchs sein, d. h.

$$o < k' < n' < a'.$$

Die Akkumulation muß stärker wachsen als der Verbrauch, wenn das materielle und kulturelle Niveau der Werktätigen ständig anwachsen soll.

Mit anderen Worten, die Akkumulationsquote kann sich bewegen zwischen

$$a = 0 \quad \text{und} \quad a_{\max}.$$

Bei $a = 0$ findet einfache, bei $a_{\max}$ maximal erweiterte Reproduktion statt.

Die Grenzen der Reineinkommensrate sind

$$d_{\min} - 1 \leq m \leq \frac{d_{\min}}{k} - 1. \tag{6.45}$$

Zwischen den beiden Grenzen ist mit dem wachsenden Nettoprodukt auch ein Zuwachs der Konsumtion verbunden. Solange weder die untere noch die obere Grenze erreicht wird, wächst das materielle und kulturelle Niveau der Werktätigen, weil sowohl Akkumulation stattfindet als auch die Konsumtion wächst. Mit anderen Worten, bei optimal erweiterter Reproduktion liegt die Akkumulationsquote zwischen den beiden Extremen

$$0 > a_{\text{opt.}} > a_{\max}. \tag{6.46}$$

Wo sie konkret liegt, das hängt von einer Reihe von Umständen ab, die sich nicht theoretisch, sondern nur empirisch bestimmen lassen.

4. Arbeitsproduktivität und Durchschnittslohn

Die Arbeitsproduktivität ist eine Natural- (Gebrauchswert-) Kategorie, der Lohn eine Wertkategorie.

Zwischen der Steigerung der Arbeitsproduktivität und der Höhe des Durchschnittslohnes besteht somit kein unmittelbarer Zusammenhang derart, daß ein bestimmter Steigerungsgrad der Arbeitsproduktivität *gesetzmäßig* zu einer bestimmten Erhöhung des Durchschnittslohnes führt. Das ist offensichtlich, wenn man von der aus der Arbeitswerttheorie zwingend sich ergebenden These ausgeht, daß eine Steigerung der Arbeitsproduktivität nicht zu einer Erhöhung des Wertproduktes, sondern nur zur Erhöhung des stofflichen Nettoprodukts führt. Daraus folgt, daß die Steigerung der Arbeitsproduktivität auch nicht zu einer Erhöhung des Wertes von Lohneinkommen und Reineinkommen, der beiden ursprünglichen Kategorien des Wertproduktes in der sozialistischen Gesellschaft führt, sondern zu einer Erhöhung des stofflichen oder realen Lohneinkommens und des stofflichen oder realen Reineinkommens.

Die Steigerung der Arbeitsproduktivität führt zur Produktion einer größeren Menge an Gebrauchswerten, in denen sich das unveränderte Wertprodukt verkörpert, so daß der Wert des einzelnen Produkts sinkt, die Kaufkraft der Geldeinheit des Lohneinkommens und des Reineinkommens steigt. Das ist natürlich für die bessere Befriedigung der (individuellen und gesellschaftlichen) Konsumtion sowie für die Akkumulation von großer Bedeutung. Jedoch folgt aus der durch eine Steigerung der Arbeitsproduktivität bewirkten Erhöhung des realen Nettoprodukts weder, daß das reale Lohneinkommen und das reale Reineinkommen gleichmäßig wachsen, noch folgt daraus auch nur in welcher Proportion sie wachsen. Die Aufteilung des durch eine Steigerung der Arbeitsproduktivität bewirkten Zuwachses des realen Nettoprodukts in *zusätzliches* reales Lohneinkommen und *zusätzliches* reales Reineinkommen ist vielmehr die Folge einer wirtschaftspolitischen Entscheidung über das geplante Wachstumstempo der Bruttoproduktion. Das Wachstumstempo der Bruttoproduktion hängt bei gegebener Effektivität der Akkumulation im wesentlichen von dem Anteil der Akkumulation am Nettoprodukt ab. Der Anteil der Akkumulation am Nettoprodukt aber ist für den Teil des Nettoprodukts, der für die Konsumtion zur Verfügung steht, von grundlegender Bedeutung.

Der spezifische ökonomische Zusammenhang zwischen Arbeitsproduktivität und Durchschnittslohn ergibt sich also erst aus dem allgemeinen ökonomischen Zusammenhang zwischen Arbeitsproduktivität und Wert bzw. Wertprodukt. Vom Niveau und von der Entwicklung der Arbeitsproduktivität hängt die Menge der produzierten Gebrauchswerte und ihre Entwicklung ab, die sich im Wert des gesellschaftlichen Arbeitsprodukts verkörpert, somit der Wert je Produkt und seine Entwicklung. Der Lohn ist als der in Geld ausgedrückte und nach der Leistung bemessene Anteil am gesellschaftlichen Arbeitsprodukt ein Anteil am Wertprodukt, dessen Größe nicht von der Arbeitsproduktivität abhängt, sondern

a) von der Aufteilung des Wertprodukts in Lohneinkommen und Reineinkommen,
b) von der Aufteilung des Lohneinkommens auf die Sphäre der materiellen Produktion und auf die Produktionszweige der Betriebe und
c) von der individuellen Leistung.

Während die Aufteilung des Wertprodukts in Lohneinkommen und Reineinkommen eine zentrale wirtschaftspolitische Entscheidung ist, wird die konkrete Höhe des Lohnes und seine Entwicklung durch die individuelle Leistung auf der Grundlage der tariflich geregelten Verteilung des Lohneinkommens auf die Sphären und Zweige der materiellen Produktion und die Betriebe bestimmt. Jedoch ergibt sich in *zwei Fällen* ein unmittelbarer Zusammenhang zwischen Steigerung der Arbeitsproduktivität und Erhöhung des Durchschnittslohnes, der die festgelegten Tariflöhne nicht berührt:

1. wenn die Steigerung der Arbeitsproduktivität durch eine Erhöhung der Qualifikation der Arbeitskräfte verursacht oder von einer solchen begleitet ist, so daß der Anteil der Arbeitskräfte in höheren Lohnklassen wächst;
2. wenn die Steigerung der Arbeitsproduktivität durch von der individuellen Leistung der Arbeiter nicht beeinflußbare Faktoren verursacht und dabei nicht gleichzeitig von einer entsprechenden Erhöhung der technisch begründeten Arbeitsnormen begleitet ist.

Während der erste Fall bei der Planung der Lohnentwicklung berücksichtigt werden muß und in der Regel durch Aufrücken in höhere Tariflohnpositionen zustande kommt, ist der zweite Fall auch dann planwidrig, wenn die Pläne durch „Einplanen“ einer entsprechenden Marge eine gewisse „Normenresistenz“ berücksichtigen. Man könnte schließlich als einen dritten Fall noch alle planwidrigen Lohnerhöhungen anführen, die bei allgemeiner oder partieller Knappheit an Arbeitskräften durch Gewährung von Zuschlägen, Zulagen, Ausgleichszahlungen und dergleichen praktiziert werden. Während der erste Fall ein durchaus wesentlicher Zusammenhang ist, kann in den anderen beiden Fällen nur von zufälligen – historisch, nicht theoretisch bedingten – Zusammenhängen gesprochen werden.

Wenn von den auf der Grundlage gesteigerter Arbeitsproduktivität durchgeführten tariflichen Lohnerhöhungen abgesehen wird, kann der Durchschnittslohn steigen

a) durch Verschiebungen in den Tariflohnklassen,
b) durch Normübererfüllung,
c) durch Zuschläge, Zulagen und Ausgleichzahlungen.

Die Lohnentwicklung ist unter zwei Gesichtspunkten von ökonomischer Bedeutung:

a) als Entwicklung der Lohnkosten,
b) als Entwicklung des Lohneinkommens.

Das gesamte Lohneinkommen ist gleich der Summe der Löhne der produktiven und der unproduktiven Arbeiter, d. h. gleich der Summe der ursprünglichen und der abgeleiteten Einkommen der sozialistischen Gesellschaft. Während das Lohn-

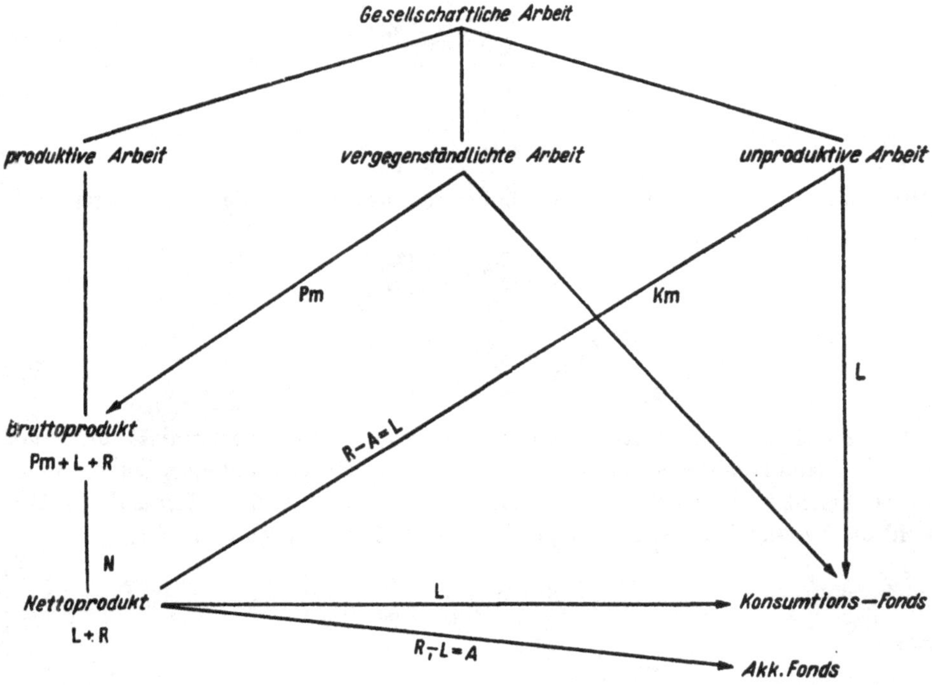

Abb. 15

einkommen der produktiven Arbeiter als ursprüngliches Lohneinkommen unmittelbarer Bestandteil des von der produktiven Arbeit produzierten Nettoprodukts ist, wird das Lohneinkommen der unproduktiven Arbeit aus dem Nettoprodukt abgeleitet.

Wir befassen uns im folgenden nur mit dem ursprünglichen Einkommen der sozialistischen Wirtschaft.

Die durch Steigerung der Arbeitsproduktivität *ermöglichte* Erhöhung des realen Lohneinkommens kann realisiert werden

a) durch Erhöhung des Nominallohnes,

b) durch Preissenkungen,

c) durch Verbindung beider Methoden.

Wir gehen im folgenden davon aus, daß die Erhöhung des Realeinkommens nur durch Erhöhung des Nominallohnes bei unveränderten Preisen realisiert wird.

Das Lohneinkommen der produktiven Arbeiter ist gleich der Summe der Lohnkosten der materiellen Produktion, d. h.

$$L = \Sigma Tl \cdot l = \Sigma q \cdot lk . \tag{6.47}$$

Da andererseits $lk = \frac{Tl}{Q} \cdot \frac{L}{Tl}$ ist, können wir auch schreiben

$$qlk = q \cdot tl \cdot l , \tag{6.48}$$

$$L' = \frac{\Sigma Tl_n l_n}{\Sigma Tl_0 l_0} = \frac{\Sigma q_n lk_n}{\Sigma q_0 lk_0} \tag{6.49}$$

$$= \frac{\Sigma q_n tl_n l_n}{\Sigma q_0 tl_0 l_0} .$$

Wir können die Entwicklung des Lohneinkommens und der Lohnkosten aufspalten:

$$\frac{L_n}{L_0} = \frac{\Sigma Tl_n l_n}{\Sigma Tl_n l_0} \cdot \frac{\Sigma Tl_n l_0}{\Sigma Tl_0 l_0} . \tag{6.50}$$

$$\frac{L_n}{L_0} = \frac{\Sigma q_n lk_n}{\Sigma q_n lk_0} \cdot \frac{\Sigma q_n lk_0}{\Sigma q_0 lk_0} . \tag{6.51}$$

Das Problem des quantitativen Vergleichs von Arbeitsproduktivität und Lohn auf der Grundlage des spezifischen ökonomischen Zusammenhangs beider Kategorien ergibt sich aus dem unterschiedlichen Charakter ihrer Kennziffern. Obwohl die Kennziffern der Arbeitsproduktivität eine Naturalkennziffer,

$$Ap' = \frac{\Sigma q_n}{\Sigma q_0} : \frac{Tl_n}{Tl_0}$$

bzw.

$$= \frac{\Sigma q_n t_0}{\Sigma q_n t_n} ,$$

und die Kennziffer der Lohnhöhe eine Wert- oder — besser — Geldkennziffer ist,

$$l' = \frac{L_n}{L_0} : \frac{Tl_n}{Tl_0}$$

bzw.

$$= \frac{\Sigma Tl_n l_n}{\Sigma Tl_n l_0},$$

ergibt sich die Möglichkeit eines unmittelbaren Vergleichs aus der Tatsache, daß bei beiden Kennziffern im Nenner die Zeit steht. Der Durchschnittslohn, dividiert durch die Arbeitsproduktivität, ergibt die Lohnkosten je Produktionseinheit:

$$lk' = \frac{\dfrac{\Sigma Tl_n l_n}{\Sigma Tl_0 l_0}}{\dfrac{\Sigma Tl_n}{\Sigma Tl_0}} : \frac{\dfrac{\Sigma q_n tl_0}{\Sigma q_0 tl_0}}{\dfrac{\Sigma Tl_n}{\Sigma Tl_0}} \tag{6.52}$$

$$= \frac{\dfrac{\Sigma Tl_n l_n}{\Sigma Tl_0 l_0}}{\dfrac{\Sigma Tl_n}{\Sigma Tl_0}} : \frac{\Sigma q_n tl_0}{\Sigma q_n tl_n}$$

$$= \frac{l'}{Ap'}.$$

Im Gegensatz zum Durchschnittslohn besteht zwischen Arbeitsproduktivität und durchschnittlichen Lohnkosten ein enger ökonomischer Zusammenhang:

$$lk' = \frac{l'}{Ap'} \tag{6.53}$$

$$= l' \cdot Aw',$$

$$lk_n = \frac{l_0 (1 + z_e)}{Ap_0 (1 + z_{Ap})}. \tag{6.54}$$

$$= \frac{ln}{Ap_n}.$$

Wir können den Durchschnittslohn auch berechnen aus

$$l_n = lk' \cdot l_0 \cdot Ap', \tag{6.55}$$

denn es ist

$$\frac{l_n}{l_0} = \frac{lk' l_0 \cdot Ap'}{l_0}. \tag{6.56}$$

Bei gegebener Arbeitsproduktivität hängt die Entwicklung der durchschnittlichen Lohnkosten somit wesentlich von der Entwicklung des Durchschnittslohnes ab. Aus 6.53 folgt, daß die Entwicklung der Lohnkosten proportional der Entwicklung des Aufwandes an lebendiger Arbeit je Produktionseinheit ist, wenn der Durchschnittslohn unverändert bleibt:

$$lk' = 1 \cdot Aw' \tag{6.55.1}$$

$$= Aw',$$

und daß sie um so mehr hinter der Entwicklung des Aufwandes an lebendiger Arbeit zurückbleiben, wie der Durchschnittslohn im Verhältnis zur Arbeitsproduktivität steigt.

Das folgende Nomogramm zeigt den wechselseitigen Zusammenhang zwischen der Entwicklung der Arbeitsproduktivität und der Lohnkosten unter Berücksichtigung der Entwicklung des Durchschnittslohnes. Steigt der Durchschnittslohn im gleichen Verhältnis wie die Arbeitsproduktivität, so bleiben die Lohnkosten unverändert, sie sinken, wenn der Durchschnittslohn langsamer steigt und sie steigen, wenn er schneller anwächst als die Arbeitsproduktivität steigt.

Nomogramm

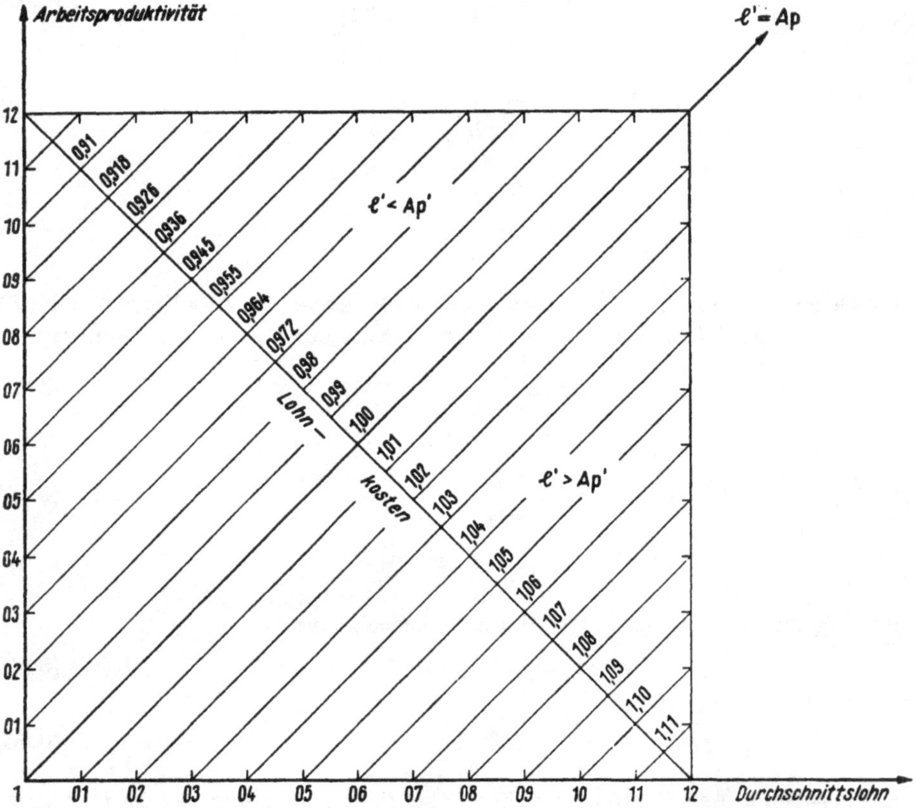

Abb. 16. Verhältnis von Arbeitsproduktivität und Lohnkosten

Wir hatten bereits im Zusammenhang mit der Entwicklung der Selbstkosten formuliert:

$$v' = \frac{A w'}{s k'} = \alpha \frac{A w'}{l k'} + \beta \frac{A w'}{p m k'} .$$

Wir können auf Grund der Formel für v' sowohl einen Index für die Entwicklung der Lohnkosten als auch für die Entwicklung des Produktionsverbrauchs ableiten:

$$lk' = \frac{\alpha\, Aw'}{\frac{Aw'}{sk'} - \beta \frac{Aw'}{pmk'}} = \frac{\alpha}{\frac{1}{sk'} - \frac{\beta}{pmk'}}, \tag{6.57}$$

$$pmk' = \frac{\beta\, Aw'}{\frac{Aw'}{sk'} - \alpha \frac{Aw'}{lk'}} = \frac{\beta}{\frac{1}{sk'} - \frac{\alpha}{lk'}}. \tag{6.58}$$

Die Entwicklung der Selbstkosten hängt bei gegebenem Steigerungsgrad der Arbeitsproduktivität

a) von der Entwicklung des Durchschnittslohnes und

b) von der Entwicklung des durchschnittlichen Produktionsverbrauchs ab.

Es ergibt sich somit, daß bei gegebenem Steigerungsgrad der Arbeitsproduktivität

a) von der Entwicklung des Durchschnittslohnes auf die Entwicklung der Lohnkosten und

b) von der Entwicklung des durchschnittlichen Produktionsverbrauchs auf die Entwicklung der Kosten des Produktionsverbrauchs und

c) von der Entwicklung des Durchschnittslohnes und des durchschnittlichen Produktionsverbrauchs auf die Entwicklung der Selbstkosten

geschlossen werden kann.

Umgekehrt kann von der Entwicklung des Durchschnittslohnes und der Lohnkosten und der Kosten für den Produktionsverbrauch auf die Steigerung der Arbeitsproduktivität geschlossen werden.

Unsere Überlegungen drängen zu der Schlußfolgerung, daß bei der Planung des Verhältnisses von Lohnentwicklung und Steigerung der Arbeitsproduktivität zweckmäßigerweise nicht vom Durchschnittslohn, sondern von den Lohnkosten ausgegangen wird. Aus

$$lk' = \frac{l'}{Ap} = l' \cdot Aw'$$

folgt:

$$l' = \frac{lk'}{Aw'}. \tag{6.59}$$

Bei einem gegebenen Steigerungsgrad der Arbeitsproduktivität wird die Entwicklung der Lohnkosten festgelegt. Daraus ergibt sich die mögliche Erhöhung des Durchschnittslohnes. Bleibt der Durchschnittslohn unverändert, so sinken die Lohnkosten je Erzeugnis wie der Aufwand an lebendiger Arbeit je Erzeugnis. Verdoppelt sich die Arbeitsproduktivität beispielsweise, so haben wir:

$Ap' = Aw'$		lk'	l'
2,0	0,5	0,5	1
2,0	0,5	0,6	1,2
2,0	0,5	0,7	1,4
2,0	0,5	0,8	1,6
2,0	0,5	0,9	1,8
2,0	0,5	1	2,0

Das Lohneinkommen ist nicht nur Bestandteil der Selbstkosten, sondern auch Bestandteil des Nettoprodukts:

$$N = L + R\,.$$

Das Nettoprodukt steht für die Konsumtion und Akkumulation zur Verfügung und zerfällt in den Konsumtionsfonds und in den Akkumulationsfonds. Doch stellt sich das Nettoprodukt als Ergebnis der gesellschaftlichen Produktion nicht unmittelbar in diesen beiden Fonds dar, sondern nimmt seine Form erst durch die staatliche Umverteilung an. In seiner unmittelbaren Gestalt zerfällt es in das Produkt der Arbeit für sich (das Lohneinkommen) und in das Produkt der Arbeit für die Gesellschaft (das Reineinkommen). Das Nettoprodukt ist wertmäßig der durch die lebendige Arbeit produzierte neue Wert (das Wertprodukt) und umfaßt stofflich sämtliche in der Abteilung II produzierten Konsumtionsmittel und den Teil der in der Abteilung I produzierten Produktionsmittel, der die Grundlage für die erweiterte Reproduktion bildet. Es begrenzt somit durch seine absolute Höhe die absolute Höhe des Lohneinkommens und des Reineinkommens, aber auch ihre relative Größe. Da die Summe des Lohneinkommens und des Reineinkommens nicht größer sein kann als das Nettoprodukt, kann der eine Teil nur auf Kosten des anderen Teils erhöht werden. Das gilt natürlich nicht nur für das wertmäßige, sondern auch für das stoffliche Nettoprodukt. Bei *gegebenem* Nettoprodukt kann eine wertmäßige und mengenmäßige Erhöhung des Lohneinkommens nur durch eine Verminderung des Reineinkommens erzielt werden. Da die Steigerung der Arbeitsproduktivität nicht auf die Höhe des Wertproduktes, sondern nur auf die Höhe des Wertes der einzelnen Ware einwirkt, so folgt daraus, daß sie auch das wertmäßige Verhältnis von Lohneinkommen zu Reineinkommen nicht unmittelbar beeinflußt. Die Arbeitsproduktivität beeinflußt das Verhältnis nur dann, wenn mit ihrer Steigerung eine Erhöhung des durchschnittlichen Nominallohnes verbunden ist.

Die folgende Grafik zeigt die Entwicklung des realen Nettoproduktes sowie des realen Lohneinkommens und Reineinkommens unter der Voraussetzung, daß sich das Nettoprodukt verdoppelt hat. Variante 1 zeigt unverändertes Verhältnis von Lohneinkommen zu Reineinkommen, Variante 2 und 3 Veränderung des Verhältnisses zugunsten des Lohneinkommens bzw. des Reineinkommens.

Bei allen drei Varianten erhöhen sich reales Lohneinkommen und Reineinkommen, jedoch erhöht sich bei Variante 2 das reale Lohneinkommen stärker als das reale Reineinkommen und bei Variante 3 erhöht sich das reale Reineinkommen stärker als das reale Lohneinkommen.

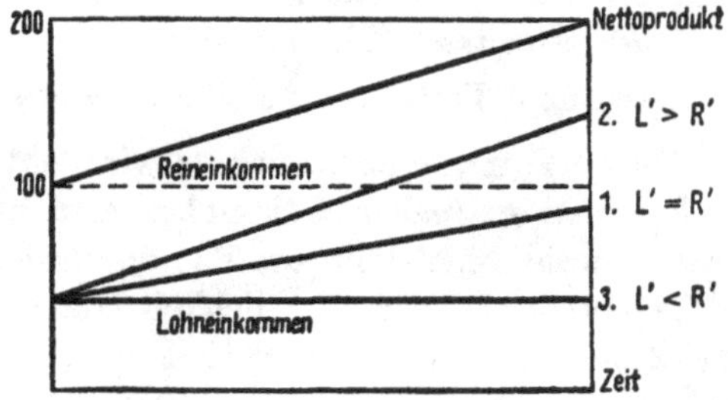

Abb. 17

Da das reale Lohneinkommen sowohl durch Lohnerhöhungen als auch durch Preissenkungen erhöht werden kann, zeigt die nebenstehende Grafik die Entwicklung des Verhältnisses von Lohneinkommen zu Reineinkommen bei unveränderten Löhnen und Lohnerhöhungen proportional dem Steigerungsgrad der Arbeitsproduktivität unter der Voraussetzung, daß einmal die Preise gleich den Werten sind und zum anderen die Preise unverändert bleiben.

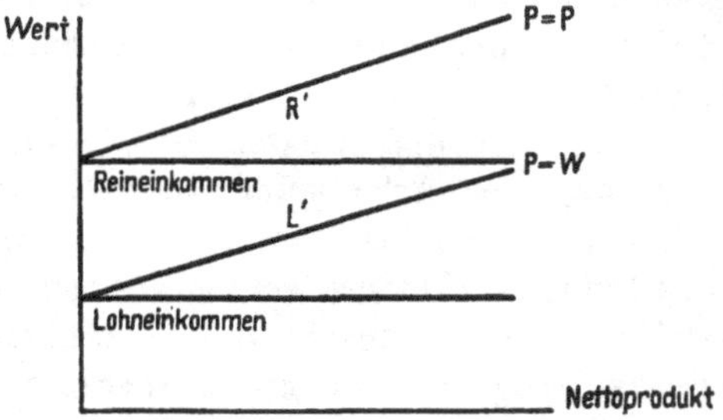

Abb. 18

Gleichbleibende Löhne mit Preisen, die gleich den Werten sinken, haben also denselben Effekt auf Lohneinkommen und Reineinkommen wie die Erhöhung der Löhne proportional dem Steigerungsgrad der Arbeitsproduktivität zu gleichbleibenden Preisen.

Wir können das Ergebnis unserer Überlegungen dahin zusammenfassen:

1. *Wenn die Preise bei steigender Arbeitsproduktivität mit den Werten sinken*, bleibt das Verhältnis von Lohneinkommen und Reineinkommen unverändert, sofern der Durchschnittslohn unverändert bleibt. In diesem Falle erhöhen sich reales Lohneinkommen und reales Reineinkommen proportional dem Steigerungsgrad der Arbeitsproduktivität.

2. *Wenn die Preise bei steigender Arbeitsproduktivität unverändert bleiben*, bleibt das Verhältnis von Lohneinkommen zu Reineinkommen unverändert, sofern der Durchschnittslohn proportional dem Steigerungsgrad der Arbeitsproduktivität erhöht wird. Auch in diesem Fall erhöhen sich reales Lohneinkommen und reales Reineinkommen proportional dem Steigerungsgrad der Arbeitsproduktivität.

Im ersten Fall sinkt das reale Reineinkommen, wenn der Durchschnittslohn erhöht wird. Im zweiten Fall sinkt es, wenn der Durchschnittslohn um mehr erhöht wird als die Arbeitsproduktivität steigt.* *Zwischen beiden Fällen gibt es zahlreiche Varianten,* die sich ergeben

1. *aus dem Verhältnis der Erhöhung des Durchschnittslohnes zum Steigerungsgrad der Arbeitsproduktivität* und
2. aus dem *Verhältnis der Preise zu den Werten.*

Welche Variante aber auch verwirklicht wird, das Verhältnis von realem Lohneinkommen zu realem Reineinkommen bleibt nur dann unverändert, wenn der reale Durchschnittslohn wie das durchschnittliche reale Nettoprodukt wächst.

Es entspricht der Wirklichkeit, daß die Durchschnittslöhne mit steigender Arbeitsproduktivität erhöht und die Preise gleichzeitig gesenkt werden. Jedoch entspricht es auch der Wirklichkeit, daß die Preise – in der Regel beträchtlich – hinter den Werten hinterherhinken.

Auch im Sozialismus ist die materielle Produktion die objektive Grundlage der Verteilung. Somit kann auch unter sozialistischen Bedingungen nicht mehr verteilt werden als produziert wird. Doch kann infolge der gesellschaftlichen Aneignung des Arbeitsproduktes die Entwicklung des Lohneinkommens mit der Entwicklung der Arbeitsproduktivität verbunden werden. Dadurch wird gewährleistet – unter der Voraussetzung, daß planwidrige Erhöhungen des Durchschnittslohnes verhindert werden können –, daß *erstens* der Lohn nicht über die durch das Entwicklungsniveau der gesellschaftlichen Produktivkräfte gegebenen objektiven Möglichkeiten hinauswächst und daß *zweitens* die Entlohnung sich nach der Quantität und Qualität der geleisteten Arbeit richtet.

Auf weitere zahlreiche Fragen, die insbesondere mit dem Verhältnis von Lohntheorie und Lohnpolitik zusammenhängen, kann hier nicht eingegangen werden. Diese Fragen sollen in einem anderen Zusammenhang eingehend behandelt werden.[107a]

* Dabei wurde in diesem Zusammenhang von der Möglichkeit der Erhöhung des Nettoprodukts durch Einsparung von vergegenständlichter Arbeit abgesehen.

VII. ÜBER DEN SOGENANNTEN NIVEAUEFFEKT

Seitdem die Sowjetunion die alten kapitalistischen Länder Großbritannien, Deutschland und Frankreich in ihrer industriellen Entwicklung hinter sich gelassen hat (ihre Industrieproduktion ist heute größer als die der drei Länder zusammen) und ihr Abstand zu den USA als der größten Industriemacht der Erde sich immer mehr verringert, verstummt in den Reihen der bürgerlichen Ökonomen nicht mehr die Diskussion über die Frage, *wann* die UdSSR die USA überholen wird – denn die Frage, *ob* sie die USA überholen wird, ist kaum noch umstritten. Der Unterschied in der industriellen Zuwachsrate ist zu groß und vor allem zu stetig, um die Frage des „ob" noch ernsthaft verneinen zu können. Bei der Frage des „wann" spielt der sogenannte Niveaueffekt eine Rolle. Er soll darin bestehen, daß mit wachsendem absolutem Produktionsniveau die Zuwachsrate der Produktion sinkende Tendenz erhält. Das wird damit begründet, daß die Zuwachsrate in der ersten Phase der Industrialisierung um so größer ist, je später die Industrialisierung begonnen hat. „Die mit ihrer industriellen Entwicklung später beginnenden Länder brauchten die Anlaufschwierigkeiten und Kinderkrankheiten der kapitalistischen Frühzeit nicht zu wiederholen und konnten die technischen Errungenschaften der Pionierländer ohne große Schwierigkeiten übernehmen"[108], heißt es z. B. in einer Untersuchung über „Perspektiven der industriellen Entwicklung in Ost und West". „Die weitere Entwicklung zeigt überall eine charakteristische Verflachung der Kurven, mit anderen Worten, eine stetige Verlangsamung des Wachstumstempos." Zwar können auch dann, wenn die Zuwachsraten abnehmen „der absolute Zuwachs erheblich sein"[109], so wird hinzugefügt, aber daß die Zuwachsrate sinkt, das sei sicher!

Niedriges absolutes Niveau und hohe Zuwachsrate – hohes absolutes Niveau und niedrige Zuwachsrate: so lautet die Behauptung. Das kann man auch so ausdrücken: Sobald „die sowjetische Industrie ihre volle Reife erlangt . . . wird ihre Wachstumsrate sinken".[110] „Man kann ein gewisses weiteres Abflauen (wobei das Wachstumstempo der Arbeitsproduktivität gemeint ist; F. B.) in der Industrie der UdSSR erwarten."[111]

Man will beweisen, daß die hohen Zuwachsraten der Arbeitsproduktivität sozialistischer Länder nicht den neuen Produktionsverhältnissen, sondern ihrer ökonomischen Unreife zuzuschreiben sind. Daraus soll folgen, daß auch die hohen Zuwachsraten der Produktion nicht aufrechterhalten werden können, sobald die Reserven an Arbeitskraft aufgebraucht sind. Nicht die neuen Beziehungen der

Menschen in der Produktion und die daraus entspringenden materiellen und moralischen Anreize, also ein der sozialistischen Wirtschaft immanenter, ständig wirkender und immer wirkungsvoller werdender Faktor, sondern ein technisch-organisatorischer, vorübergehend wirkender und damit sich allmählich abschwächender Faktor soll die Quelle des unbestreitbaren sozialistischen Zuwachstempos sein. Wenn damit natürlich auch nicht die Wirklichkeit verändert wird, so wird damit doch den Anhängern der kapitalistischen Art und Weise, zu produzieren und zu leben, ein gewisser Trost gespendet.

Mitunter wird der sogenannte Niveaueffekt auch mit dem Struktureffekt verwechselt, der daraus resultiert, daß sich die volkswirtschaftliche Produktivität aus zwei Komponenten zusammensetzt: aus der Produktivität i. e. S. und aus dem von der Zusammensetzung von Bereichen mit unter- und überdurchschnittlicher Produktivität beeinflußtem Niveau. Wenn in einem Land diejenigen Zweige schneller entwickelt werden, deren Produktivität überdurchschnittlich ist, dann ist der volkswirtschaftliche Produktionszuwachs entsprechend schneller, und es kann sein, daß das Zuwachstempo absinkt, wenn andere Zweige später nachgezogen werden. Jedoch ist das nicht eine Frage des absoluten Niveaus der Produktion, sondern der Proportionen der Entwicklung. Das muß natürlich bei internationalen Vergleichen genauso beachtet werden, wie bei der Analyse der Produktivitätsentwicklung einer Volkswirtschaft und hat nichts mit einem sogenannten Niveaueffekt zu tun. Dieser „Niveaueffekt“ wird nicht nur auf die Volkswirtschaft, sondern auch auf die Betriebsgröße angewendet. „A priori erscheint durchaus plausibel, daß etwas wie ein Hineinwachsen in eine optimale Betriebsgröße existiert. Erst der Übergang zur Spezialisierung, Mechanisierung und Automation erlaubt eine kostengünstige Produktionsweise“[112], heißt es z. B. in der interessanten Arbeit von Gerhart E. Reuss über „Produktivitätsanalyse“. „Konsolidierung der Forschungstätigkeit und Anwendung wissenschaftlicher Methoden der Betriebsführung sind andere Vorteile, die man erst beim Produzieren in größeren Werkseinheiten wahrnehmen kann. Es liegt nahe, die gleichen Betrachtungen auch für ganze Industriezweige und Volkswirtschaften anzustellen.“[113] Aber Reuss stellt fest: „Trotz aller einleuchtenden Deduktionen ließen sich jedoch keine eindeutigen statistischen Korrelationen zwischen Betriebsgröße und Produktivität feststellen.“ „Reicht schon die Evidenz nicht aus, um auf industrieller Ebene allgemeine und umfassende Aussagen zuzulassen, so ist nicht verwunderlich, daß auf gesamtwirtschaftlicher Ebene erst recht Unklarheit über Richtung und Nähe des Niveaueffektes besteht.“[114]

Die Beantwortung dieser Frage hängt von zwei Vorfragen ab, nämlich erstens von der Frage, was die Entwicklung der Arbeitsproduktivität überhaupt bestimmt und welche Faktoren der Entwicklung der Arbeitsproduktivität die entscheidenden sind, sowie zweitens von der Frage, wie sich diese Faktoren unter den jeweiligen Produktionsverhältnissen durchsetzen können.

Was die *erste Frage* anbetrifft, so muß man natürlich davon ausgehen, daß die Arbeitsproduktivität eng mit der grundlegenden ökonomischen Kategorie der produktiven Arbeit verknüpft ist. Ebenso wie der Begriff der produktiven Arbeit ein *allgemeines* Moment, das ihn zu einer grundlegenden ökonomischen Kategorie aller Produktionsweisen macht, und ein *besonderes* Moment, das seine Anwendbarkeit in den verschiedenen Produktionsweisen ausmacht, enthält, so gilt das auch für den Nutzeffekt der produktiven Arbeit, der Arbeitsproduktivität. Weil sich das Allgemeine der produktiven Arbeit unmittelbar aus der materiellen Produktion ergibt und das Besondere daraus, daß die materielle Produktion stets in bestimmten und historisch sich verändernden Formen vor sich geht, müssen wir auch bei der Bestimmung des Nutzeffektes der produktiven Arbeit, der Arbeitsproduktivität, die jeweiligen Produktionsverhältnisse berücksichtigen. Wenn wir von Arbeitsproduktivität sprechen, dann meinen wir stets den Nutzeffekt der lebendigen Arbeit in ihrer *konkreten* Form, wie sie in jeder Produktionsweise abhängig von den Produktionsverhältnissen existiert. Daher ist die Steigerung der Arbeitsproduktivität eine in jeder Produktionsweise sich durchsetzende Notwendigkeit, da ohne sie weder ein ökonomischer noch überhaupt ein gesellschaftlicher Fortschritt möglich ist. Doch bedeutet das nicht, daß die Steigerung der Arbeitsproduktivität sich auch in jeder Produktionsweise ständig und gleichmäßig durchsetzt.

Die Steigerung der Arbeitsproduktivität ist im Kapitalismus ein elementarer, sich der bewußten Beeinflussung durch die Menschen entziehender Prozeß. Er ist nicht nur äußerst widerspruchsvoll, sondern wird auch durch ständige Rückschläge unterbrochen und tendiert unter den Bedingungen der allgemeinen Krise des Kapitalismus schließlich zur Stagnation der Arbeitsproduktivität. Als der junge Kapitalismus den Feudalismus ablöste, da war er eine starke progressive Kraft. Er vermehrte und entwickelte die gesellschaftlichen Produktivkräfte in einem bis dahin nicht gekannten Ausmaße. Aber diese Vermehrung und Entwicklung der gesellschaftlichen Produktivkräfte wurde in der kapitalistischen wie in jeder auf Unterdrückung und Ausbeutung der Massen beruhenden Gesellschaftsordnung durch Verarmung und Verelendung der Werktätigen erreicht. Das gilt für die kapitalistische Entwicklung seit ihrem Beginn, ganz besonders aber vom modernen Kapitalismus.

Die kapitalistischen Produktionsverhältnisse hemmen schließlich nicht nur die Entwicklung der gesellschaftlichen Produktivkräfte, sie führen zu einer Einschränkung der Produktion und zu einer Zerstörung von Produktivkräften und Produktion durch Krisen und Kriege.

Erst im Sozialismus, in der auf den Kapitalismus folgenden Produktionsweise, entwickelt sich die Arbeitsproduktivität völlig ungehemmt, weil alle entgegenwirkenden Tendenzen durch die Liquidierung des kapitalistischen Eigentums beseitigt sind, und erreicht ein für alle vorsozialistischen Produktionsformationen unerreichbares Tempo der Entwicklung. Im Sozialismus wird das bereits von Marx formulierte *allgemeine* Gesetz der steigenden Arbeitsproduktivität zu einem *spezifisch* sozialistischen ökonomischen Gesetz des stetigen, planmäßigen und schnellen Wachstums der Arbeitsproduktivität. „Alles dies zeugt davon, daß im Sozialismus das *ökonomische Gesetz stetigen Wachstums der Produktivität der gesellschaftlichen Arbeit* wirkt. Dieses Gesetz erfordert die systematische Steigerung der Arbeitsproduktivität in allen Produktionszweigen, die ständige Einsparung sowohl lebendiger als auch vergegenständlichter Arbeit in jedem Betrieb und im Maßstabe der gesamten Gesellschaft."[115] Dem Sozialismus ist somit eine *planmäßige* und *schnelle* Erhöhung der Arbeitsproduktivität immanent.

So ist die Arbeitsproduktivität nicht nur mit der produktiven Arbeit im allgemeinen Sinne, sondern auch mit den Produktionsverhältnissen verbunden, die ihren spezifischen Charakter bestimmt. Während der Charakter der Arbeitsproduktivität als solcher sich nicht verändert, wandelt sich der spezifische Charakter der Arbeitsproduktivität mit der Veränderung der Produktionsverhältnisse. Folglich kann man die Rolle der Arbeitsproduktivität nicht verstehen, wenn man die Wirksamkeit der Produktionsverhältnisse auf die menschliche Arbeit nicht begreift. Obwohl die Steigerung der Arbeitsproduktivität ein allgemeines ökonomisches Gesetz ist, wirkt es in den verschiedenen Produktionsweisen doch unterschiedlich. Es wirkt in der sozialistischen Produktionsweise als ökonomisches Gesetz der ständigen, d. h. planmäßigen und schnellen Steigerung der Arbeitsproduktivität und bildet die unerläßliche Grundlage für den unablässigen Aufschwung der sozialistischen Produktion und die ständige Hebung des Wohlstandes der Werktätigen. Karl Marx hat in seinem ökonomischen Hauptwerk „Das Kapital" gezeigt, von welchen Bedingungen die Arbeitsproduktivität abhängt. „Die Produktivkraft der Arbeit ist durch mannigfache Umstände bestimmt", schreibt er, „unter anderen durch den Durchschnittsgrad des Geschickes der Arbeiter, die Entwicklungsstufe der Wissenschaft und ihrer technologischen Anwendbarkeit, die gesellschaftliche Kombination des Produktionsprozesses, den Umfang und die Wirkungsfähigkeit der Produktionsmittel, und durch *Naturverhältnisse*".[116] Die natürlichen Bedingungen der Arbeitsproduktivität, die in den Anfängen der menschlichen Gesellschaft einen beherrschenden Einfluß hatten, verlieren diesen Einfluß in dem Maße, wie sich die gesellschaftliche Produktion entwickelt. Ihr Einfluß wird immer stärker durch gesellschaftliche Bedingungen vermittelt. In seiner Schrift „Lohn, Preis – Profit" faßt Marx die Bedingungen, die die Produktivkraft der Arbeit bestimmen, wie folgt zusammen: „Abgesehn von den Unterschieden in den natürlichen Energien und den erworbnen Arbeitsgeschicken verschiedner Völker muß die Produktivkraft der Arbeit in der Hauptsache abhängen:

Erstens von den *Natur*bedingungen der Arbeit, wie Fruchtbarkeit des Bodens, Ergiebigkeit der Minen usw.

Zweitens von der fortschreitenden Vervollkommnung der *gesellschaftlichen Kräfte der Arbeit*, wie sie sich herleiten aus Produktion auf großer Stufenleiter, Konzentration des Kapitals und Kombination der Arbeit, weitergehender Teilung der Arbeit, Maschinerie, verbesserten Methoden, Anwendung chemischer und andrer natürlicher Kräfte, Zusammendrängen von Zeit und Raum durch Kommunikations- und Transportmittel, und aus jeder andren Einrichtung, wodurch die Wissenschaft Naturkräfte in den Dienst der Arbeit zwingt und wodurch der gesellschaftliche und kooperierte Charakter der Arbeit zur Entwicklung gelangt."[117]

Zu den betrieblichen Faktoren der Steigerung der Arbeitsproduktivität gehören die drei „natürlichen“ Momente jedes Arbeitsprozesses, die Arbeitsmittel, der Arbeitsgegenstand und die Arbeitskraft, sowie die Arbeitsorganisation.

Diese vier Faktoren sind natürlich auch im Kapitalismus Ansatzpunkte zur Steigerung der Arbeitsproduktivität, weil sie sich aus der allgemeinen Natur des Arbeitsprozesses und aus der Natur der gesellschaftlichen Produktivkräfte und der produktiven Arbeit überhaupt ergeben. Aber erst unter sozialistischen Bedingungen, nachdem die gesellschaftlichen Produktivkräfte, von ihrer kapitalistischen Form befreit, nicht mehr Kapital und Lohnarbeit sind, und der Arbeitsprozeß nicht mehr dem Zweck untergeordnet ist, Wert und Mehrwert zu produzieren, und nicht mehr Verwertungsprozeß des Kapitals ist, ist ihre rationelle Ausnutzung und Gestaltung möglich. Das ist möglich durch die Vorzüge der sozialistischen Planung der Volkswirtschaft gegenüber dem elementaren Ablauf der kapitalistischen Wirtschaft.

Steigerung der Arbeitsproduktivität bedeutet erstens eine immer bessere Ausnutzung der vorhandenen Technik, zweitens deren fortschreitende Verbesserung und schließlich die Mechanisierung und Automatisierung der Arbeitsprozesse.

Und damit kommen wir zu der *zweiten Frage*.

Die sozialistische Ordnung erlaubt ein sozialistisches Tempo der Steigerung der Arbeitsproduktivität einzuschlagen, weil die materielle Basis der Produktion, die Produktionsmittel, Arbeitsgegenstand und Arbeitsmittel den Werktätigen nicht mehr als Kapital, als feindliche Macht gegenüberstehen, und weil daher eine rationelle Organisation im Interesse der ganzen Gesellschaft möglich ist.

Damit verändern sich auch die Methoden der Steigerung der Arbeitsproduktivität grundlegend. Da der Sozialismus planmäßig das kulturelle Niveau der Werktätigen hebt und den materiellen Wohlstand der Bevölkerung ständig verbessert, bringt er völlig neue, dem Kapitalismus unbekannte Impulse zur Arbeit hervor, der neuen Stellung der Werktätigen im gesellschaftlichen Produktionsprozeß als Eigentümer aller Produktionsbedingungen entspricht eine neue sozialistische Einstellung zur Arbeit. Daraus ergibt sich eine neue, freiwillige Arbeitsdisziplin und die Möglichkeit, Arbeitsnormen zu schaffen, die auf den Erkenntnissen der Wissenschaft und der Anwendung der fortgeschrittensten Technik beruhen und eine Schädigung der Gesundheit der Werktätigen ausschließen.

Jetzt liegt es nicht mehr im Interesse der Kapitalisten allein, die Arbeitsproduktivität zu steigern, jetzt liegt es im Interesse jedes einzelnen Werktätigen. Damit ist der technisch-organisatorische Fortschritt der Hauptfaktor für die Steigerung der Arbeitsproduktivität, und das Wachstumstempo der Arbeitsproduktivität hängt einzig und allein vom Ausbreitungstempo des wissenschaftlich-technischen Fortschritts ab. Das Tempo der Ausbreitung des wissenschaftlich-technischen Fortschritts ist im Sozialismus aber nicht mehr durch private Interessen behindert. Im Gegenteil: jetzt wird es planmäßig im allgemeinen Interesse, im Interesse der gesamten Gesellschaft durchgesetzt. Weil also das Tempo der Durchsetzung des wissenschaftlich-technischen Fortschritts nicht vom absoluten Niveau der Produktion abhängig ist, sondern von den Produktionsverhältnissen, ist auch das Tempo der Steigerung der Arbeitsproduktivität und damit auch die Zuwachsrate der Produktion nicht vom absoluten Niveau der Produktion, sondern von den Produktionsverhältnissen abhängig. Daraus folgt aber auch, daß kein Grund für die Annahme besteht, daß die Zuwachsrate der Produktion in den sozialistischen Ländern sich mit steigendem Niveau abflacht, so daß die Tatsache des Einholens und Überholens der fortgeschrittensten kapitalistischen Länder zwar unbestreitbar, der Zeitpunkt jedoch nicht mit Sicherheit bestimmbar ist. Natürlich geht es hierbei nicht um das konkrete Jahr, aber es geht um die Frage der nahen oder fernen Zukunft, und diese Frage ist mit absoluter Sicherheit dahin zu beantworten, daß es sich nicht um eine sehr ferne Zukunft handelt.

Die historische Erfahrung lehrt, daß in der sozialistischen Wirtschaft sich das Niveau der Arbeitsproduktivität in rund 10 bis 20 Jahren verdoppelt. Jedoch betrifft diese Verdoppelung des Nutzeffektes der lebendigen Arbeit erstens nicht die gesamte lebendige Arbeit, sondern nur die produktive Arbeit und nicht die unproduktive Arbeit und zweitens ist die Steigerung des Nutzeffektes der produktiven Arbeit nicht im gesamten Bereich der materiellen Produktion einheitlich, sondern in einigen Zweigen der materiellen Produktion stärker, in anderen schwächer. Daraus ergeben sich einige für die weitere Entwicklung der sozialistischen Gesellschaft und für ihren Übergang zur kommunistischen Gesellschaft wichtige Fragen, von denen im folgenden auf eine Frage eingegangen werden soll, weil sie bereits gegenwärtig von aktuellem Interesse ist: welche Möglichkeiten bestehen, den Nutzeffekt auch der unproduktiven Arbeit zu steigern? Diese Frage ist deshalb von aktuellem Interesse, weil bei unverändertem oder nur geringfügigem Steigen des Nutzeffektes der unproduktiven Arbeit und starkem Ansteigen des Nutzeffektes der produktiven Arbeit natürlich ein immer größerer Anteil der gesellschaftlichen Arbeit überhaupt im Bereich der unproduktiven Arbeit gebunden werden muß.

Diese Frage hängt indirekt auch mit der Unterscheidung von drei „Sektoren" der Produktivität zusammen, die der französische Ökonom Jean Fourastié getroffen hat.[118] Auch Fourastié konstatiert ein unregelmäßiges Wachsen der Arbeitsproduktivität und unterscheidet folgende Sektoren:

1. den *primären Sektor*, zu dem er vor allem die Landwirtschaft rechnet, die als ein „traditioneller" Wirtschaftszweig eine niedrige Zuwachsrate der Arbeitsproduktivität aufzuweisen hat;
2. den *sekundären Sektor*, den er auch als den industriellen Sektor der Volkswirtschaft bezeichnet und der die höchsten Fortschritte der Produktivität erreicht;
3. der *tertiäre Sektor*, der alle Bereiche mit geringem oder keinem Produktivitätszuwachs umfaßt.

Fourastié's Ausgangspunkt ist die Unterteilung der Wirtschaft in Bereiche mit starkem und solche mit schwachem technischen Fortschritt. Er vergleicht einmal die „Produktivität" eines Herrenfriseurs einerseits und die eines Automobilarbeiters andererseits. Während die eine praktisch unverändert blieb, hat sich die andere in fünfzig Jahren verzehnfacht. „Diese Feststellung ist sehr wichtig, denn man vergißt zu oft, daß der technische Fortschritt nicht alle Bereiche des wirtschaftlichen Lebens gleich stark beeinflußt; hieraus werden dann höchst optimistische und erhebende Schlüsse über die Zukunft der Menschheit und den Wohlstand einer Gesellschaft gezogen, in der der technische Fortschritt jeden Mangel beseitigt haben wird. Daß in Wirklichkeit indessen ein breiter Sektor der Wirtschaft dem technischen Fortschritt großen Widerstand entgegensetzt, zwingt uns zu mehr Bescheidenheit."[119]

Während das absolute Volumen der sekundären Produktion immer mehr zunimmt, sinkt nach Fourastié „von einem gewissen Stand der wirtschaftlichen Entwicklung an *der relative Wert dieser ... Produktion im Verhältnis zum Gesamtvolumen des Sozialprodukts. So werden die tertiären Werte immer mehr das Wirtschaftsleben bestimmen*"[120], schließt Fourastié und meint, „daß die Zivilisation des technischen Fortschritts eine tertiäre Zivilisation sein wird".[120a]

Nach Fourastié wächst der Verbrauch mit steigendem Wohlstand von der primären Stufe über die sekundäre in die tertiäre Stufe. Tatsächlich nimmt die Nachfrage immer breiterer Volksschichten nach tertiären Gütern und Dienstleistungen unaufhörlich zu; dieser gewandelten Struktur des Verbrauchs entspricht eine Strukturwandlung der volkswirtschaftlichen Gesamtproduktion. Schon heute arbeiten rund 50% der berufstätigen Bevölkerung der Vereinigten Staaten im tertiären Bereich gegenüber weniger als 15% im Jahre 1820. Etwa um 1800 hatte die Gesamtproduktion folgende Struktur:

Landwirtschaftliche Produkte (primär)	= 80%
Industrielle Produkte (sekundär)	= 10%
Dienstleistungen (tertiär)	= 10%.

Der sekundäre Bereich bestand praktisch nur aus der Textilerzeugung, und nur ein ganz geringer Teil der Bevölkerung kam in den Genuß tertiärer Dienstleistungen. Inzwischen hat sich der Anteil der Dienstleistungen so erhöht, daß sie nach den Untersuchungen des amerikanischen Departments of Commerce 1956 = 34,5% von den privaten Gebrauchsausgaben ausmachten.[121]

Selbst über kurze Zeiträume hinweg ist die Zunahme deutlich; 1954 betrug der Anteil der Dienstleistungen noch 33,9%, 1955 waren es 34,1 und 1956 schon 34,5%. Ein gutes Beispiel für die rasche Sättigung bei den Gütern des sekundären Bereichs geben die Ausgaben für Schuhe und Bekleidung in Amerika. Während 1921 noch rund 20% der Ausgaben für Konsumgüter auf Bekleidung und Schuhe entfielen, waren es 1956 nur 12,9%.[122]

In Wahrheit geht es aber gar nicht um *drei* „Sektoren" der Entwicklung der Arbeitsproduktivität, sondern um die Steigerung der Arbeitsproduktivität als Grundlage der unproduktiven Arbeit, soweit diese nicht durch die Beseitigung des Gegensatzes von körperlicher und geistiger Arbeit überwunden wird. Natürlich wird auch in der kommunistischen Gesellschaft immer ein Teil der gesellschaftlichen lebendigen Arbeit zu (gesellschaftlich-notwendigen, doch) unproduktiven

Zwecken verwendet werden. Wenn auch dieser Teil der gesellschaftlichen Arbeit sich vermindert, soweit er Funktionen betrifft, die mit der Spaltung der Gesellschaft in Klassen entstanden, wie Staat, Recht usw., wird er zugleich erweitert durch die Entwicklung der Tätigkeit auf kulturellen, wissenschaftlichen und anderen Gebieten.

Auch in der kommunistischen Gesellschaft verschwindet der Unterschied zwischen den konkreten Formen der Arbeit nicht, ja, er wird durch die weitere gesellschaftliche und technische Arbeitsteilung wahrscheinlich noch mannigfaltiger werden. Aber die Erreichung einer Stufe in der Entwicklung der Gesellschaft, auf der jedem Werktätigen die allseitige Teilnahme an den verschiedenen Tätigkeitssphären gewährleistet sein wird, beseitigt die Kluft zwischen geistiger und körperlicher Arbeit. Der Kommunismus bringt eine solche Entwicklung der Wirtschaft, bei der jedes Mitglied der Gesellschaft, das nach seinen Fähigkeiten arbeitet, nicht nur alles Lebensnotwendige nach seinen Bedürfnissen erhalten, sondern auch seine Fähigkeiten in allen Sphären der gesellschaftlichen, wissenschaftlichen, kulturellen und künstlerischen Tätigkeit entwickeln kann. Auf diese Weise setzt der Kommunismus nicht nur eine hohe Entwicklung der Technik, sondern auch eine solche Entwicklung der Menschen voraus, die die ganze Fülle der objektiv gegebenen Möglichkeiten auszuschöpfen in der Lage sind.

Es geht in Wahrheit also darum, daß – wie es Marx einmal ausdrückte – „der wirkliche Reichtum der Gesellschaft" von der Produktivität der Arbeit in der materiellen Produktion abhängt. „Das Reich der Freiheit beginnt in der Tat erst da, wo das Arbeiten, das durch Not und äußere Zweckmäßigkeit bestimmt ist, aufhört; es liegt also der Natur der Sache nach jenseits der Sphäre der eigentlichen materiellen Produktion."[123]

Es ist eine gesetzmäßige Erscheinung, die sich unabhängig von den Produktionsverhältnissen vollzieht, daß mit wachsendem Niveau der Arbeitsproduktivität in der materiellen Produktion der Anteil der Beschäftigten in der nicht materiellen Sphäre zunimmt. Das kommt z. B. in der Entwicklung des industriell am höchsten entwickelten Landes, in den USA, deutlich zum Ausdruck.

Aber das ist nur die eine Seite des Problems. Die andere Seite ist, daß es Arbeiten *innerhalb* des Bereiches der materiellen Produktion selbst gibt, die keineswegs produktiv sind, d. h. den materiellen Reichtum der Gesellschaft nicht vermehren, sondern ihn indirekt, als „entgangene" produktive Tätigkeit, vermindern und daß es Arbeiten *außerhalb* des Bereiches der materiellen Produktion gibt, die man keineswegs als in das „Reich der Freiheit" fallend bezeichnen kann. Und auf diese Arten unproduktiver Arbeiten sowohl innerhalb als auch außerhalb des Bereiches der materiellen Produktion trifft in der Tat zu, was Fourastié feststellt, nämlich, daß ihr Nutzeffekt hinter dem Nutzeffekt der produktiven Arbeit immer mehr zurückbleibt.

Was zunächst den Bereich der materiellen Produktion anbetrifft, so gibt es hier große Möglichkeiten, um auch den Nutzeffekt der unproduktiven Arbeit zu steigern, die mit der materiellen Produktion notwendig verbunden sind.[123a] Der technische Fortschritt läßt auf diesem bisher vernachlässigten Gebiet eine starke

In der USA-Wirtschaft (mit Ausnahme der Landwirtschaft) beschäftigte Arbeiter und Angestellte

Wirtschaftszweige	Arbeiter und Angestellte (in 1000)				Zunahme oder Abnahme (in Prozent)		
	1947	1953	1957	1960	1947 bis 1953	1953 bis 1960	1957 bis 1960
Grundstoffindustrie	943	852	809	664	— 9,7	— 22,1	— 17,9
Verarbeitende Industrie	15290	17238	16782	16338	+ 12,7	— 5,2	— 2,6
Bauindustrie	1982	2622	2808	2770	+ 32,3	+ 5,6	— 1,4
Verkehrswesen sowie Strom- u. Gaserzeugung	4122	4221	4151	3901	+ 2,4	— 7,6	— 6,0
Handel	9196	10527	11302	11645	+ 14,5	+ 10,6	+ 3,0
Finanzwesen	1672	2038	2348	2485	+ 21,9	+ 21,9	+ 5,8
Dienstleistung u. dgl. m.	4783	5538	6336	6637	+ 15,8	+ 19,8	+ 4,8
Staatliche Verwaltung*	5474	6645	7626	8455	+ 21,4	+ 27,2	+ 10,9
Insgesamt	43462	49681	52162	52895	+ 14,3	+ 6,5	+ 1,4

* ohne das Personal der Streitkräfte.

(Entnommen: Die Neue Zeit, Moskau, Nr. 20, 17. 5. 1961, S. 4.)

Erhöhung erwarten, weil die Büroarbeit im ganzen weit hinter den Möglichkeiten zurückgeblieben ist. Als aus den Handwerksbetrieben die Anfänge der modernen Industrie entstanden und in die Werkstätten die Maschinen einzogen, da wurde im Kopf gerechnet und mit der Hand geschrieben und gebucht. Seitdem hat sich auch im Büro verschiedenes verändert; wir haben die Schreibmaschine und Rechen- und Buchungsautomaten. Aber trotzdem ist der industrielle Produktionsprozeß der Büroarbeit immer noch um eine ganze Entwicklungsepoche voraus. Während im industriellen Prozeß aus den einzelnen Maschinen längst Bestandteile eines systematischen Arbeitsablaufs geworden sind, arbeiten die Büros noch unter ganz anderen Verhältnissen. Hier bestimmen nicht die Maschinen als Aggregate eines mechanischen Systems die Struktur des Arbeitsprozesses, sondern wie zur Zeit des Manufakturkapitalismus, trotz der Verwendung mechanischer Hilfsmittel, die menschliche Arbeitskraft. Wenn die Steigerung der Arbeitsproduktivität daher noch durch Umwälzungen in der Organisation der Arbeit auf der Grundlage der Mechanisierung Triumphe feiern kann, dann im Büro, denn technisch gesehen ist bereits nicht mehr die Mechanisierung, sondern die Automatisierung der Büroarbeit aktuell.

Um zu einer höchstmöglichen Produktivität zu gelangen, müssen die Prinzipien der Rationalisierung auch auf die Büroarbeit angewandt werden. Die sich auf dem Gebiet der Büroarbeit ergebenden Möglichkeiten werden beim Einsatz der neuen maschinellen Hilfsmittel besonders deutlich. Heute ist in einem nicht mehr zu übersehenden Maße die Maschine bereits Träger der Arbeit im Büro geworden. Hierbei kommt den konventionellen Büromaschinen, wie Schreib-, Addier-, Rechen- und Vervielfältigungsmaschinen, eine ebenso große Bedeutung zu wie den Organisationsmaschinen, insbesondere Buchungs-, Fakturier-, Arbeitsvorbereitungsmaschinen, Registrierkassen, Lochkartenmaschinen und programmgesteuerten Datenverarbeitungsmaschinen. Die Entwicklungstendenz auf dem Sektor Büromaschinen läßt sich dahingehend kennzeichnen, daß immer mehr Arbeitsvorgänge im Büro mit Hilfe teilautomatisierter oder auch automatisch arbeitender Maschinen bewältigt werden können. Tatsache ist, daß sich das Tempo der technischen Entwicklung bei Büromaschinen in den letzten Jahren erheblich beschleunigt hat und die Forschungsergebnisse auf dem Gebiet der Elektronik ihren sinnvollen Niederschlag in der technischen Weiterentwicklung von Büromaschinen gefunden haben, wodurch auch Wege zur Automatisierung der Büroarbeit eröffnet werden. Hier geht die Entwicklungslinie von der Groß-Rechenanlage, deren Einsatzmöglichkeiten beim Massenanfall von Daten und Informationen überwiegend in Großbetrieben gegeben sind, zu kleineren elektronischen Anlagen.

Dazu kommt, daß der Schwerpunkt der gesellschaftlich notwendigen, aber unproduktiven Arbeit keineswegs im Bereich der materiellen Produktion liegt. Auch außerhalb der materiellen Produktion ist eine Steigerung des Nutzeffektes der lebendigen Arbeit nicht nur notwendig, sondern auch zu verwirklichen. Das gilt z. B. unbestritten für den Handel und das Geldwesen, wo es bereits Ansatzpunkte und auch Beispiele gibt, wo aber die technisch-organisatorische Entwicklung noch weit hinter den heutigen Möglichkeiten zurückgeblieben ist. Natürlich gibt es Bereiche, in denen eine Steigerung der Arbeitsproduktivität weder möglich noch wünschenswert ist. Es wäre absurd, wollte man beispielsweise die „Produktivität" des Lehrers dadurch steigern, daß er nur noch per Mikrofon, Tonband oder Fernsehen lehrt. Aber diese Tatsache spricht nicht gegen die Bestrebungen, eine optimale Verteilung der Arbeitskräfte in den Sphären und Bereichen der Wirtschaft und Gesellschaft zu erreichen. Diese optimale Verteilung der Arbeitskräfte ist im Gegenteil die Voraussetzung eines maximalen Nutzeffektes der lebendigen Arbeit im gesellschaftlichen Maßstabe.

Eine Verzehnfachung der Arbeitsproduktivität ist keine utopische Annahme, wenn man bedenkt, daß bereits vor der industriellen Ausnutzung der Atomenergie die Arbeitsproduktivität unter sozialistischen Verhältnissen sich ca. alle 10–20 Jahre verdoppelte. Es ist durchaus berechtigt, anzunehmen, daß die Arbeitsproduktivität noch vor Ende dieses Jahrhunderts sich in der materiellen Produktion verzehnfacht haben wird. Auch in der Sphäre der Verwaltung von Staat und Wirtschaft muß und kann der Nutzeffekt der lebendigen Arbeit durch Mechanisierung und schließlich Automatisierung gesteigert werden – wenn auch natürlich nicht so bedeutend wie in der materiellen Produktion.

Vom Standpunkt der sozialistischen Produktion ist alle Arbeit produktiv, die neben dem Produkt für sich auch ein Produkt für die Gesellschaft produziert. Aus dem gesellschaftlichen Reineinkommen, dem Produkt der Arbeit für die Gesellschaft, fließen nicht nur die abgeleiteten Lohneinkommen, die zusammen mit dem ursprünglichen Lohneinkommen (der produktiven Arbeiter selbst) die gesellschaftlichen Lohnfonds ergeben; aus dem Produkt der Arbeit für die Gesellschaft werden außerdem die Fonds für Wissenschaft, Bildung, Gesundheitswesen, Sozialversicherung usw. sowie die Fonds für Investitionen, Reserven, Sicherung usw. gebildet.

Jede Arbeit, die Bedürfnisbefriedigung schafft, ist *nützliche* Arbeit, aber nur die Arbeit, die einen zur Bedürfnisbefriedigung geeigneten Gebrauchswert schafft bzw. einen materiellen Dienst liefert, ist *produktive* Arbeit. Daher ist nicht jede nützliche Arbeit produktiv, obwohl jede produktive Arbeit auch nützliche Arbeit ist. Obgleich nur die produktive Arbeit das Gesamtprodukt und somit das Nettoprodukt erzeugt, ist die Gesellschaft aber nicht um so reicher, je höher der Anteil der produktiven Arbeit an der gesellschaftlichen Gesamtarbeit ist. Das ist nicht der Fall, weil auch die unproduktive Arbeit gesellschaftliche Bedürfnisse befriedigt, auf die zu verzichten gleichbedeutend wäre mit dem Verzicht auf kulturelle Entwicklung. Das gilt nicht nur für die Tätigkeit innerhalb des gesellschaftlichen Überbaus, in Staatsverwaltung, Kultur in engerem Sinne, Erziehungswesen und dergleichen, das gilt auch für die unproduktive Arbeit innerhalb der Sphäre der materiellen Produktion. Die unproduktive Arbeit in der Sphäre der materiellen Produktion beruht auf der Teilung der Arbeit innerhalb der Produktion; ohne sie könnten der betriebliche und der gesellschaftliche Produktionsprozeß nicht ablaufen, so daß der Nutzeffekt der produktiven Arbeit gemindert, wenn nicht verhindert würde. Wie die materielle und die nichtmaterielle Sphäre eine untrennbare Einheit bilden, wenn auch die materielle Produktion die Grundlage dieser Einheit ist, so bilden auch produktive und unproduktive Arbeit eine untrennbare Einheit, wenn auch die produktive Arbeit die Grundlage dieser Einheit, der gesellschaftlichen Gesamtarbeit ist. Auch die unproduktive Arbeit darf hinsichtlich ihres technisch-organisatorischen Niveaus nicht hinter der produktiven Arbeit zurückbleiben – aber gerade das ist heute noch weitgehend der Fall.

Natürlich wird die Steigerung des Nutzeffektes der lebendigen Arbeit auch in Zukunft nicht in allen Bereichen der gesellschaftlichen Arbeit gleichmäßig sein, doch liegen im Bereich der unproduktiven Arbeit große Reserven für eine beträchtliche Hebung ihres Nutzeffektes, die bei planmäßiger Ausnutzung dazu beitragen können, daß viele unproduktive Arbeiten in Zukunft mit weniger Aufwand vollzogen werden können. In beiden Bereichen der gesellschaftlichen Arbeit hängt das Tempo der Steigerung des Nutzeffektes der lebendigen Arbeit außer von der im Prinzip für beide Bereiche gleichen Bedingung der schnellen Durchsetzung des technisch-organisatorischen Fortschritts von den konkreten Umständen der Arbeitsprozesse ab. Das Tempo der Steigerung der Arbeitsproduktivität wird in jenen Zweigen der materiellen Produktion am höchsten sein, in denen die Arbeitsprozesse am vollständigsten mechanisiert und automatisiert werden können. Dabei ist die Landwirtschaft keineswegs ein „Sektor“, in dem die Steigerungsmöglichkeiten der Arbeitsproduktivität beschränkt sind, wie Fourastié meint. Die Arbeitsproduktivität hat in der Landwirtschaft im Vergleich zur Industrie zwar einige Besonderheiten, die man beachten muß, aber das Zurückbleiben der Arbeitsproduktivität in der Landwirtschaft hinter der industriellen Arbeitsproduktivität hat keine natürlichen, sondern gesellschaftlich-historische Ursachen. Sie müssen durch die sozialistische Großproduktion in der Landwirtschaft beseitigt werden. Der Übergang von der kleinbäuerlichen Landwirtschaft zur genossenschaftlichen Großproduktion muß den Nutzeffekt der landwirtschaftlichen Arbeit nicht nur durch alle Vorteile der gesellschaftlichen Produktion überhaupt steigern und sie daher zu einem Zweig der industriellen Arbeit machen, sondern soll auch die Landwirtschaft weitgehend von den Einflüssen der elementaren Natur befreien. Dadurch wird ebenso wie in der Industrie auch für die Landwirtschaft die Voraussetzung für eine planmäßige und schnelle Steigerung der Arbeitsproduktivität geschaffen. Der Sieg der sozialistischen Wirtschaftsform in der Landwirtschaft, die moderne Technik und der damit vertraute Stamm an Fachkräften muß zu einem schnelleren Ansteigen der Arbeitsproduktivität auch in der Landwirtschaft und damit zu einer allgemeinen Erweiterung der landwirtschaftlichen Produktion führen. Die konkreten Umstände, die ein unterschiedliches Steigen der Arbeitsproduktivität in den verschiedenen Zweigen der gesellschaftlichen Produktion bedingen, werden vom sozialistischen Staat bei der planmäßigen Durchsetzung der proportionalen Entwicklung der Volkswirtschaft verwirklicht. Prinzipiell erkannt, bilden sie kein spontanes Element, das die Planung der Volkswirtschaft stört, da sie bei der Ausarbeitung der Pläne berücksichtigt werden. Die planmäßige Steigerung der Arbeitsproduktivität, des Nutzeffektes der produktiven Arbeit aber bildet die Basis für „das wahre Reich der Freiheit", wo „die menschliche Kraftentwicklung, die sich als Selbstzweck gilt," erst beginnt, „das aber nur auf jenem Reich der Notwendigkeit als einer Basis aufblühen kann".[124] Wir dürfen jedoch die Hebung des Nutzeffektes der unproduktiven Arbeit, die zwar gesellschaftlich notwendig ist, aber vom Produkt der produktiven Arbeit zehrt, nicht vergessen, denn auch diese Arbeit schränkt das „wahre Reich der Freiheit" ein, für das die „Verkürzung des Arbeitstags . . . die Grundbedingung"[125] ist.

SCHLUSSBEMERKUNG

Die Lösung der ökonomischen Aufgaben, die der Aufbau einer sozialistischen Gesellschaft stellt, erfordert die maximale Ausnutzung der gesellschaftlichen Arbeit in beiderlei Form: der lebendigen und der vergegenständlichten Arbeit. Dabei spielt die Ausnutzung der Ware–Geld–Beziehungen eine große Rolle, denn mit ihr ist sowohl die Vervollkommnung der materiellen Stimulierung der betrieblichen Produktion als auch der wirtschaftlichen Rechnungsführung und die Durchsetzung des Äquivalenzprinzips in den Beziehungen der sozialistischen Betriebe untereinander sowie die konsequente Durchsetzung der Entlohnung der Werktätigen nach der Qualität und der Quantität der geleisteten Arbeit unmittelbar verbunden. Die Entwicklung der sozialistischen Wirtschaft im ökonomischen Wettbewerb mit dem Kapitalismus erfordert ein hohes Tempo des wissenschaftlich-technischen Fortschritts. Für die Einführung und rationelle Ausnutzung der neuen Technik, und zwar unter dem doppelten Gesichtspunkt des maximalen Nutzeffektes ihrer Anwendung als auch ihrer weiteren Entwicklungsperspektiven bedarf es der Ausnutzung des materiellen Anreizes. Alle diese ökonomischen Aufgaben erfordern die Ausarbeitung von Methoden, die es ermöglichen, den gesellschaftlichen Aufwand an Arbeit exakt zu messen.

Der Wert je Produkt ist ein Ausdruck des gesellschaftlich notwendigen Arbeitsaufwandes zur Produktion der Waren. Der Messung des Wertes muß eine große Rolle in der Planung der sozialistischen Volkswirtschaft zugesprochen werden, weil ohne sie eine Vervollkommnung der Planungsmethoden nicht erreicht werden kann. Die Probleme der Messung des Wertes je Produkt im Zusammenhang mit der Ausarbeitung optimaler Varianten der Volkswirtschaftspläne und der Schaffung eines auf dem Wert der Waren beruhenden Preissystems befinden sich noch im Stadium der Diskussion. Zu dieser Diskussion soll die vorgelegte Arbeit ein Beitrag sein.

Es wird vorgeschlagen, die Messung des Wertes mit der Ermittlung des Aufwandes an lebendiger und vergegenständlichter Arbeit in der Produktion zu beginnen. Das ist nötig, weil die Messung des Wertes am Preis erst dann als exakt angesprochen werden kann, wenn die Preise im wesentlichen auf die Werte reduziert worden sind. Da es nicht der einzige Zweck der Preise ist, die aufgewandte gesellschaftlich notwendige Arbeit in der Produktion zu messen, ist zudem die Reduzierung der Preise auf die Werte immer nur in der Tendenz und im gesellschaftlichen Durchschnitt möglich. Aus diesen (und einigen weiteren Gründen) kommt der direkten Messung der in der Produktion verausgabten gesellschaftlichen Arbeit unmittelbar in Arbeitszeit eine immer größere Rolle zu und deshalb müssen neben dem tatsächlich vorhandenen Preissystem Methoden der Messung des Aufwandes an gesellschaftlicher Arbeit unmittelbar in Arbeitszeit ausgearbeitet und angewendet werden. Beide Methoden der Messung des Wertes – sowohl seine Messung, ausgedrückt in Geld, am Preis als auch seine Messung, ausgedrückt in Arbeitszeit – müssen nebeneinander angewandt werden, wobei der Messung unmittelbar in Arbeitszeit natürlich steigende Bedeutung zukommt.

Hier liegen große und nicht mehr aufschiebbare Aufgaben für die sozialistischen Ökonomen, die nur gelöst werden können, wenn auf der Grundlage der Erkenntnisse und Thesen der politischen Ökonomie die modernen Methoden der Mathematik und der Rechentechnik angewandt werden.

Das gilt auch für die Ermittlung optimaler Varianten der Produktion der Betriebe!

Wenn wir die optimale Variante der Produktion als dasjenige Produktionsniveau definieren, das durch eine höchstmögliche Arbeitsproduktivität bei niedrigsten Selbstkosten der Produktion charakterisiert ist, so gilt das sowohl für den einzelnen Betrieb als auch für die gesamte Wirtschaft. Es wurde aber bereits gesagt, daß das Produktionsniveau zunächst nur mengenmäßig definiert und daß von der Qualität und bedarfsgerechten Struktur der Produktion abgesehen worden ist. Während die Qualität der Produktion sowohl von der Produktion als auch von der individuellen Konsumtion her definiert werden kann und muß, kann die bedarfsgerechte Struktur der Produktion nur von der Konsumtion her definiert werden.

Selbst wenn auch die praktischen (die statistisch-technischen) Probleme gelöst sind, deren Lösung für die Messung des Wertes im Sinne des in dieser Arbeit behandelten individuellen und gesellschaftlichen Arbeitsaufwandes von Bedeutung sind, ist die Frage der Messung des (gesellschaftlichen) Wertes nicht gelöst. Mir scheint, daß die Proklamierung des von den Planern festgelegten Arbeitsaufwandes als Wert – wie es in der Regel in unserer Literatur geschieht – doch allzusehr vom letzten Zwecke jeder Produktion „abstrahiert". Wie ist es, wenn die Konsumenten nicht akzeptieren, was die Planer planten?

Es geht doch darum, daß die Verbrauchsstruktur der Bevölkerung die Struktur der Produktion bestimmt und nicht umgekehrt. Natürlich bleibt das Primat der Produktion, aber das ist eine zu globale Formulierung. Sie gilt nur für eine Grobplanung. Der Wohlstand hängt nicht nur von der Menge der produzierten Gebrauchswerte ab, sondern auch davon, ob sie den Wünschen der Konsumenten entsprechen, d. h., es darf bei gegebenen Preisen weder Kaufkraftüberschuß geben noch dürfen Überplanbestände bestehen.

Somit ist die vorgeschlagene Lösung zur Messung des Nutzeffektes der gesellschaftlichen Arbeit, wie sie in den beiden Koeffizienten

$$v_t = \frac{a'_{tl}}{a'_t},$$

$$v_{sk} = \frac{A\,w'}{s\,k'}$$

zum Ausdruck kommt, eine vorläufige und keine endgültige. In beiden Koeffizienten kommt nicht die gleichgewichtige (oder proportionale) Entwicklung der Volkswirtschaft zum Ausdruck, insbesondere nicht, inwieweit die produzierten Gebrauchswerte den Erfordernissen der (produktiven und individuellen) Konsumtion entsprechen.

Wenn man daher die Frage aufwirft, ob die optimale Variante der Produktion zugleich diejenige ist, die zu einer proportionalen Entwicklung der Volkswirtschaft führt, wird man nur antworten können: ja, wenn man die Qualität und bedarfsgerechte Struktur der Produktion mit in die Analyse einbezieht. Es kann wohl angenommen werden, daß zwischen optimaler Variante und proportionaler Entwicklung kein unmittelbarer Zusammenhang besteht, sondern daß ein volkswirtschaftliches Gleichgewicht, d. h. eine proportionale Entwicklung, bei sehr verschiedenen Varianten der Produktion realisiert werden kann. Daher geht es in Wahrheit bei der Planung der Volkswirtschaft nicht nur darum, wirtschaftspolitische Entscheidungen darüber zu treffen, welche Produktionsvariante gewählt werden soll, sondern welche Variante dem gewählten Gleichgewicht am besten entspricht. Daraus aber ergibt sich das Problem *der optimalen Proportionierung.*

Ganz allgemein ausgedrückt geht es bei dem Problem der optimalen Proportionierung um die Verbindung der Planungsmethode der Bilanzierung mit der Analyse des Aufwandes an gesellschaftlicher Arbeit und dem Auffinden des rationellsten Preissystems. Seine Lösung bedeutet höchstmögliche Steigerung der Arbeitsproduktivität und minimale Selbstkosten der Produktion bei proportionaler Entwicklung der Volkswirtschaft unter der Bedingung des gewählten Gleichgewichts. Die optimale Proportionierung muß die Ermittlung des Optimums der Produktion mit der proportionalen Entwicklung der Volkswirtschaft verbinden. Das macht es erst möglich, Nichtübereinstimmung zwischen Plan und wirtschaftlicher Rechnungsführung zu beseitigen, denn im optimalen Plan sind alle Ausgaben rentabel, und das Minimum der Selbstkosten der Betriebe entspricht einer solchen Variante der Produktion jedes Erzeugnisses, die den geringsten Zuwachs an Arbeitsaufwand für das gesamte gesellschaftliche Produkt bedingt.

Wenn ein optimaler Plan dadurch gekennzeichnet ist, daß in ihm alle Aufgaben rentabel sind, so erfordert er eine doppelte Fragestellung:

1. Bei welchem Produktionsprogramm ist bei einer geplanten maximalen Steigerung der Arbeitsproduktivität der Gesamtarbeitsaufwand je Erzeugnis am niedrigsten und

2. bei welchem Produktionsprogramm ist bei einem geplanten minimalen Gesamtarbeitsaufwand je Erzeugnis die Arbeitsproduktivität am höchsten.

Bei dieser Fragestellung spielt auch die Verbrauchsstruktur der Bevölkerung eine hervorragende Rolle, da natürlich das Minimum des Aufwandes an gesellschaftlicher Arbeit nur dann realisiert werden kann, wenn keine gesellschaftliche Arbeit durch schlechte Qualität der Produkte oder nicht bedarfsgerechte Struktur der Produktion vergeudet wird. Es handelt sich also um eine sehr komplexe Problematik.

Die Ermittlung des Optimums zwischen Steigerung der Arbeitsproduktivität und Senkung des Arbeitsaufwandes ist ein aktuelles Problem unserer volkswirtschaftlichen Planung, deren Prinzip maximale Steigerung der Arbeitsproduktivität bei minimalen Selbstkosten ist. Jedoch wird auch für die Lösung vieler Fragen, z. B. die Frage des Nutzeffektes der produktiven Akkumulation bzw. Investition die Ermittlung des Optimums zwischen Steigerung der Arbeitsproduktivität und Senkung des Gesamtarbeitsaufwandes immer dringender. Auch das wird noch nicht das sein, was nach Friedrich Engels in der kommunistischen Gesellschaft „vom Wertbegriff der politischen Ökonomie übrigbleibt“: die „Abwägung von Nutzeffekt und Arbeitsaufwand“[126], aber es wird uns diesem Ziel ein wesentliches Stück näherbringen.

Man wird behaupten können, daß die Lösung des Problems der optimalen Proportionierung, d. h. die Lösung des Problems der optimalen Entwicklung der Volkswirtschaft von zwei unerläßlichen Bedingungen ausgehen muß:

1. von einem hohen Wachstumstempo des physischen Umfanges des Naturaleinkommens und
2. von einem optimalen Wechselverhältnis zwischen Akkumulation und Konsumtion.

Das aber bedeutet, daß wir Schluß machen mit dem Versuch, alles durch *eine* Kennziffer ausdrücken zu wollen und Kennziffern*systeme* entwickeln.

Die politische Ökonomie des Sozialismus systematisierte die qualitativen Kategorien und analysierte die sie bedingenden Faktoren. Aber die quantitative Verbindung der Kategorien und der sie bedingenden Faktoren wurde bislang noch nicht erreicht. Die vorliegende Arbeit soll ein Beitrag hierzu sein.

ANMERKUNGEN

1 Karl Marx, Grundrisse der Kritik der politischen Ökonomie, Dietz Verlag, Berlin 1953, S. 89.

2 Dokumente der SED, Bd. IV, Dietz Verlag, Berlin 1954, S. 263.

3 Gesetz über den Siebenjahrplan zur Entwicklung der Volkswirtschaft der Deutschen Demokratischen Republik in den Jahren 1959–1965, in: „Der Siebenjahrplan des Friedens, des Wohlstands und des Glücks des Volkes" (Hervorhebungen vom Verfasser), Dietz Verlag, Berlin 1959, S. 164.

3a Vgl. hierzu vom Verfasser: Probleme der Messung des Nutzeffektes der gesellschaftlichen Arbeit, in: „Wirtschaftswissenschaft", Berlin 1961, Heft 8, S. 1165. Auch im Referat Walter Ulbrichts auf der 14. Tagung des ZK der SED im November 1961 heißt es, „daß *die Steigerung der Arbeitsproduktivität und die Senkung der Selbstkosten zwei Seiten ein und derselben Aufgabe sind*". Neues Deutschland, 28. 11. 1961, Nr. 327, S. 5.

4 Lehrbuch der politischen Ökonomie, 3. Aufl., Dietz Verlag, Berlin 1960, S. 567.

5 W. Nemtschinow, Die Anwendung der mathematischen Methode in der Wirtschaftsführung und Planung, in: „Sowjetwissenschaft", Gesellschaftswissenschaftliche Beiträge, Berlin 1960, H. 10, S. 1121.

5a Ebenda, S. 1122.

6 Ebenda, S. 1123.

7 Ebenda, S. 1123.

8 Ebenda, S. 1123.

9 Ebenda, S. 1119.

10 Ebenda, S. 1119/1120.

10a W. Nemtschinow, Planung und Kybernetik, in: „Wirtschaftswissenschaft", 9. Jahrg., Berlin 1961, H. 12, S. 1794.

10b Ebenda, S. 1794.

11 W. Nemtschinow, Das Bündnis der Wirtschaftswissenschaft mit der Mathematik, in: „Presse der Sowjetunion", Berlin 1960, Nr. 50, S. 1062.

12 Ebenda, S. 1062.

13 Ebenda, S. 1062.

14 W. Nemtschinow, Die Anwendung mathematischer Methoden usw., a. a. O., S. 1113.

15 Ebenda, S. 114.

16 W. Nemtschinow, Das Bündnis der Mathematik usw., a. a. O., S. 1062.

17 „Die Möglichkeit der direkten Ermittlung der Wert*größe* auf der Grundlage des gesellschaftlich notwendigen Arbeitsaufwands wurde in der offiziellen Lehrmeinung der letzten Jahre faktisch verneint", schreibt J. Rudolph (Die Berechnung des ökonomischen Nutzeffekts und die Ermittlung des Arbeitsaufwands für die Produktion, in:

„Wirtschaftswissenschaften", 8. Jahrg., Berlin 1960, H. 4, S. 553) und stellt die Frage: „Kann man aber die allgemein anerkannte These, daß im Sozialismus die Preise der Waren *planmäßig abweichend* von ihrem Wert festgesetzt würden, verwirklichen, ohne die Wertgröße der Produkte genau zu kennen?" (ebenda, S. 554). Im gleichen Heft bemerkt W. Nemtschinow, daß die lange Zeit unter den sowjetischen Wirtschaftswissenschaftlern verbreitet gewesene Ansicht von der „Unerkennbarkeit des Wertes ... überwunden" sei. (W. Nemtschinow, „Zu aktuellen Problemen der sowjetischen Wirtschaftswissenschaft" in: „Wirtschaftswissenschaften", 8. Jahrg. Berlin 1960, Heft 4, S. 570.) Vgl. hierzu den „Exkurs" zum 4. Abschnitt.

17 Karl Marx, Theorien über den Mehrwert, Bd. I, Dietz Verlag, Berlin 1956, S. 120.
18 Ebenda, S. 364.
19 Ebenda, S. 373.
20 Ebenda, S. 374.
21 Ebenda.
22 Ebenda, S. 369.
23 Ebenda, S. 374.
24 Ebenda.
25 Ebenda, S. 356.
26 Karl Marx, Das Kapital, Bd. III, Dietz Verlag, Berlin 1951, S. 333.
27 Karl Marx, Das Kapital, Bd. I, Berlin 1951, S. 534.
28 Gerhard E. Reuss, Produktivitätsanalyse, Kyklos-Verlag, Basel 1960, S. 26.
28a Albert E. Fr. Schäffle, Die Nationalökonomie oder Allgemeine Wirthschaftslehre, Leipzig 1861, S. 82.
29 Ebenda, S. 82.
29a Ebenda, S. 83.
30 Ebenda, S. 85.
31 Ebenda, S. 84.
32 Ebenda, S. 85.
33 Ebenda, S. 85.
34 Verhandlungen des Vereins für Socialpolitik, Wien 1909, S. 333.
35 Ebenda, S. 359.
36 Ebenda, S. 360.
37 Ebenda, S. 361.
38 Ebenda, S. 362.
39 Ebenda, S. 358.
40 Ebenda, S. 466.
41 Ebenda, S. 585.
42 Ebenda, S. 580ff.
43 Paul Jostock, Die Berechnung des Volkseinkommens und ihr Erkenntniswert, Stuttgart und Berlin 1941, S. 10.
43a Ebenda, S. 11.
44 Ebenda, S. 11.
45 Graham Hutton, Produktivität bringt uns Wohlstand, Heidelberg 1958, S. 13.
46 Gerhard Fürst, Die Methoden der Produktivitätsmessung, in: G. Fürst u. S. L. Gabriel, Produktivität und Lohn, C. W. Leske Verlag, Darmstadt 1956, S. 7.
46a Ebenda.
47 Ebenda, S. 7/8.
47a Rolf Fricke, Grundlagen der Produktivitätstheorie, Frankfurt am Main 1961, S. 305.

47b Ebenda, S. 326 und 327.
48 Gerhard E. Reuss, Produktivitätsanalyse, Kyklos-Verlag, Basel 1960, S. 11.
49 Ebenda.
49a Rolf Fricke, Grundlagen der Produktivitätstheorie, Frankfurt a. M., S. 349.
49b Ebenda, S. 349.
49c Ebenda, S. 352.
49d Ebenda, S. 350.
49e Ebenda.
50 Jean Fourastié, Die große Hoffnung des zwanzigsten Jahrhunderts, Köln-Deutz 1954, S. 46.
51 Karl Marx, Das Kapital, Bd. I, Berlin 1951, S. 51. An dieser Stelle sei auf die ausgezeichnete und leider zu wenig beachtete Arbeit von Herbert Wolf „Zu den Grundlagen der marxistisch-leninistischen Theorie von der produktiven Arbeit" hingewiesen (in: „Wissenschaftliche Zeitschrift der Universität Leipzig", Jg. 1952/53, H. 4, S. 229ff.). Wolfs gründliche und gut durchdachte Arbeit gibt eine gute Grundlage für die Diskussion mit jenen sozialistischen Ökonomen, die auch der vergegenständlichten Arbeit produktiven Charakter zuerkennen und die in der Regel sehr oberflächlich argumentieren.
52 S. Strumilin, Die gesellschaftliche Produktivität der Arbeit und die Methoden ihrer Messung, in: „Sowjetwissenschaft", Gesellschaftswissenschaftliche Beiträge, Berlin 1960, H. 12, S. 1309.
53 Ebenda, S. 1311.
54 Ebenda, S. 1310.
55 Ebenda, S. 1311.
56 Ebenda.
56a Ebenda, S. 1310.
57 Ebenda, S. 1314.
58 Ebenda, S. 1311.
59 Gerhard E. Reuss, Produktivitätsanalyse, Basel 1960, S. 11.
60 Ebenda, S. 36.
61 I. G. Kurakow, Die Rolle der Wissenschaft bei der Schaffung der materiell-technischen Basis des Kommunismus, in: „Sowjetwissenschaft", Gesellschaftswissenschaftliche Beiträge, Berlin 1961, H. 11, S. 1184–1201.
62 Ebenda, S. 1185.
63 Ebenda, S. 1185/86.
64 Gerhard E. Reuss, Produktivitätsanalyse, Basel 1960, S. 11.
65 Ebenda, S. 101.
66 Ebenda, S. 135.
67 Ebenda, S. 135/136.
68 Ebenda, S. 137/138.
68a Dokumente der SED, a. a. O., S. 265.
68b Gesetz über den Siebenjahrplan, a. a. O., S. 164.
68c Ebenda, S. 172.
68d Walter Ulbricht, Der XXII. Parteitag der KPdSU und die Aufgaben in der DDR, in: „Neues Deutschland", Nr. 327 vom 28. 11. 1961, S. 5.
68e Einen anderen Standpunkt vertreten Horst Hauck und Horst Marx, die behaupten: „Es liegt nicht im Wesen der Arbeitsproduktivität, daß bei ihrer Steigerung die Selbstkosten sinken müssen." (Horst Hauck/Horst Marx, Die Steigerung der Arbeits-

produktivität – das ökonomische Hauptkriterium der neuen Technik im Sozialismus, in: „Wirtschaftswissenschaft", 10. Jahrgang, Berlin 1962, Heft 4, S. 502.) Allerdings können sie ihre wirklichkeitsfremde, aus unberechtigt verallgemeinerten Grenzfällen abgeleitete These selbst nicht aufrechterhalten und schreiben bereits einige Zeilen weiter, daß sie jedoch nicht „über große Zeiträume hinweg" gelte. „Würden die Selbstkosten auch nur eine gleichbleibende Tendenz aufweisen, so würde der Verbilligung der Ware eine Grenze gesetzt." (Ebenda, S. 502.) Später heißt es ganz richtig: „Die Kennziffer Selbstkostensenkung wird, solange die Warenproduktion besteht, auch weiterhin eine außerordentliche Bedeutung für die sozialistische Wirtschaftsführung im allgemeinen behalten, denn sie spielt eine hervorragende Rolle bei der Planung, Abrechnung und Kontrolle bei der sparsamen Verwendung gesellschaftlicher Arbeit usw. . . ." (Ebenda, S. 506.)

69 Karl Marx, Grundrisse der Kritik der politischen Ökonomie, Berlin 195, S. 89.

69a Ebenda.

70 Karl Marx, Das Kapital, Bd. I, Berlin 1951, S. 329/30.

71 Ebenda, Bd. I, S. 466.

72 Ebenda.

73 Ebenda, Bd. III, S. 290.

74 Ebenda.

74a Nicht einverstanden mit dieser grundlegenden Erkenntnis der objektiven Werttheorie sind H. Hauck und H. Marx, die in ihrem bereits zitierten äußerst widerspruchsvollen Artikel aus der unbestreitbaren Tatsache, daß „das in die Ware eingehende Gesamtarbeitsquantum die Wertgröße bildet", ohne Beweis den Schluß ziehen, daß „das Sinken der Wertgröße je Erzeugnis der Steigerung der Arbeitsproduktivität umgekehrt proportional" sei (a. a. O., S. 501). Ein Blick in die Praxis hätte genügt, um die Verfasser von der Haltlosigkeit ihrer Behauptung zu überzeugen, denn es ist – von seltenen Grenzfällen abgesehen – ausgeschlossen, daß $w' = \frac{1}{Ap'}$, sondern die Regel ist $w' < \frac{1}{Ap'}$.

75 Hans Wemmer, Zu einigen ökonomischen Kategorien der Warenproduktion, in: „Wirtschaftswissenschaft", 5. Jahrg., Berlin 1957, Heft 2, S. 246.

76 Ebenda.

77 Ebenda.

78 Johannes Rudolph, Die Berechnung des ökonomischen Nutzeffektes und die Ermittlung des Arbeitsaufwandes für die Produktion, in: „Wirtschaftswissenschaft", 8. Jahrg., Berlin 1960, H. 4, S. 551–563.

79 Ebenda, S. 554.

79a Ebenda, S. 563.

79b Ebenda, S. 563.

80 Karl Marx, Das Kapital, Bd. I, Berlin 1951, S. 332.

81 Karl Marx, Das Kapital, Bd. III, Berlin 1951, S. 686.

82 Ebenda, S. 691.

82a Von dem Zusammenhang zwischen Arbeitsproduktivität und Arbeitsintensität wurde in der vorliegenden Untersuchung abgesehen, da seine Behandlung mir für den Gedankengang und die behandelte Problematik nicht erheblich erschien. Meine Auffassungen zu diesem Zusammenhang habe ich ausführlich dargelegt in: Arbeitsproduktivität und Arbeitsintensität, in: Wirtschaftswissenschaft", Jahrgang 4, Berlin 1956, S. 384ff.; Zur Bedeutung der Arbeitsintensität in der sozialistischen

Wirtschaft, in: „Wirtschaftswissenschaft", Jahrgang 8, Berlin 1960, S. 718ff.; „Die Arbeitsproduktivität", 3. Aufl. Berlin 1961, S. 144ff.

82b Unter Bruttoproduktion wird in dieser Abhandlung der Bruttoproduktionsumsatz verstanden, der sich aus der Summe der betrieblichen Bruttoproduktion ergibt. Vgl. zum Begriff der Bruttoproduktion vom Verfasser: Bruttoproduktion und Kooperation, in: „Jahrbuch des Instituts für Wirtschaftswissenschaft der Deutschen Akademie der Wissenschaften zu Berlin", Bd. I, 1957, S. 198ff., sowie: F. Behrens, Die Zeitsummenmethode, 2. Aufl., Berlin 1961, S. 23ff.

83 Johannes Rudolph, Die Berechnung des ökonomischen Nutzeffektes und die Ermittlung des Arbeitsaufwandes für die Produktion in: „Wirtschaftswissenschaft", 8. Jg., 1960, H. 4, S. 551ff.

84 Johannes Rudolph, Die Berechnung der Wertgröße der Produkte und der Abweichung der Effektivpreise von der Wertgröße in: „Wirtschaftswissenschaft", 9. Jahrgang, Berlin 1961, H. 11, S. 1674–1691.

85 Ebenda, S. 1674.

86 Ebenda, S. 1678.

87 S. Strumilin, Die gesellschaftliche Produktivität der Arbeit und die Methoden ihrer Messung, a. a. O., S. 1323.

88 Ebenda.

89 Johannes Rudolph, Die Berechnung der Wertgröße der Produkte . . ., in: a. a. O., S. 1678.

90 Ebenda, S. 1679.

90a Vgl. zum folgenden die interessante Arbeit von Alfred Stobbe, Produktivitätsmessung auf der Grundlage von Input-Output-Tabellen, in: „Weltwirtschaftliches Archiv", Kiel 1959, Bd. 82, Heft 1, S. 231ff.

90b Gerhard Richter, Die Arbeitsproduktivität in Theorie und Praxis, Verlag „Die Wirtschaft", Berlin 1958, S. 25. Vom Verfasser wurde der Einfluß des Mehr- oder Minderverbrauches an vergegenständlichter Arbeit auf die Arbeitsproduktivität, der im Stufeneffekt zum Ausdruck kommt, in der Vergangenheit unterschätzt.

90c In der „Planwirtschaft", Moskau 1960, Heft 2, ist eine interessante Arbeit von A. Agambegjan, „Über die Anwendung mathematischer Methoden in der ökonomischen Analyse" abgedruckt. Agambegjan schlägt zur Ermittlung des gesamten Arbeitsaufwandes folgende Formel vor:

$$\sum_{i=1}^{n} a_{ik} x_k + V_k + m_k = P_k .$$

Er beachtet dabei aber nicht, daß der technische Koeffizient a_{ik} nur Ausdruck für die verbrauchten Arbeitsgegenstände, nicht für die Arbeitsmittel ist, so daß seine Formel nur ermitteln kann:

$$Ag + L + R = Q - Am .$$

Richtig müßte seine Formel lauten:

$$\sum_{i=1}^{n} a_{ik} X_k + am_k + V_k + m_k = P_k .$$

91 Rudolf Beyer/Hans Mittelbach, Erzeugnisbezogene Kennziffern in der chemischen Industrie, in: „Sozialistische Planwirtschaft", Jg. 2, 1961, Heft 9, S. 13.

92 Ebenda.

92a Vgl. zum folgenden vom Verfasser: Der Einfluß der Qualität und der bedarfsgerechten Struktur der Produktion auf die Arbeitsproduktivität, in: „Arbeitsökonomik und Arbeitsschutzforschung“, Berlin 1962, H. 2 u. 3.

92b Friedrich Engels, Herrn Eugen Dührings Umwälzung der Wissenschaft, Dietz Verlag, Berlin 1948, S. 386.

92c Ebenda.

92d Ebenda.

92e Vgl. Gerhard Richter, Die Arbeitsproduktivität in Theorie und Praxis, Berlin 1958, S. 152ff.
Der Unterschied zwischen dem von mir entwickelten Indexsystem und der Richterschen Konzeption der „Nettoproduktivität“ besteht – wie mir scheint – darin, daß Richter nach einer Kennziffer *der* Arbeitsproduktivität strebt, während ich es für richtiger halte, die verschiedenen Faktoren und Effekte der Arbeitsproduktivität in einem System von Indizes aufzuzeigen. Da die Richtersche Konzeption – trotz mancher ähnlich klingender Formulierungen – nicht mit der Konzeption von Strumilin identisch ist, und ich andererseits die Auswirkung des Mehr- oder Minderverbrauchs an vergegenständlichter Arbeit auf die Arbeitsproduktivität annehme, dürfte aus der praktischen Zusammenarbeit eine Überwindung theoretischer Meinungsverschiedenheiten erwachsen sein. (Vgl. hierzu die Polemiken in „Wirtschaftswissenschaft“, Jahrgang 8 u. 9, Berlin 1960–1961.)

92f Vgl. Ernst Domin, Zur Methodik und Abrechnung der Arbeitsproduktivität nach ursächlichen Entwicklungsfaktoren in der sozialistischen Industrie der DDR, in: „Arbeitsökonomik und Arbeitsschutz“, Jg. 5, Berlin 1961, Heft 2, S. 123ff. sowie S. Schubert, Kennziffern der Arbeitszeit und ihrer Auswirkung, a. a. O., Jg. 6, Berlin 1962, Heft 2, S. 100ff.

92g Vgl. auch vom Verfasser, Zur Analyse der Faktoren der Steigerung der Arbeitsproduktivität und der Senkung der Selbstkosten, in: „Jahrbuch des Instituts für Wirtschaftswissenschaften der Deutschen Akademie der Wissenschaften zu Berlin“, Bd. IV, Akademie-Verlag, Berlin 1961, S. 13ff.

92h Der Verfasser hat sich in mehreren Arbeiten mit den Faktorengruppen und Einzelfaktoren der Arbeitsproduktivität befaßt, so daß an dieser Stelle der Hinweis auf diese Arbeiten genügen soll: Die Arbeitsproduktivität, 4. Aufl., Verlag „Die Wirtschaft“, Berlin 1961; Zur Analyse der Faktoren der Steigerung der Arbeitsproduktivität und der Senkung der Selbstkosten, in: „Jahrbuch des Instituts für Wirtschaftswissenschaften“, Bd. IV, Akademie-Verlag, Berlin 1961.

93 Walter Ulbricht, Der Siebenjahrplan des Friedens, des Wohlstands und des Glücks des Volkes, Rede vor der Volkskammer der DDR am 30. September 1959, Dietz Verlag, Berlin 1959, S. 20.

93a Gesetz über den Siebenjahrplan zur Entwicklung der Volkswirtschaft der Deutschen Demokratischen Republik in den Jahren 1959–1965, in: „Der Siebenjahrplan des Friedens, des Wohlstands und des Glücks des Volkes“, Berlin 1959, S. 172.

93b Es braucht nach allem Ausgeführten nicht noch einmal ausdrücklich bemerkt zu werden, daß ich die Kennziffern der Selbstkosten nicht als das umfassendste Kriterium für den Nutzeffekt der gesellschaftlichen Arbeit angebe. Ich stimme aber mit H. Hauck/H. Marx darin überein, daß „diese Kennziffer gegenwärtig die Einsparung gesellschaftlichen Arbeitsaufwandes am besten zum Ausdruck“ bringt. (H. Hauck/H. Marx, Die Steigerung der Arbeitsproduktivität ..., in: a. a. O., S. 506.) Dies gilt solange als „Methoden für eine richtige Erfassung des gesellschaftlichen Arbeitsaufwands theoretisch nicht ausgearbeitet und keine Wege für die Praxis gewiesen sind". (Ebenda, S. 506.)

93c Horst Brandt definiert die Selbstkosten: „Betriebliche Selbstkosten sind der Geldausdruck für den betriebsindividuellen Aufwand an vergegenständlichter und den im Lohn ausgedrückten Teil der lebendigen Arbeit, der bei der Herstellung der Erzeugnisse bzw. Leistungen und den mit ihr im unmittelbaren Zusammenhange stehenden Zirkulationsakten entsteht" und stellt den Selbstkosten den umfassenderen Begriff der Kosten gegenüber, die außerdem die „übrigen Kosten" enthalten, die durch Zirkulationsakte außerhalb der Herstellung der Erzeugnisse entstehen. (Die innerbetriebliche Kostenanalyse im sozialistischen Industriebetrieb, Verlag „Die Wirtschaft", 2. Aufl., Berlin 1961, S. 12 und 13.)
Da es in unserer Arbeit um die Herausarbeitung der allgemeinen Zusammenhänge geht, genügt die im Text gegebene Definition.

94 W. Krassnowski, Ökonomische Probleme der Automatisierung, in: „Sowjetwissenschaft", Gesellschaftswissenschaftliche Beiträge, Jg. 1960, Heft 2, S. 153.

95 Ebenda, S. 154.

96 Ebenda, S. 155.

97 Ebenda, S. 155.

98 J. Kronrod, Einige Besonderheiten der sozialistischen Reproduktion in der gegenwärtigen Etappe, in: „Sowjetwissenschaft", Gesellschaftswissenschaftliche Beiträge, Jg. 1960, H. 3, S. 325.

99 Ebenda.

99a Siegfried Tannhäuser definiert die Zuwachskosten als die in den Kosten von „Produktionsschicht zu Produktionsschicht eintretenden Veränderungen" (Dynamik der Selbstkosten, in Abhängigkeit von der Veränderung des Produktionsvolumens, Verlag „Die Wirtschaft", Berlin 1961, S. 97). Er unterscheidet zwischen Gesamtzuwachskosten

$$\Delta K = K_1 - K_0$$

und Einheitszuwachskosten

$$s = \frac{\Delta K}{x},$$

wobei

$$x = \frac{\Delta Q}{Q}$$

ist. (Ebenda.)

99b Vgl. hierzu vom Verfasser: Zur Einschätzung der Funktion der gegenwärtigen bürgerlichen Ökonomie und zur Kritik der bürgerlichen Betriebswirtschaftslehre, in: „Schriften des Instituts für Wirtschaftswissenschaften", Bd. 12, 2. Halbband, Akademie-Verlag, Berlin 1961, S. 676ff.

99c E. Gutenberg, zum „Methodenstreit", in: Zeitschrift für handelswissenschaftliche Forschung, Jg. 5, H. 7, S. 348. In der Betriebswirtschaftslehre, ebenso wie übrigens in der modernen bürgerlichen Ökonomie überhaupt, spielen bekanntlich die sogenannten Kostenkurven, die Kurven der Gesamtkosten, der Durchschnittskosten und besonders der Grenzkosten eine große Rolle. Diese Kurven können zweifellos in der empirischen Analyse eine Bedeutung haben, wenn sie von der richtigen Theorie, der Arbeitswerttheorie ausgehen, d. h., wenn der quantitativen Analyse eine richtige qualitative Analyse zugrunde liegt. Das ist aber nicht der Fall. Das wird nicht deutlicher als durch die Tatsache, daß diese Kurven bis vor kurzem aus dem sogenannten

Ertragsgesetz abgeleitet wurden, das bekanntlich auf der Fiktion unveränderter Arbeitsproduktivität beruht. So heißt es z. B. bei Erich Schneider – um nur einen Beleg beizubringen –, daß die Grenzkosten, d. h. der erste Differentialquotient der Gesamtkosten bei „einer gegebenen Anlage einfach der kostenmäßige Ausdruck für die Gültigkeit des Gesetzes vom abnehmenden Ertragszuwachs" sind (Erich Schneider, Einführung in die Wirtschaftstheorie, Teil II, 4. durchgesehene Aufl., Tübingen 1956, S. 110).

Das heißt, die eine Fiktion, das sogenannte Ertragsgesetz, liegt einer anderen Fiktion, der Grenzkostenkurve, zugrunde, die von unveränderter Arbeitsproduktivität ausgeht.

Erich Gutenberg stellt fest, daß „bisher noch keine betriebswirtschaftlichen Untersuchungen zu Kostenkurven geführt" habe, „die zunächst konkav und dann konvex verlaufen" (Grundlagen der Betriebswirtschaftslehre, Band I, Die Produktion, 5. Auflage, Berlin–Göttingen–Heidelberg 1960, S. 212). Seien aber solche Kostenkurven bisher nicht empirisch nachgewiesen, so schließt er, dann könne man auch nicht sagen, daß das Ertragsgesetz empirisch nachgewiesen sei. Ist das an sich schon ein beachtliches Eingeständnis für einen bürgerlichen Ökonomen, dann ist seine Schlußfolgerung noch interessanter, daß die traditionelle Kostentheorie und ihre „bisherige Auffassung von der grundsätzlich u-formigen Gestalt der Grenzkostenkurve revidiert werden müsse" (ebenda, S. 281). Gutenberg wies darauf hin, daß empirische Kostenuntersuchungen zeigten, daß Gesamt- und Grenzkosten einen weitgehend linearen Verlauf haben (ebenda, S. 278) – was auch gar nicht anders sein kann, so müßten wir hinzufügen, weil die Arbeitsproduktivität steigt. Dagegen schrieb Erich Schneider noch kurz, das „Gesetz des abnehmenden Ertragszuwachses" sei „in unzähligen Fällen empirisch erwiesen worden" (ebenda, S. 109). Seine Gültigkeit sei nicht auf die Landwirtschaft beschränkt, sondern es gelte „in gleicher Weise in der Industrie" (ebenda, S. 109). Wie schon gesagt, gelten die Kostenkurven nur unter der Fiktion eines unveränderten technisch-organisatorischen Niveaus, denn mit einer Veränderung dieses Niveaus ergibt sich auch ein neues Minimum der Stückkosten. Innerhalb dieser Einschränkung aber können die Kurven der Gesamtkosten und der Stückkosten ein gutes Hilfsmittel für die empirische Kostenanalyse abgeben. Natürlich ist dies nicht in dem Sinne gemeint, daß es auch eine Aufgabe der sozialistischen Betriebspolitik sein müßte, das betriebliche Gleichgewicht dadurch zu realisieren, daß ein solches Produktionsniveau angestrebt wird, bei dem sich Gesamtkosten und Durchschnittskosten schneiden. Ein solches Betriebsgleichgewicht ist der sozialistischen Planwirtschaft unbekannt, weil die Forderung nach maximaler Ausnutzung der Produktion immer erneut dazu führt, daß ein neues Kostenminimum gesucht und verwirklicht wird. Während der kapitalistische Betrieb im Betriebsoptimum zum Gleichgewicht kommt, wenn er nicht durch die Konkurrenz daraus verdrängt wird, strebt der sozialistische Betrieb durch die Steigerung der Arbeitsproduktivität von Kostenminimum zu Kostenminimum.

Dieser Unterschied in der Betriebspolitik kapitalistischer und sozialistischer Betriebe ergibt sich aus der unterschiedlichen Gesetzmäßigkeit der kapitalistischen und der sozialistischen Wirtschaft. Während die Integration des kapitalistischen Betriebes in den volkswirtschaftlichen Zusammenhang durch spontane Anpassung des Betriebes geschieht, ist der sozialistische Betrieb ein Teil dieses Zusammenhanges, der bewußt volkswirtschaftliche Aufgaben verwirklicht, die im Plan niedergelegt sind. Die Grundaufgabe des Volkswirtschaftsplanes ist aber die ständige Erhöhung der Produktion durch Steigerung der Arbeitsproduktivität, die mit einer Senkung der Selbstkosten verbunden ist. Während die Erhöhung der volkswirtschaftlichen Produktion nur ein mehr oder minder zufälliges Ergebnis der kapitalistischen Betriebspolitik ist, ist es ein erklärtes Ziel der sozialistischen Betriebspolitik. Während die kapitalistischen Betriebe nach maximalem Gewinn streben und, sofern sie als Mittel hierzu geeignet sind, die Arbeitsproduktivität steigern und die Selbstkosten senken, streben die sozialistischen Betriebe nach ständiger Senkung der Selbstkosten durch Steigerung der Arbeitsproduktivität.

99d Vgl. hierzu A. Kostoussow, Aktuelle Probleme der Entwicklung des Maschinenbaus, in: „Sowjetwissenschaft", Gesellschaftswissenschaftliche Beiträge, 8. Jahrg., Berlin 1960, H. 2, S. 202ff.

99e Ebenda, S. 201.

99f Siegfried Tannhäuser, Dynamik der Selbstkosten, in Abhängigkeit von der Veränderung des Produktionsvolumens, Berlin 1961, S. 177ff. „Da in der sozialistischen Industrie die Aufwendungen an gesellschaftlicher Arbeit in Geld gemessen werden, kann es nur die Wahl zwischen den Einheitsselbstkosten oder dem Gewinn des Betriebes geben" (ebenda, S. 181), schreibt Tannhäuser. Er lehnt den Gewinn als Kriterium des Optimums ab, da er u. a. auch von den nicht dem Wert entsprechend festgesetzten Preisen abhängig ist (ebenda).

99g Vgl. ebenda, S. 182ff.

99h Ebenda, S. 184.

99i Ebenda, S. 185.

99k Ebenda, S. 186.

99l Ebenda, S. 188.

100 Vgl. hierzu vom Verfasser: Arbeitsproduktivität, Wert und Selbstkosten, Verlag „Die Wirtschaft", Berlin 1954, S. 46ff., sowie „Über das sogenannte Ertragsgesetz in der bürgerlichen Ökonomie, in: „Wirtschaftswissenschaft", 3. Jahrg., Berlin 1954, H. 6, S. 674ff.

101 Vgl. hierzu die bereits zitierte, sehr instruktive Arbeit von Horst Brandt: Die innerbetriebliche Kostenanalyse im sozialistischen Industriebetrieb, Verlag „Die Wirtschaft", Berlin 1961.
Brandt gibt auch eine eingehende Würdigung und Einschätzung des Verhaltens der Kosten zum Produktionsniveau. Es würde den Rahmen unserer Arbeit sprengen, auf die von Brandt behandelten Einzelheiten einzugehen.

102 Außer der bereits auf S. 123 angeführten Schrift sei als Einführung in die Problematik der Linearprogrammierung vor allem genannt:
Martin J. Beckmann, Lineare Planungsrechnung, Fachverlag für Wirtschaftstheorie und Ökonometrie, Ludwigshafen am Rhein (ohne Jahr).

103 W. Nemtschinow, Die Anwendung der mathematischen Methode in der Wirtschaftsführung und Planung, a. a. O., S. 1124/25.

104 Ebenda.

105 Ebenda.

105a Karl Marx, Das Kapital, Bd. I, S. 466.

106 Karl Marx, „Grundrisse der politischen Ökonomie", Berlin 1953, S. 715.

107 Für die folgenden Untersuchungen erhielt ich wertvolle Anregungen aus der interessanten Arbeit von G. Rudnai, Über einige Probleme der politischen Ökonomie des Sozialismus, Feuodica, Polytechnica, Wirtschaftswissenschaften und Philosophie, Budapest 1960.

Obwohl der Verfasser dieser anregenden Arbeit die Auffassung vertritt, die Bestimmung des Wertes sei im Sozialismus „eine rein administrative, berechnungsmäßige Aufgabe" – „der Wert ist ausschließlich eine Vergleichsgrundlage" – (ebenda, S. 229), wendet er sich mit Recht gegen die „schädlichen Folgen voluntaristischer Planung" (ebenda, S. 231). Der Grundgedanke der Arbeit ist die These, daß die Rate des Mehrwertes „ein konstanter, für sämtliche Gebiete der Wirtschaft gleichmäßig gültiger Proportionalitätsfaktor" sei (ebenda, S. 232).

107a Vgl. hierzu auch vom Verfasser: Arbeitsproduktivität und Lohnentwicklung, in: „Arbeitsökonomik und Arbeitsschutz", Berlin 1961, H. 4, S. 321 ff.

108 Perspektiven der industriellen Entwicklung in Ost und West, in: „Wochenbericht" Nr. 3 vom 18. 1. 1957 des Deutschen Institutes für Wirtschaftsforschung, Berlin, S. 9.

109 Ebenda.

110 „Fortune", Juli 1957, S. 227 (zitiert in: „Der ökonomische Wettbewerb zwischen der UdSSR und den USA", Dietz Verlag, Berlin 1961, S. 95).

111 Soviet Economist Growth: A Comparision with the United States, S. 42 (zitiert a. a. O., S. 94).

112 Gerhard E. Reuss, Produktivitätsanalyse, Basel 1960, S. 152.

113 Ebenda.

114 Ebenda.

115 Lehrbuch der politischen Ökonomie, 3. Aufl., Dietz Verlag, Berlin 1960, S. 567.

116 Karl Marx, Das Kapital, Bd. I, S. 44.

117 Marx-Engels, Ausgewählte Schriften, Moskau, Bd. I, S. 395.

118 J. Fourastié, Die große Hoffnung des zwanzigsten Jahrhunderts, Köln-Deutz 1954, S. 79 ff.

119 Ebenda, S. 31.

120 Ebenda, S. 102.

120a Ebenda.

121 Ebenda, S. 80.

122 Ebenda.

123 Karl Marx, Das Kapital, Bd. III, S. 873.

123a Vgl. vom Verfasser: Die produktive Arbeit in der sozialistischen Gesellschaft, in: „Einheit", Berlin 1961, H. 11/12, S. 1684 ff.

124 Karl Marx, Das Kapital, Bd. III, S. 874.

125 Ebenda.

126 In der kommunistischen Gesellschaft schreibt die Gesellschaft „den Produkten keine Werte zu", heißt es bei Engels. „Allerdings wird auch dann die Gesellschaft wissen müssen, wieviel Arbeit jeder Gebrauchsgegenstand zu seiner Herstellung bedarf. Sie wird den Produktionsplan einzurichten haben nach den Produktionsmitteln, wozu besonders auch die Arbeitskräfte gehören. Die Nutzeffekte der verschiedenen Gebrauchsgegenstände, abgewogen untereinander und gegenüber den zu ihrer Herstellung nötigen Arbeitsmengen, werden den Plan schließlich bestimmen."
Friedrich Engels, Anti-Dühring, Dietz Verlag, Berlin 1948, S. 386.

FSC
www.fsc.org
MIX
Papier | Fördert
gute Waldnutzung
FSC® C083411

Kolibri 360 GmbH
Ferdinand-Jühlke-Straße 7
99095 Erfurt, Deutschland
produktsicherheit@kolibri360.de